Stefan Pflaum

Zwischenhimmel

Dez. 2011

– Schwarzwald –

Ein bisschen Heimat –

– beobachtet vom „badischen Jandl" –

– zum Schmunzeln –

– zum Nachdenken –

für Friederike u. Schädelwaldt

zu Weihnachten

Hilde-Maman-Kunigunde

Stefan Pflaum

Zwischenhimmel

Oberrheinisches
Tage- und Nächtebuch

Drey-Verlag

Der Nebelsee, der sich an manchen Tagen um den Kaiserstuhl und weit über die Ränder der Ebene an die Vogesen und den Schwarzwald hockt, wirkt unter dem Blau, das sich in der Höhe zum Horizont spannt, wie ein Zwischenhimmel.

Vorwort

Das Land am Oberrhein ist überreich an Geschichte. Geschichte ist nie wirklich vergangen. Ich habe vielen Menschen zugehört, habe sie erzählen lassen, beobachtet, sie beim Beobachten beobachtet. An Flussufern, auf Bergen, in Cafés, auf Straßen und Plätzen, beim Einkaufen, beim Besuch in Museen.
Straßburger schauen anders auf diese Region als Basler, Karlsruher anders als Freiburger, Bewohner des Schwarzwaldes anders als die der Vogesen, Menschen in den Dörfern am rechten Rheinufer anders als die am linken. Ich habe das Land am Oberrhein nicht systematisch untersucht, Orte nicht nach bestimmten Kriterien ausgewählt, sondern bin Spuren nachgegangen, habe mich von Tageslaunen leiten lassen. Ein Foto im Turckheimer Militärmuseum im Elsass und Erzählungen von meist älteren Menschen beiderseits des Rheins haben dazu geführt, dass immer wieder die deutsch-französischen Kriege in den Fokus gerieten. Aber auch jüngere Generationen sind über Erzählungen, Filme, Presse, Literatur, Erziehung mit Vergangenheit konfrontiert worden. Die Auseinandersetzung mit Vergangenheit nimmt zeitbedingt wechselnde Formen an, aber sie ist da. Sei es im offenen Diskurs, sei es im unkontrollierbaren Bereich des Verdrängten.

In meinen Texten wechseln Fiktives und Faktisches einander ab. Literarisches und Dokumentarisches vermischen sich zuweilen. Viele Abschnitte spiegeln Augenblicke, andere sind Rückblicke. Ich war Spaziergänger, Tischnachbar, Museumsbesucher, Wanderer, Gesprächspartner, Fragender, Zuhörer. Und ich habe mich in Lektüre vertieft, wann immer es mich drängte, den Dingen mehr auf den Grund zu gehen. Erst allmählich stellte sich beim Schreiben eine Ordnung her, strukturierte sich die Menge des Erkundeten. Geographisch bin ich von Süden nach Norden gereist, habe Spuren gedeutet, Atmosphärisches erfühlt, Unerwartetes entdeckt, Bekanntes neu gewertet. In Bezug auf Städte schreibt Karl Schlögel: „Städteerkundung heißt nicht bloß sich informieren, sondern

Produktion von Komplexität im Kopf, Erzeugung von Wissen über die Zwischenräume, Training der Sinne für das Indirekte und Implizite, für alles im Schatten des Bekannten und Offiziösen. Alle Bücher der Welt reichen nicht aus, das Implizite auszufüllen“ (Karl Schlögel: *Im Raume lesen wir die Zeit*, Hanser). Dies gilt nicht nur für Städte, sondern auch für Dörfer, Gehöfte, Landschaften, einzelne Berge, Bäche. Sogar für einzelne Bäume und Steine.

Reinhold Schneider schrieb über seine Heimat: „Denn ich bleibe durchaus dabei, daß … das mittelbadische Weinland … und Straßburg und Colmar, Tann und Breisach und Feldberg und Odilienberg zusammengehören; daß Schöpfung und Geist und Liebe im Rheintal eine Einheit gebildet haben, die erhaben ist über alle Torheiten und Sünden der Geschichte“ (in: *Der Balkon*).

„Eine mütterliche Landschaft“ nennt der in Bischwiller geborene Autor Claude Vigée seine elsässische Heimat. „Im Winter ist es die mütterliche Landschaft in ihrer Strenge und Trauer; im Sommer die der Wärme des Intimen, des schamlosen, gedankenlosen sich Hingebens an das Strömen der Welt und der Zeit“ (aus einem Gespräch Claude Vigée’s mit Paul Assall im SWR2).

Ich denke mir Basel ohne Münster, Morgenstreich und Rhein, die Rheinebene ohne Rhein, den Rhein ohne Wasser, Breisach ohne Münster, Straßburg ohne Münster und ohne die Ill, Freiburg ohne Münster und Universität, Karlsruhe, Bruchsal und Heidelberg ohne Schloss, Mannheim ohne Hafen und Brücken, den Schwarzwald und die Vogesen ohne Wald, Riquewihr ohne Touristen (eine Traumvorstellung), Baden-Baden ohne Lichtentaler Allee, Offenburg ohne Burda, Staufen ohne Burg, Badenweiler ohne Therme, Sessenheim ohne Goethe und Friederike, denke mir die Ortenau, das Markgräflerland und den Kaiserstuhl ohne Weinberge. Was kann man abziehen von einem Ort, einer Landschaft, ohne Identität aufzuheben? Umgekehrt: Welche Elemente wählt man aus, um eine Stadt, Städte zu beschreiben? In meinem Fall Basel, Freiburg und Straßburg als Hauptorte. In welchem Verhältnis stehen diese Hauptorte zueinander, zu der sie umgebenden Landschaft, den kleineren Städten und Dörfern im Umfeld?

Keine Fragen, die ich beantwortet hätte. Aber gestellt habe ich sie mir. Zusammen mit vielen anderen.

Bitte, wo ist hier das Mittelmeer?

Das Elsass: lange hin- und hergezerrt zwischen Frankreich und Deutschland. Der elsässische Dichter André Weckmann klagt über diese „verdammten letzten hundert Jahre der Stellungs- und Gesinnungswechsel, der Verdächtigungen und Reinwaschungen, der Umschulungen und der Anpassung, der *Annexionen und der Befreiungen" (André Weckmann, Elsaß: Von der Selbstaufgabe zur Konvivialität*, in: Allmende 1, 1981).
Immer kleiner wird die Zahl derer, die sich erinnern können. Aber auch die Nachfahren sind – auf unterschiedlichste Weise – von den Erlebnissen der Eltern, Groß- und Urgroßeltern geprägt. Widersprüche sind geblieben. Und unterschiedliche Vorstellungen von der Zukunft. Das muss man wissen, wenn man sich auf das Elsass einlässt.

Allein im nördlichen Elsass gibt es 250 historische Stätten, welche an die drei Kriege zwischen 1870 und 1945 erinnern. Museen, Gedenkorte. Für den Erinnerungstourismus begehbar gemachte Schlachtfelder mit Info-Tafeln und Kriegsrelikten – Kanonen, Panzer, Bunker, Festungsanlagen, Soldatenfriedhöfe.
Im September 1939 haben in nur wenigen Stunden 375 000 Elsässer aus Angst vor einer deutschen Invasion die Koffer gepackt. Über Straßburg in jenen Tagen schreibt Pascal Coquis: „La ville s'est vidée comme une baignoire, avec un déglutissement de syphon." („Die Stadt hat sich mit dem schlürfenden Geräusch eines Badewannenabflusses geleert", Nr. 41 von „Les Saisons D'Alsace"). Noch heute ist in jedem Dorf sichtbar, wie die Elsässer versuchen, sich im deutsch-französischen Erbe zurechtzufinden. Monumente, Straßennamen, Sonderausstellungen, Geschichtsbücher, Zeitschriften, Dokumentationen jeder Art. Und natürlich nehmen sich auch Kunst und Literatur dieses Themas an. Immer wieder anders. Schichtwechsel in Erinnerungskultur.

Frédéric Hoffet hat eine *Psychanalyse de l'Alsace* geschrieben. Über welches Land, außer über das Elsass, ist schon einmal eine Psychoanalyse geschrieben worden?

Im Straßburger Opern-Café unterhalte ich mich mit einem jungen Elsässer. Er hat gerade sein Examen in Sciences Politiques gemacht. Ich befrage ihn zu den elsässisch-badischen Beziehungen, zur Sprache im Elsass, zur Mundart, zum Theater, zum Studium, zu Arbeitsmöglichkeiten, zu gemeinsamen Projekten im kleinen Kreis.
„Ich will mich nicht mehr mit den Erfahrungen meiner Vorfahren beschäftigen, mich durch sie belasten und einschränken lassen“, sagt er. „Ich respektiere ihre Befindlichkeiten, ihren Schmerz, ihre Wut auch, aber ich will Zukunft – und die gibt es nur zusammen mit unseren Nachbarn am Rhein. Und was kann Eltern mehr freuen, als wenn ihren Kindern endlich gelingt, wovon sie in ihrer Jugend nicht einmal träumen konnten. Mich fasziniert die Möglichkeit, hier über den Rhein hinweg eine mehrsprachige, multikulturell verfasste, wirtschaftlich starke Region zu schaffen und dabei immer wieder Menschen aus unterschiedlichen Regionen mit anderen regionalen Traditionen, Arbeits- und Lebenswelten zu begegnen. Wir können hier am Oberrhein einen Traum verwirklichen. Die Alten haben vielleicht Angst vor Träumen – ich nicht!“ Mein Gesprächspartner ist Mitglied des „Elsässischen Theaters Strasbourg“. Wir sprachen abwechselnd Französisch, Deutsch und Alemannisch.

In Baden gibt es abertausende Geschichten vom letzten Krieg, Geschichten von Tod, Zerstörung, Gefangenschaft, politischem Terror, Verfolgung, Mord, Fanatismus, von Besatzungszeit, Hunger, Wiederaufbau, „Vergangenheitsbewältigung“. Und diese Vergangenheit war und ist in den Köpfen derer, die im Krieg und in den ersten Jahren nach dem Krieg geboren sind. Am 29. Oktober 1946 schreibt der Basler Journalist und Schriftsteller Carl Jacob Burckhardt an seinen Landsmann, den Literaturkritiker Max Rychner: „Dieses noch so fromme, schöne, blonde badische Land mit seiner Einfalt, seinen alten Leuten, die noch unter dem Grossherzog gelebt hatten, seinen einst so heitern Städten und Dörfern verwüstet, starrend von Ruinen, in denen die unterernährten Bewohner, scheu, erschreckt, grenzenlos erniedrigt oder bereits böse, heimtückisch, rachsüchtig ihrem armen Tagewerk nachgehen. Überall deutsche Kriegsgefangene an harter Arbeit, überall Lastwagenzüge, die nach Frankreich fahren, schon beladen mit Holz, überall auf den Höhen die Kahlschläge, in denen der Wind sich fängt …"

Was sich Rehe und Wildschweine wohl dachten, wenn Soldaten aus Wehrmachtsbunkern oder Bunkern der Maginot-Linie ihre tödlichen Garben abfeuerten? Störche sollen endlos geklappert haben, wenn ihnen die Artillerie wieder einmal einen Kirchturm unter dem Nest weggeschossen hatte.

Nachkriegssplitter

„Der kommt aus Pommern,
die ist Schlesierin,
die sind Sudetendeutsche
und jene Ostpreußen",
hieß es bei uns in Baden
im Kindergarten und in der Schule,
wenn wir fragten,
warum die so „komisch" sprächen.
„Und warum sind ‚die' hier?",
wollten wir dann wissen.
„Sie mussten fliehen aus dem Osten."
„Warum?"
„Wegen dem Krieg."
„Warum wegen dem Krieg?"
„Wir haben den Krieg verloren."
„Warum?"
„Pech gehabt!",
sagte man uns.

„Der war Soldat in Russland",
erklärten uns die Erwachsenen,
wenn wir wissen wollten,
warum der Mann nur ein Bein hat
und an der rechten Hand nur einen Finger
und die große Narbe im Gesicht.

„Warum hast du nur ein Bein?",
fragten wir den Mann.
„Das ist wegen Russland",
sagte er.
„Warum?"
„Pech gehabt!",
antwortete er.

„Warum war überhaupt Krieg?",
fragten wir Kinder die Erwachsenen.
„Die Politik",
war ihre Antwort,
„so ist eben die Politik."

Von da ab
war die Politik
für uns Kinder
etwas ganz Böses.

Und heute? Baden ist eine mit Gastro-Goldmedaillen überreich bedachte Region – *Michelin*-Sterne, *Gault Millau*-Punkte, *Kochlöffel.* Eine Gastro-Region, eine „Verwöhn-Region". „Lassen Sie sich verwöhnen!", ist denn auch eine der meistverwendeten Werbeformeln. Sogar an verkaufsoffenen Sonntagen, den jüngsten Dorf- und Städtchen-Events, werden die kaufhungrigen Besucher in den mit Blumen und Kübelpalmen geschmückten Gassen und Sträßchen, an Gourmettempelchen und Weinbrunnen mit kulinarischen Leckereien verwöhnt, was sonst? Nimmt man noch Weinprämierungen, Weinfeste, Hocks und Gastro-Messen hinzu, verfestigt sich das Bild von Baden als einem Tischlein-deck-dich-Land. Öko-Welle- und Wellness-Welle-Land. Sogar eine Gutedel-Wellness-Kur wird angeboten.

Der Südwesten ist „von der Sonne verwöhnt". Man müsste einmal einen Bewohner vom Jemen fragen, was er sich unter „sonnenverwöhnt" vorstellt.

In Basel ist der Generation der 70- und 80-Jährigen die schreckliche Angst, von den Deutschen im Krieg überfallen zu werden, noch immer präsent. Aber die Jungen kennen diese Zeit, wie die Badener, die Elsässer, auch nur als erzählte Zeit.

Wo in der Welt gibt es einen Fluss, den die Menschen als Grenze so grenzenlos missbrauchten? Und der heute für kitschige Brückenmetaphern herhalten muss? In Kriegen sind Brücken in Sekunden gesprengt.

Es ist schön, in einem Gebiet zu leben, wo sich immer mehr grenzüberschreitende Landschaften formen, in einem Archipel, wo Gemeinsames und Unterschiedliches genossen und zugleich respektiert wird, jeder er selbst bleiben darf und auch am anderen teilhaben.

Während meiner Kinderzeit in Lahr lagen Köln, Hamburg, Wien, Paris, London und auch New Orleans für mich alle an dem Lahrer Flüsschen Schutter. Mit den Jahren haben sich die geographischen Verhältnisse doch erheblich verändert.

Auch beim tausendsten Überqueren des Rheins ist es immer wieder da – das andere. Architektur, Kleidung und die Werbung für viele auf der jeweils anderen Seite dem Namen nach nicht bekannte Erzeugnisse. Nationalitäten, Sprachen, Farben, Möbel, Autotypen, Ladendekoration, Inneneinrichtung von Gasthäusern, Lebensmittel, Speisekarten, Briefkästen, Telefonhäuschen, Plätze, Polizeiuniform, Gebots- und Verbotsschilder, Volksmusik. Und genau das macht den Reiz unserer Landschaft aus, dass man jederzeit in andere Welten eintauchen kann. Auch heute noch trotz aller Vereinheitlichung von Gesetzen, Baustilen und Warenwelt.

Woher kommt das Verlangen, den südlichen Oberrhein zu einer Art Vorlandschaft des Mittelmeers werden zu lassen? Eine Landschaft, die doch so üppig bedacht ist mit Schönheiten, unterschiedlichen Landschaftsformen und so verwöhnt – schon wieder verwöhnt – vom Klima, dass sie es gar nicht nötig hat, sich mit Attributen aus anderen Regionen aufzupeppen. Wir sollten den Vergleich mit dem Mittelmeerischen lassen. Der Oberrhein liegt nicht am Mittelmeer und ist dennoch ein kleines Paradies. Noch. In manchen Gegenden zumindest. Die gilt es zu retten. Der Name „Italien" droht hier im südlichen Norden zu einer Luftblase zu verkommen, ganz ähnlich wie die Bezeichnung „Klein Venedig" für jedes Stadtviertel, in dem sich mehr als zwei Fußgängerstege über einen Gerberbach spannen. Selbst die Klimaveränderung, die zunehmende Erwärmung auch in unseren Breiten, wird den Traum vom Mittelmeer nicht erfüllen. Das Mittelmeer bleibt, wo es ist, auch wenn eines Tages bei uns Kaiserstühler Vulkanfelsen-Zitronen und Ortenauer Blutorangen blühen sollten.

In Mittelitalien sah ich von weitem auf einem Weinberghügel eine riesige Plakatwand. Mit großen, blauen Buchstaben auf weißem Grund stand da:

La Toscana Il Markgräflerland d' Italia

Jetzt war ich endlich ganz bei mir zu Hause angekommen.

In einem Bericht über Müllheim wird gleich viermal auf Italien angespielt. Natürlich liegt die Stadt in der „Toscana Deutschlands", die Steinsäulen auf dem Markgräflerplatz beziehen sich auf die „römischen Wurzeln" der Stadt, „ein weiteres Stück Italien also", der Platz erinnere an eine italienische Piazza und natürlich hat die ganze Innenstadt „italienisches Flair".

Bitte, wo ist hier das Mittelmeer?

Mädchen in Ruinen. Aus dem Turckheimer Gedenkmuseum für die Schlacht im Colmarer Kessel 1944/45.

Im ersten Freiburger Stadtführer formuliert Heinrich Schreiber, man treffe hier ein Leben im Freien an, „wie man es nur im südlichen Klima erwartet“ und die Nordländer fühlten sich gar „in die Vorhallen Italiens“ versetzt. Ein Freiburger Oberbürgermeister soll gesagt haben, in Freiburg fange die Republik an, italienisch zu werden, der Stadtteil Herdern in Freiburg nennt sich „Klein Nizza“.

Im Elsass spielt die Mittelmeermetapher nicht die Rolle wie hier im Badischen. Vermutlich, weil die Elsässer als Franzosen ja schon in einem Land wohnen, das am Mittelmeer liegt.

Für die Kaiserstühler, Markgräfler und Ortenauer ist Gott Winzer.

Die Natur, die Natur, die Natur. Eine heilige Oberrhein-Kuh.

Viele setzen sich wortreich ein für die Erhaltung der natürlichen Umwelt (was ist das?). Aber wehe, es lässt sich in einem Landgasthaus auch nur eine Zimmerfliege auf dem Tellerrand nieder. Man „liebt“ Natur, aber ohne Zimmerfliegen, Stechfliegen, Schnecken, Wespen, Hitze, Überschwemmung, Stürme, Gewitter, ohne Klee und Löwenzahn im Rasen …, man will „naturreine“ Natur, also „reine“, saubere Natur, Natur ohne Natur, Postkartennatur, DVD-Natur. Gestaltete Natur, Parklandschaften, Großgärten, gepflegte Natur. Geben wir es doch zu: Unsere Landschaften gleichen immer mehr gehegten (oder vernachlässigten) Vorgärten.

Die längste Hangröhrenrutschbahn Europas, der größte Vergnügungspark Deutschlands, der höchste Wasserfall Deutschlands, die längste frei gespannte Fußgängerbrücke der Welt, die größte Gutedelweinprobe der Welt, der erste Ski-Lift der Welt – Superlativ-Landschaften. Als könnte uns ein Wasserfall nicht einfach als solcher, ohne jede Zuschreibung auch erfreuen.

„Nachhaltigkeit“: Immer mehr Naturräume werden nachhaltig zerstört.

Die Werbung für Wohnsiedlungen mit sprachlichen Naturbildern wie „Wohnen am Bach“, Wohnen am Waldrand“, nimmt proportional dem Verschwinden von Natur durch eben diese Wohnsiedlungen zu.

Naturparks mit Fühl-, Riech-, Seh- und Hörstationen: So weit sind wir (herunter-)gekommen, dass wir Natur in spezifischen Einrichtungen, in nachgebauter Natur sehen und hören lernen müssen.

In immer mehr Werbebroschüren hier am Oberrhein wird mit Naturstandorten geworben, in denen Pflanzen- und Tierarten vorkommen, die in Baden-Württemberg, „ausschließlich hier noch“, ihren Lebensraum haben. Soll man darauf stolz scin? Ist dieses Einmalige nicht in Wirklichkeit bald das Letztmalige? Landschaft am Oberrhein als Reservatenlandschaft. Bald werben Dörfer und Städte mit einzelnen Restexemplaren von nahezu ausgestorbenen Tieren und Pflanzen: *Weil am Rhein, Stadt des Erdbockkäfers. Entdecken Sie dieses seltene Tier auf den Magerrasen des Tüllinger Bergs!*

„Grünzüge“ und „Grünzäsuren“ sollen das Zusammenwachsen bisher getrennter Ortschaften verhindern. Wenn in nördlichen Landesteilen – zwischen Karlsruhe, Mannheim und Heidelberg – alles urbanisiert ist, werden die wohlhabenden Senioren unserer Republik wegen der wunderschönen Grünzüge zwischen den Städten und Dörfern bei uns hierher ziehen. Südbaden, die schönste Grünzäsurenlandschaft Mitteleuropas. Der südliche Oberrhein, eine „Grüne-Lunge-Landschaft“.

Bei Baden-Baden hat man einen vier Kilometer langen Luchspfad geschaffen, wo man sich über die Lebensweise der Großkatzen informieren kann, obgleich der Luchs dort „im Original“ gar nicht auftritt. Nachgestellte Natur. Museumsnatur. Wir haben die Pflanze des Jahres, das Tier des Jahres, das Jahr der Artenvielfalt. Aber keine Artenvielfalt mehr.

„Der Bienenfresser ist wieder im Kaiserstuhl!“, jubeln die Ornithologen. „Die Reblaus taucht wieder auf“, beklagen die Markgräfler Winzer.

Noch gibt es im Markgräflerland oder in der Ortenau keine chinesischen Winzergenossenschaften.

Immerzu wird in großen und kleinen Reden von Geschäftsleuten, Unternehmern, Bauern und Naturschützern für verträgliche Lösungen für Mensch und Natur plädiert. Nur: Die Auftraggeber für ein großes Chemiewerk an einem kleinen Fluss verstehen unter dem Begriff Verträglichkeit etwas anderes als Angler, die an dessen Ufern seit Jahrzehnten ihre Leine zum Fischen ausgeworfen haben.

„Rambazamba auf der Schneeinsel. 3000 Autos und mehr als 11 000 Menschen drängen an schönen Wintertagen auf den 1493 Meter hohen Feldberg", hieß im Februar 2008 ein Titel in der Freiburger Zeitung „Der Sonntag".

Die Schweiz hat sechs Standorte für Atomendlager bezeichnet. Zwischen Zürich und Rhein. Der deutsche Umweltminister hofft, dass die südbadische Bevölkerung dabei die „größtmögliche Berücksichtigung" erfährt. Er meint damit wohl, dass die genannten Standorte um zwanzig Meter nach Süden verschoben werden.

Das Atomkraftwerk Fessenheim hat in Paris das Umweltzertifikat ISO 14001 bekommen. Das hätte man früher Tschernobyl verleihen sollen, dann wäre dort nie etwas passiert.

Nach allen Studien von Gutachtern zur Gefährlichkeit respektive Ungefährlichkeit von Atomkraftwerken bleibt die Bevölkerung mit ihren Ängsten allein.

Im Falle der Entsorgung von Atommüll beginnt die Sorge ja erst nach der Entsorgung. Denn das entsorgte Zeug bleibt ja erst einmal für ein paar hunderttausend Jahre besorgniserregend.

Entsorgungspark: Das klingt ungefähr so gemütlich wie BSE-Stübchen.

Radioaktivität wird freigesetzt. Wie schön für die Radioaktivität!

„Schon die Kelten", „schon die Römer", „schon die Alemannen", „schon Goethe", „schon Johann Peter Hebel" – so beginnen unzählige Sätze in Werbebroschüren von Touristenbüros, Kurorten, Kräuterfarmen, Gaststätten, Hotel- und Parkanlagen. Aber wen interessiert schon dieses „schon"?

Wir wohnen zwischen der A5, B3, B31und der Bahnstrecke Hamburg-Rom.

Ein Werbeplakat mit einer Abbildung der Insel Mainau. „In 90 Minuten am Bodensee!", wird versprochen. Zu einem Schnäppchenpreis. Im Schwarzwald wird geworben mit Straßburg, in Straßburg mit Zürich, in Zürich mit dem Europa-Park Rust. Dort ist dann die ganze Welt sowieso schon versammelt.
Bald wird in der Rheinebene zwischen Basel und Karlsruhe jedes Dorf und jede Stadt mit Paris werben. Heitersheim-Paris in zwei Stunden. Zell-Weierbach-Paris in zwei Stunden. Rastatt-Paris in zwei Stunden. Der Unterwegsmensch: überall gleichzeitig und gleichzeitig überall und nirgends. Ich warte auf die erste Werbung, in der es heißt: „X, der Ort, wo man bleibt."

Nur fünf Prozent des von den Freiburgern gekauften Obstes und Gemüses soll aus dem eigenen Umland stammen, der Rheinebene, der fruchtbarsten Gegend Deutschlands.

In der Landwirtschaft sind Nitrate, Pestizide, Fungizide, Herbizide alle immer zuverlässig knapp unter den zulässigen Grenzwerten.

Mitmenschen

„Fragen Sie mich nicht nach meinem Glauben“, sagte Fuad aus Marokko zu seiner Deutschlehrerin in Offenburg, „fragen Sie mich danach, was ich heute Abend koche, dann sage ich es Ihnen und lade Sie dazu ein.“

„Ihr Christen schwärmt von der Schönheit unserer Moscheen“, sagte Farideh, „aber ihr misstraut unserem Glauben.“
„Meine deutschen Kolleginnen“, sagte Kizil, „sind alle Weihnachtschristinnen und besuchen einmal im Jahr eine Krippenausstellung.“

„Ich brauche kein interkulturelles Seminar“, sagte Eren, „mir genügt, wenn man mich freundlich grüßt.“

„Viele alte Deutsche erzählen mir stundenlang vom Zweiten Weltkrieg, wenn sie erfahren, dass ich aus Afghanistan komme“, sagte Mohsen. Was sie alles mitgemacht hätten, das könne man sich heute nicht mehr vorstellen. „Dann spendieren sie mir einen Kaffee, drücken mir die Hand und bemerken noch schnell wie nebenbei: ‚Aber wissen Sie, wenn alle Afghanen hierher kommen, das ist auch nicht gut für Ihr Land. Wer soll die zerstörten Gebiete wieder aufbauen, wenn alle hier sind?‘“ „Kein Problem!“, antworte ich dann, „das machen doch Sie schon seit Jahren. Ich bin nur hier, um die Deutschen in Afghanistan nicht beim Aufbau unseres Landes zu stören.“

„Heimat wäre für mich ein Lächeln von der Arbeitskollegin am Fließband“, sagte Ayşe, „oder eine freundliche Antwort am Telefon.“

In meiner Heimat fragten mich die Freunde:
„Warum gehst du nicht weg?“
In der Fremde fragen mich die Leute:
„Wann gehst du zurück?“

In meiner Heimat war ich in Gedanken
meist anderswo.
In der Fremde bin ich mit dem Herzen
immer in der Heimat.

In meiner Heimat ging ich zum Nachbarn
lachen und weinen.
In der Fremde weine ich,
weil mir der Nachbar fehlt.

In meiner Heimat grüßten mich die Kinder
mit „Herr!"
In der Fremde rufen mich die Herren:
„He Du, Ali!"

In meiner Heimat hatte ich eine Sprache
und musste schweigen.
In der Fremde darf ich alles sagen,
finde aber nicht die richtigen Worte.

In meiner Heimat fragen mich alte Freunde heute:
„Wer bist du?"
In der Fremde fragen mich die Fremden immer noch:
„Woher kommst du?"

Ich möchte mich sein.
Der Fremde möchte sich sein.
Dazwischen nur
Unausgesprochenes.

*

Ich nirgends hab' Heimat,
nie Heimat gekennt.
Seit Kind ich schon hier,
seit Kind ich hier fremd.

*

„Ich habe Heimweh",
sagte Shalini aus Sri Lanka,
„aber ich weiß nicht wohin?"

Nachtrag zu einem Großereignis

Beim Nato-Gipfel in Straßburg, Kehl und Baden-Baden mit ein paar wenigen Politikern, ein paar hundert Randalierern, einigen tausend friedlichen Nato-Gegnern, einer Million Polizisten, 282 verschreckten Katzen, 357 aufgescheuchten Hunden und vier abgebrannten Häusern in Straßburg, konnte ein Baden-Badener Geschäftsmann dem Präsidenten Obama seine Schwarzwalduhr nicht schenken, weil sie nicht sicherheitsgecheckt war. Ein Kehler Mädchen verlor bei einer Rangelei an der Kehler Rheinbrücke seinen Teddybär. Was war sonst noch? Ach ja, Berlusconi hatte sich in Straßburg für ein paar Schreckminuten von der Gruppe der Hauptakteure entfernt, spazierte lachend und scherzend am Rheinufer entlang und handyfonierte mit einer fünfzehnjährigen Schülerin aus Pisa, die er nach seiner Rückkehr zur Verteidigungsministerin ernennen wollte.
Die Gipfel-Tagung war insgesamt ein großer Erfolg – was das Wetter betrifft.

Orangen sitzt die Sonne im Geäst

Die Rheinebene

Die Entstehung der Rheinebene, der große Grabenbruch, ist eine ziemlich komplexe, lange, geologische Geschichte. Es gibt schöne bunte graphische Darstellungen davon, die dem Laien aber leider nicht viel weiterhelfen. Begriffe wie Tektonik, Verwerfung, Vulkanismus, Sediment, Konglomerate, Verkarstung, die vielen Namen der erdgeschichtlichen Perioden und Epochen mit den entsprechenden Gesteinsformationen bestätigen das nur. Aber man muss das alles gar nicht verstehen. Das Faszinosum dieses Landstriches teilt sich auch dem Unkundigsten mit.

Winterebene

Horizont'ne Sonne,
winterscheibenweiß,
am Rande des Ackers,
großschollig umgepflügt.
Im Umbruch festgefroren
die Radspur des Schleppers.

Unterm pelzigen Rauhreifgrieß,
dornenrankig Buschgezause,
windzerfetzt.
Im Schritt befahren
die vereiste Autobahn.

Froststarr
Hochspannungsmasten.
Kabelstränge ausgebaucht.
Eiskristallbewachsen.

Sogar die Elstern reglos
im grauen Geäst.

Die Krähen stoppen
ihre schwarzen Tänze
am gläsernen Teich.

An diesem Tag
zwischen untergehender Sonne
und aufgehendem Mond
das Einverständnis
von Staffelläufern.

In der vorletzten Januarwoche
bei Eisweintemperaturen
Katzenschreie
festgefroren
nach Mitternacht.

Januar

Im gläsernen Kalt
und bleiern geduckt
die Dörfer am Rhein
unterm Nebel.

Wintermorgen,
metallene Klaue.
Unter den Dächern
verhocktes Schweigen.

Am Mittag weiß
die Sonne, die Sonne
durchs milchige Meer.
Welch ein Fest!

Ins kahle Geäst
lautlos
Krähen gekrallt.

Dezemberstill
zittert ein Hund
an der Rauhreifkette

Vor überfrorener Baumkrone
drüben im Ried
zwei Fischreiher
über dem tauben Gießen,
gleichmütig,
flügelschwer
zu den Eisrändern hin.

Nebeltage

In der Rheinebene ist der Nebel schwer.
An Nebeltagen sieht man nicht,
man hört.
Aber was?
Wo?
Rollläden gehen hoch.
Ein Auto springt an.
Jemand ruft „Pass auf!"
An Nebeltagen gibt es keine Stadt,
keinen Wald,
keinen Berg.
Jemand sagt „langsam!"
Und die Hunde bellen nicht.

Der letzte karge Schnee in der Märzsonne geschmolzen. Jetzt wirbeln die Krähen hungrig über der aufgetauten, dunkelbraunen Erde im Feld. Würmer winden sich vor den gierigen Schnäbeln der schwarzen Schar mit ihren ekstatischen Sprüngen zum Toten-Ballett.

Für einen Tibetaner ist der *Tuniberg* natürlich kein Berg. Schon gar kein natürlicher.
Der Tuniberg ist nur ein Bergzwerg. Ein „Bergli". Aber es gibt hier eine Maiblumengasse und einen Attila-Felsen, der mit dem Hunnen Attila so wenig zu tun hat wie der Kaiserstuhl mit einem Stuhl. Der Weißburgunder, der hier gedeiht, ist, so werde ich belehrt, „schlank, elegant, rassig, füllig". Zugleich schlank und füllig – wie soll das gehen?

Im Teich des Munzinger Golfplatzes eine Fontäne. Das herabregnende Wasser bildet Kreise um die Düse. Ein Mädchen starrt gebannt auf das Wasserspiel und seine Mutter ruft vergeblich, sie solle doch endlich kommen, die Familie wolle jetzt nicht mehr länger warten. Als wüsste das Mädchen nicht, dass man sich ohne es nie und nimmer auf den Heimweg machen würde.

Spazieren gehen in der Mohnblumengasse, im Rebtal, im Rotgrund, allein schon der Namen wegen.

Böschungen / Hohlwegreste / Kinzigen / Stillgewässer / Kleingewässer / Wassergräben / Röhricht / Feldgehölz / Trockengebüsch / Hecken / Lösswand / Hochstaudensaum / Stützmauer / Steinriegel / Steinkauz, Hänfling / Rotschwanz, Wendehals / Wildbiene, Schmetterling / Libelle und Amphibie. Schlehe, Weißdorn und Liguster, Vogelbeere, Sommerlinde, Haselnuss. Lichtnelke / Glockenblume / Leimkraut.

Die Bauern rühmen die Standortvielfalt,
Die Landschaftspfleger den Strukturreichtum,
Die Tierwelt liebt Refugien und vernetzte Biotope.

Schwarzwald und Vogesen flirten über Tuniberg, Rheinwald und Kaiserstuhl hinweg.
Der Bogen vom Kandel zum Blauen: ein Weltkunstwerk.

Spargel

Jetzt glitzern wieder Spargelfelder
mit Plastikplanen zugedeckt –
bis hoch dort an die Schwarzwaldwälder,
wo man den letzten Schnee noch schmeckt

40 Frauen und Männer in einem Bus. Der hält am Rande eines asphaltierten Weges. Alle steigen aus, eilen vorne und hinten am Bus vorbei in ein weit ausgedehntes Spargelfeld. Jeweils eine Erntehelferin oder ein Erntehelfer arbeiten gemeinsam in einer Reihe. So werden jeweils 40 Reihen zugleich geerntet.
Zuerst müssen die Zeltplanen von den Spargelreihen abgezogen und zur Seite gelegt sein. Dann wird vom oberen Rand des Feldes her Spargel gestochen. Mit der Stechkelle von der Seite zuerst behutsam tastend in die aufgehäufte, feine Erde, dann mit festem Stoß hinein, den Spargel unten durchtrennen und oben herausziehen. Einen Spargel nach dem anderen in die Jackentasche stecken. Über die abgeernteten Reihenabschnitte wieder die Abdeckfolie legen und diese Schritt für Schritt nachziehen. Vorarbeiter rufen vom Wegrand Anordnungen zu oder fragen etwas. Ich verstehe kein Wort. Vor dem Bus steht ein großer Anhängerwagen, auf den die großen Plastikwannen mit den gestochenen Spargeln gestapelt werden. An einer Ecke des Feldes ein transportables Toilettenhäuschen. Ist ein Feldabschnitt von oben nach unten abgeerntet, verschiebt sich die ganze Gruppe um 40 Reihen weiter. Jetzt hört man auch Lachen. Einige singen sogar. Gegen Ende des zweiten Stückes greifen viele mit den Händen hinter den Rücken, haben Schmerzen, strecken sich durch. Dann ist irgendwann Feierabend. Alle schleppen sich müde zum Bus, klopfen Erde

von den Schuhen und steigen ein. „Woher kommen Sie?", frage ich. „Rumani! Ich schon fumf mal komm", antwortet mir einer. Dann fahren sie mit dem vollen Anhängerwagen ab. 40 Frauen und Männer. Das Toilettenhäuschen bleibt zurück. „Für andere Tag!"

Batzenberg

Halbmondbeschienene Hütte am Hang.
Abgeerntet die Hänge.
Aufschwellend, abschwellend
immerzu
das Rauschen der Straße herauf.
Hier oben wenigstens
wäre doch der Ort,
wo man die Ruhe
in Ruhe lassen könnte.

Wolken und Mond veranstalten ein wahres Lichterfest über der Ebene. Eine Wolke teilt sich und nimmt den Mond in die Zange. Aufziehende, helle Wolken in der Nacht schlucken die Sterne am Himmel hintereinander weg. Eine Sternschnuppe sticht noch schnell durchs Gewölk.

Wolkenbüschel / Wolkenbäusche / Wolkenquallen / Wolkenwänste / Wolkenbacken / Wolkendünen / Wolkenstapel / Wolkenflöckchen / Wolkenknäuel / Wolkengestrüpp / Wolkenpilze. Ich habe sogar Tomi Ungerers blaue Wolke gesehen.

Irrlichternd verschwimmt die Ebene. Durch Wolken schießende Lichtfächer verwandeln die Vogesen in ein Lyonel Feininger-Gemälde. Das Schlatter Bergle und der Biengener Kirchhügel sind als Lichtflecke in die sonst dunkle Ebene getupft. Mondlichtgetränktes Gewölk. An diesigen Tagen schläft die Landschaft unterm Gazeschleier. Hinter sonnenbestäubten Obstgärten ist der Schwarzwald eine hingetuschte Silhouette.

Orangen sitzt die Sonne

Rheingleiseprotest an der Bundesstraße 3 südlich Freiburg

Geometrien der Landschaft: Pfluglinien, Stoppelfelder, Spalierobstreihen, Rebzeilen, Feldwegnetze, Straßen, Siedlungen.

Sommer

Wieder kein Regen.
Die trockenen Schollen in den Furchen
längst gebrochen.
Im letzten Hof des Dorfes
schleppt sich der Bauer müde
in den Schatten der Scheune.
„Morge isch au widder ä Daag!“,
sagt er und stellt die Haue
an ihren Platz.

Die Kondensstreifen zweier parallel fliegender Düsen-Jets rahmen die Sonne.

„Bitte achten Sie beim Aussteigen auf die Höhendifferenz zur Bahnsteigkante“, kommt vor der Einfahrt in manchen Bahnhöfen an der Rheinlinie über den Lautsprecher. Ob das chinesische Touristen im Zug verstehen?

Nach Mitternacht übernehmen die Güterzüge die Ebene.

Aus der schattigen Kühle eines Kirschlorbeers schiebt sich ein Igel ins feuchte Gras. Auf vielen Stacheln stecken rötliche Herbstblätter. Als habe er sich für ein Nato-Manöver getarnt.

Regio-Bahn

Im der Regio-Bahn nach Basel saß mir gegenüber ein schlecht rasierter, narbiger, an Riech-, Sprech- und Hörorganen gepiercter Typ, mit fünf knallig bunten Ringen an jeder Hand und einer fettglänzenden, hellgrünen Irokesenmähne. Er war damit beschäftigt, sich an der linken Hand Finger für Finger schmatzend die Fingernägel abzukauen und dabei in ein ans rechte Ohr gepresstes Handy in einer Art Hattu-Wattu Sprache kaum dekodierbare Wortfetzen zu bellen. Der Zug war so mit Fahrgästen voll gestopft, dass sich trotz des lästigen Handy-Nonsens-Terrors niemand davonmachte. Neben ihm blätterte ein Student in einem dicken Buch über Stadtarchitektur abwechselnd vor und zurück, hielt immer wieder inne, schaute mit gewichtiger Miene nach oben, schien nachzudenken, flüsterte irgendwelche Kommentare, die er meist mit einem Kopfschütteln begleitete, äußerte hin und wieder zustimmend „genau, genau!" oder mit einer wegwerfenden Handbewegung „Quatsch!, Blödsinn!". Dann wieder verschwand er hinter seinem Buch, das er sich ganz nahe vors Gesicht hielt, um nur Sekunden später wieder aufzutauchen und an die Wagendecke zu starren. Es sah alles mehr nach einer Art Sport aus als nach Lesen. Jetzt zog er den dicken Band plötzlich so eng an die Nase, dass man meinen musste, er erfasse den Text nicht mit den Augen sondern nehme ihn über den Geruch auf. Dann runzelte er die Stirn und fuhr gleichzeitig mit den Fingern über die Seite, als lese er Blindenschrift, blätterte um und verfuhr ebenso, ging zum Inhaltsverzeichnis am Ende des Buches, blätterte wild zurück, fand offensichtlich nicht, was er suchte, fluchte, klappte das Buch zu, steckte es neben sich, streckte seine Beine aus, lehnte sich zurück und versuchte zu schlafen.
Inzwischen hatte auch das Piercing-Gespenst sein Handy-Gebrabbel beendet, konzentrierte sich ganz aufs Fingernägelkauen, eine Tätigkeit, die er mit erstaunlicher Beharrlichkeit und Präzision ausführte und dabei stieß er seinem tief eingeschlafenen Nachbarn mit geradezu wollüstiger Rücksichtslosigkeit bei jeder Kaubewegung den Ellenbogen in die Rippen.
Draußen, jenseits des Rheins, ertranken die südlichen Vogesen in einem Ansichtskartenabendrot und hatten von den Vorgängen im Zug keine Ahnung.

Im Kaiserstuhl: hohe, stauden- und baumbewachsene Lösswände in der Hohlgasse. Abgeknickte, trockene Aststücke. Von anderen Ästen hängt

vom Holz abgelöste Rinde, spröden, aufgeplatzten Schläuchen gleich. Weiter unten, zum Weg hin, liegen abgefallene Äste und Zweige, die sich auf dem dick mit Blättern bedeckten Boden zu Holzskulpturen türmen. Aus dem aufgehäuften Gesträuch huscht eine Maus und verschwindet neben einem Wurzelstrunk, der, vermodert und mit Efeu überwachsen, von einem ruhelosen Ameisenvolk besiedelt ist.
An einer besonders hohen Gassenwand sind Spuren eines Wasserfalles. Hier muss vor wenigen Tagen der Strom eines Regenschauers in Kaskaden heruntergeschossen sein. An einer anderen Wand entdecke ich freiliegende Wurzelstöcke, die ihre Krallen in den Hohlweg strecken, vom Regenwasser ausgewaschene Gräben, Furchen, Risse, in denen sich Pflanzen ansiedeln, Pilze, Vögel, Insekten. Sternflechte, Wildbiene, Goldwespe, Berberitze.

Löss: angeweht in über hunderttausend Jahren, über Eiszeiten hin und Wärmeperioden.
Heute: Flurordnungsverfahren. Achtzig von hundert Hohlgassen gingen am Kaiserstuhl für immer verloren.

Im Rebgelände schleppen sich rote Weinbergschnecken einen schmalen, sommerheißen Asphaltweg entlang. Weinbergschneckenasphalt.

Ortsbezeichnungen, Wege-, Tier- und Pflanzennamen, die ich mir notiert habe, einfach nur weil ich den Klang der Wörter schön finde oder deren Zusammensetzung meine Neugierde weckt: Frauental, Dachsbuck, Strümpfeköpfe, Adlerhorstsattel, Schneckenbergweg, Bienenfresserpfad. Berberitzen, Kronwicke, Wildanemone. Florfliege, Holzameise.

Mir denkt noch, wie früher die Bauern kräftige Ochsen, die vor einen Karren gespannt waren, steile Hohlwege hoch peitschten und beim Rückweg nach einem Regenguss auf dem weichen Boden ins Rutschen gerieten, schwitzten und fluchten.

Auf der Lindenhöhe treffe ich eine Gruppe elsässischer Wanderer an, die sich vom Blick vom mittleren Schwarzwald nach Süden zu Kandel, Schauinsland, Belchen hinunter zum Blauen, die Burgundische Pforte, die Vogesen und zurück über die Ebene gar nicht trennen können. Anfang Mai liegt auf Feldberg und Belchen noch Schnee und hier unten scheint die Landschaft in der Blütenflut zu ertrinken. „Allein das Wissen darum, dass es solche Orte gibt", meint jemand aus der Gruppe, „macht auch das Leben unten in der Stadt oder im Dorf, wo wir solche Ausblicke nicht haben, lebenswerter", und alle stimmen ihm zu.

Herr S. wurde mitten im Kaiserstuhl geboren und lebte daselbst, von ein paar Jahren Militärdienst abgesehen, bis zu seinem Tode im 98. Lebensjahr. Obgleich inmitten eines bekannten Winzerdorfes lebend, hat er, wie alle Dorfbewohner einmütig bezeugen, sein Leben lang keinen Tropfen Wein getrunken. S., der mehr als alles liebte, stundenlang, zuweilen sogar nachts über die Weinberge zu wandern, habe als gläubiger evangelischer Christ sogar darauf verzichtet, zum Abendmahl zu gehen, weil er ja sonst den Schluck aus dem Abendmahlkelch hätte verweigern müssen. Sein langes Leben, so hatte er einem Tagebuch anvertraut, verdanke er deshalb auch der Tatsache, dass er nie auch nur einen Schluck Alkohol zu sich genommen habe. Die Winzer im Dorf aber wollen sich nicht von der Überzeugung abbringen lassen, dass S., hätte er, wenn auch in Maßen, dem Wein zugesprochen, noch viel älter geworden wäre.

Um eine Weinberghütte Plastikbecher, Zigarettenschachteln, zerbrochene Alcopopfläschchen, Chips-Tüten, Erdnusspäckchen und geleerte Bierflaschen.

Im Lilienhof bei Ihringen, einem Arboretum, einer Parkanlage mit exotischen Bäumen, ist an fast jeder Baumart ein Namensschildchen mit Grund-Daten zur Art angebracht. Wunderschöne Namen: Grüner Weinapfel / Trompetenbaum / Blutbuche / Traubenkirsche / Atlaszeder / Götterbaum / Schlangenfichte und Wolliger Schneeball. Orchideen: weißes Waldvögelein, Purpurknabenkraut, zweiblättrige Kuckucksblume. Jede einzelne Pflanze müsste zum Weltkulturerbe erklärt werden! In den nächsten zehntausend Jahren sollte hier außer Forstwissenschaftlern und Gärtnern niemand Hand anlegen dürfen.

Niemand schaut so oft auf den Laurentiusbrunnen vor der Bötzinger St. Laurentius-Kirche wie der Storch, der auf dem Kirchturm sein Nest hat. Aber die Geschichte des Heiligen kennt er sicher auch nicht besser als die Protestanten im Dorf, die ich danach fragte.

Vom Ufer eines ruhig fließenden Baches bei Schallstadt hängen Zweige mit Blättern ins Wasser. An jedem Blatt teilt sich das Wasser und auf seiner Oberfläche bilden sich Linien, Kreise und wellenförmige Muster, die wiederum von einem leichten Wind zu anderen geometrischen Formen umgestaltet werden, die sich, noch im Entstehen, an anderen kleinen Hindernissen wie Steinen oder ins Wasser hineinreichenden dünnen Ästen oder Bodenwellen schon wieder auflösen und zu neuen Figuren auf der Wasseroberfläche ordnen. Kommt ein Stückchen Holz oder ein verwelktes Blatt angeschwommen und bleibt an irgendeiner Stelle hängen, beginnt hier sofort ein neues Figurenspiel. Das Wasser fließt unentwegt in- und auseinander, in alle Richtungen, vom Wind vor- oder zurückgetrieben, gestaut, auseinandergejagt, zu Flächen, Kreisen und Furchen gestaltet. Ein geometrischer Rausch, zitternd, und schimmernd im Licht der Sonne. Auf diesen endlos wechselnden, sich verschiebenden, silbernen Formen tanzen Wasserläufer.

Bellenhöhe

Orangen sitzt die Sonne im Geäst
des Weißholders.
Vor dem dezemberblauen Himmel
zerschneiden eisige Böen
den Schrei der Krähen
im Flug.

Von der Bellenhöhe aus sehe ich einen Klinikhubschrauber Richtung Staufen fliegen. Am nächsten Tag lese ich in der Zeitung über den Unfall, dessen Opfer er abgeholt hat.

Im Dezember ist auch das Paradies am Oberrhein kein Paradies. Jedenfalls nur sehr selten. Die Landschaft links und rechts der vollbesetzten Regio-Bahn liegt dann oft unter einem milchigen Nebelschleier. Eine dünne Schneedecke auf der Ebene, den Hügeln und Vorbergen lässt die Landschaft kalt und abweisend erscheinen. Grau, braun und schwarz mischen sich in die weißen Flächen längs der Schienen. Menschenleere Baugrundstücke an der Strecke. Geschlagene Baumstämme kreuz und quer in lichten Waldstücken. Mauern, Zäune, Stellwerke, rostfarbene Brückengeländer, Lärmschutzmauern. Hellgraue Rauchsäulen über Hausschornsteinen. Graue Betonbrücken über den Gleisen. Nasse, schwarzgraue Bahnsteige. Strommasten, Oberleitungen, stillstehende Baukräne. Die Rebhänge mit hunderttausenden von Stecken gespickt: trostlos, starr, kalt, tot. Als dann plötzlich die Sonne durch den Nebel bricht, verwandelt sich alles in eine funkelnde, leuchtende Landschaft und die muffigen Gesichter der Fahrgäste hellen sich auf.

Auf firnbesetztem Draht hockt, aufgeplustert, in Fluchtdistanz, ein Bussard und beäugt Winzer beim Schneiden der Eisweindolden. Als sich die Gruppe weiterbewegt, schwingt er sich träge in die Höhe.

Dunkelbraune Maulwurfshügel, frisch durch den Schnee gestoßen. Die Erde noch nicht gefroren.

Die Berghauser Matten am Schönberg bei Freiburg: in der Fachsprache beschrieben als „wellige Rutschungszonen der Opalinus-Tone“. Aufgezählt werden Hundswurz, Tausendgüldenkraut und Pimpinelle. Schlehen und Rosengebüsch. An Vögeln: Neuntöter, Dorngrasmücke, Wendehals, Grünspecht, Pirol. Einst soll sich hier ein Sieben-Höfe-Dorf befunden haben. Heute liegt hier die Berghauser Kapelle, in der Wanderer gespendete Kerzen anzünden.

Während die Bauern unten in der Ebene schon die Felder mit den Maisstoppeln umpflügen und die Krähen in den braunen Ackerfurchen wahre Freudentänze feiern, schippen die Leute im Schwarzwald oben noch täglich Schnee von den Toreingängen und Hauseinfahrten weg.

Löwenzahnsamen hat sich in großen, über das Holzgatter einer Pferdekoppel gespannten Spinnennetzen festgesetzt. Hat Dutzende von Kunstwerken geschaffen, die der Wind bewegt. Durch unterschiedlichen Lichteinfall von der Sonne entstehen endlose Licht- und Schattenformen.

Die Autobahn

Dänen, Schweden, Holländer, Belgier, Niedersachsen, Mecklenburger auf Sommerferientrip. Sommerskihasen, Strandsüchtler, Italienabhängige, Frankophile, Wellnesskultler, Kunstnarren, Gastromaniker. Raus-aus-den-Vier-Wänden-Flüchtlinge mit Decke-fällt-auf-den-Kopf-Syndrom. Bahnbonus-Sammler auf dem Weg in die seeligmachende Schnäppchen-Reise-Ferne. Zeitjäger, zielgetriebene Mindestabstandjongleure, Unterwegsmenschen. Terminhatz-Menschen, Kfz-Hominiden. Endloslärmketten auf der rechten Spur. Exportnomaden, Warentonnenkarawanen. Windschattenreiter. In den Fahrtenschreibern versteckt Übermüdungen, Überschreitungen, Zumutungen, Sekundenschlaf, Schrecksekunden, Glatteis-Ängste, Nebelgesichte. Auf der linken Spur Treibjagden: „Die Sau, hat mich abgedrängt!" – „Die Schlampe hab' ich abgehängt!" Die Herrenmenschengeste an der Lichthupe löst nur bei wenigen einen Fluchtreflex aus. Ausbremsen ist beliebter. Jeder Sieg, jede Niederlage auf der Autobahn belebt die Erzählrunden an den Stammtischen.

Reisewelle, Touristenschwemme, Ferienzeit, Stoßzeit. Staustufen: Von „stockender Verkehr“ bis „nichts geht mehr“. Magendruck, steifer Nacken, Thrombosen, Bluthochdruck, Herzrasen, Hitzschlag. Falschfahrer unterwegs, PKW mit brennendem Motor auf der Standspur, Fässer mit gefährlichem Inhalt auf der Fahrbahn. Reste von geplatzten Reifen, spitze Gegenstände, gefährliche Ölspur. Die Auffahrer, die Raser, Die Stoiker, die Ausraster. Die Hasardeure, die Lebensmüden. Die Raucher, die Kontaktsucher. Die Zögerlichen, die Entschlossenen.

Extravagante Designs, verchromte Grills. Aktive Drehmomentverteilung und bei Gefahr des Übersteuerns automatischer Lenkimpuls in die Gegenrichtung. Spurhalteassistent, Elektrische Heckklappenbedienung, Multifunktionsdisplay, Assistenz- und Multimediasysteme. Stufenheck, Fließheck, Schrägheck. Autos mit muskulösem Heck, zuverlässigem Fahrverhalten, seriösem Auftritt, einnehmendem Äußeren und fahrerfreundlichem Innenleben. Zufriedene Fahrer – zufriedene Autos.

Die Autobahnbrücke über die Straße nach Rheinau: in der Nacht ein Flipperautomat, der von links und rechts lärmende Lichtkugeln in die Ebene schießt.

Ein Junge aus Mengen erzählt mir, er habe gezählt, wie viele Autos werktags an einem frühen Nachmittag in einer Stunde über die Autobahnbrücke zwischen Mengen und Munzingen gefahren seien. „Wie viele?“, frage ich. „Hunderttausend Millionen Billionen!“, ist die prompte Antwort. Das dürfte in etwa stimmen.

„Stoppt den Bahn-Sinn!“

Entlang der Rheinschiene tobt der badische Anti-Lärmaufstand! Mit 120 000 Einwendungen gegen 360 Güterzüge am Tag, 165 in der Nacht. Lärmpegelmessungen, Streit um Lärmgrenzwerte. Befriedungskonferenzen, Anhörungsverfahren, Erörterungstermine, Planfeststellungsverfahren, Planfeststellungsbeschluss. Die Bewohner entlang der Bahnlinie sind nicht gegen die Züge, möchten aber eine andere Trasse als die geplante. In der Mengener Gemeindehalle ruft der Sprecher einer gemeindeübergreifenden Bürgerinitiative den Zuhörern aus der Umgebung zu. „Wo Recht zu Unrecht wird, ist Widerstand Pflicht!“

Ein Bahngutachten sagt aus, dass die Messgeräte weniger Dezibel gemessen hätten, als die Menschen am Oberrhein behaupten zu hören. Müssen jetzt die Bürger alle zum Ohrenarzt und ihr Gehör an die Messgeräte der Bahn anpassen lassen?

Aus dem Wörterbuch der Bahntrassenterminologie

Antragstrasse / Alternativtrasse / Bürgertrasse / Trassenabsenkung / Hochlage / Mitteltieflage / Tieflage / gedeckelte Tieflage / Tunnel / Schallschutzwände / Gefahrgutrisiko / Neuinvestitionsstopps / Verkehrsaufkommen / Lärmminderungspläne / Emissionsschutzgesetze / Schalltechnikuntersuchungsergebnis / Streckenplanungskommissionspapiere / Trassenfertigstellungsterminpläne / Schienensanierungsförderrichtlinien / Bemessungsgrundlagenänderungsanträge

September am Rhein

Die Sonne wird schüchtern jetzt.
Die Tage gehen leise.
Zwischen den Deichen der Strom.
Im Auenwald die Vögel,
schütteln den Tau
vom Gefieder.
In uns Stille
und länger die Schatten.
Öfter allein.
Wenige Gespräche nur.
Bleiben.
Kein ruheloses Ziehen
durch den Tag.
Schlafen,
aufstehen,
Briefe schreiben.
Oder E-Mails,
wer mag.

Der Rhein, der Rhein, der Rhein

„S. Gotthards große Bueb!“
Johann Peter Hebel

Wenn der Rhein einmal ausgetrocknet ist, jagen Winde den Staub des Flussbettes durch die ausgetrocknete Oberrhein-Savanne.

Hier sieht man, warum Gott die Flüß'
Geschaffen hat, nur darum gewiß,
Damit man durch ihr Mittelweg
Nachbarschaft besuch, halt und pfleg …
Johann Fischart

„Bei Hochwasser kam der Fluss zu uns ins Haus", sagte der Kunstmaler Anselm Kiefer bei der Verleihung des Friedenspreises des deutschen Buchhandels. Er wohnte als Jugendlicher mit seinen Eltern in Rastatt.

„Die Bezeichnung Rhein (Rein, Ren) ist abgeleitet vom Altkeltischen <roain> für <großes Fließendes>, später keltisch <rēnos> und germanisch <rinaz> ebenfalls für Fließendes; im Lateinischen entstand daraus <rhenus>. (aus: *B wie Basel, Basel und der Rhein*, Spalentor Verlag)

Rheinleute, Weinleute. / Ehe einer über den Rhein schwimmt, ertrinken zehne. / Man kann den Rhein wohl schwellen, aber nicht stellen. / Der Rhein will alle Jahr sein Opfer haben. / Hätt ich den Zoll am Rhein, so wär' Venedig mein. / Derweil fließt noch viel Wasser den Rhein hinab (aus: Karl Simrock: *Die deutschen Sprichwörter*)

In Basel ist der Rhein die Stadtmitte. In Straßburg drängt er von außen über den Hafen in die Stadt. In Karlsruhe liegt er draußen am Rande der Stadt. Freiburg hat keinen direkten Bezug zu dem Strom. So haben auch die Bewohner der Städte eine je andere Vorstellung vom Rhein.

Den „Urwald" in den Auenwäldern gibt es schon seit vielen Jahrhunderten nicht mehr, aber Eichen und Ulmen, Weiden und Pappeln noch immer. Überschwemmungswälder. Strömungsrinnen, Totarme, Schotterinseln. Angeschlämmte Auenböden. Fließende, stehende Gewässer, Feuchtwiesen, Kies- und Sandflächen, Sümpfe, Buschlandschaften, Wälder, Laichplätze. Gießen, Quellen. Das mit Riedgräsern und Schilf bewachsene, moorige

Gebiet des Rieds. Der blassrosa Wasserdost, die Schwebfliege, die Binsen und die Wasserlinsen, der Biber und die Biberratte. Hartholz-Auenwald, Weichholz-Auenwald. Pfaffenhütchen. Kiebitz, Grau- und Silberreiher. Flussbarsch und Schleie. Zwergtaucher. Kormoran. Hochwasserbett, Niedrigwasserbett. Jagdspinne, Wespenspinne. Tellerschnecke, Molch. Laubfrosch, Ringelnatter. Verlorenes Paradies. Paradies? Für wen? In welchen Zeiten?

„Kein Strom oder Fluß hat mehrere Arme nöthig", schrieb der Ingenieur Tulla.

Vor der Rheinkorrektur durch Tulla zählte man zwischen Basel und Straßburg 1600 Inseln in einem Labyrinth von schmalen und breiten Wasserarmen. Der Strom schuf sich jedes Jahr neue Landschaften, suchte sich immer wieder ein neues Bett, erodierte seine Ufer und lagerte Sedimente ab. Schuf Schwemmland, Kies- und Sandbänke. Hinterließ Rinnen, Nebenarme und Stillwasserzonen. David Blackbourn spricht in seinem Buch *Die Eroberung der Natur. Eine Geschichte der deutschen Landschaft* von „Altrhein, Gießen, Kehlen, Schluten, Lachen", von „Aue, Wörth (Werder), Grund und Bruch". Ein Vokabular, das die Vielfalt der vom Rhein geschaffenen Landschaftsformen benennt.
Die Menschen am Rhein kämpften mit den Launen des Flusses. Sie durchstachen schon im Mittelalter gefährliche Rheinschlingen, um den Fluss in ein anderes Bett zu zwingen und einen Ort aus der Gefahrenzone zu nehmen. Dem in Karlsruhe geborenen und auf dem Friedhof Montmartre in Paris begrabenen Ingenieur Johann Gottfried Tulla sollte es zur Lebensaufgabe werden, den kaum kontrollierbaren Rhein zu bändigen. Es war das „größte Bauvorhaben, das jemals in Deutschland in Angriff genommen wurde". Diese „Rektifikation" – so nannte Tulla sein Projekt in seinem Buch *Ueber die Rektifikation des Rheins* (1825) – lief nicht ohne Widerstand einzelner Gemeinden, Fischer und Bauern ab, nicht ohne heftige politische Kämpfe und auch nicht ohne Auseinandersetzungen unter

den Fachleuten. Blackbourn schreibt, dass im Verlauf von anderthalb Jahrhunderten „rund 85 Prozent der Oberrheinauen verloren“ gingen. Der Rhein „zwischen Basel und Worms“ wurde „von 345 auf 273 Kilometer gekürzt“. Aber schon lange vor Tulla wurde dem Rhein „Gewalt“ angetan und die Menschen änderten seinen Verlauf mit Faschinenanlagen, Ablenkbauwerken, Dämmen, um sich vor dem Hochwasser zu schützen oder um durch Verlandung landwirtschaftlich nutzbare oder besiedelbare Flächen zu gewinnen. So schreibt Helmut Volk, ehemaliger Leiter der Abteilung Landespflege der Forstlichen Versuchs- und Forschungsanstalt Baden-Württemberg: „Die Rheinkorrektion steht … nicht am Beginn gravierender Landschaftseingriffe in der Rheinaue.“ Schon vor Tulla habe es auf französischer Seite zum Teil mehr Dämme gegeben als nach ihm. Vergleiche von Landschaftskarten aus den Jahren 1838, 1852 und 1872 hätten ergeben, dass schon zu Beginn und in der Mitte des 19. Jahrhunderts, besonders auf französischer Seite des Rheins, Rheinarme vom Hauptstrom abgetrennt worden seien. Sogar den Talweg des Rheins, also den Hauptfluss, habe man weit nach Osten abgedrängt. So hätten auch die Auenwälder in den letzten 200 Jahren schon mehrfache Wechsel erlebt.

Das im Basler Kunstmuseum hängende Bild von Peter Birmann (1758-1844) „Blick vom Isteiner Klotz rheinaufwärts gegen Basel“ (um 1819 gemalt) wurde und wird vielfach reproduziert, wenn die Rede vom Oberrhein ist. Auch der Umschlag zu Blackbourn’s Buch zeigt diese Szene. Das dargestellte Panorama entspreche aber mehr romantischer Phantasie als der Wirklichkeit, sagt mir Herr Volk.

Der Rhein und die Landschaft an seinen Ufern ist also extrem vom Menschen veränderte Natur. Schon seit Jahrhunderten. Und die Eingriffe nehmen auch heute nicht ab. Dammrückverlegungen, Durchflutungen der Rückhalteräume und Reaktivierung von Lebensräumen stehen heute auf der Agenda.

Beim Spazieren auf dem Rheindamm schaue ich aufs Wasser und denke:

Dieser Fluss, der seit Jahrtausenden aus den Schweizer Alpen in die Nordsee fließt, beschäftigt uns seit Menschengedenken. Bis heute setzen sich Industrielle, Straßenbauer, Immobiliengeschäfte, Schifffahrtgesellschaften, Biologen, Geologen, Geographen, Politiker, Touristikunternehmen, Künstler, Brückenbauer, Landschaftsplaner und Umweltschützer mit dem Rhein auseinander. Mit dem Rhein, der davon gar nichts weiß.

An Bord des Rheinschiffes Weiland an der Anlegestelle 2 am Breisacher Rheinufer stellt der Lavori Verlag den Fotoband *Rheinauen. Relikte einer Landschaft* von Manfred Matzke vor. Die Fotos: Nachen, Kähne, die im Wasser liegen, längs zum Ufer oder halb aufs Ufer gezogen. Manche mit Wasser gefüllt und Schlagseite. Andere hängen auch ganz unter der Wasseroberfläche. Wie viele Boote sind auf Grund gesunken? Das Foto „Im Schollengießen auf der Gerstheimer Insel" zeigt Unterwasserpflanzen, die über die Bootsränder in ein Boot hineinwachsen, als wollten sie dieses in die Tiefe ziehen. Ein Foto hat den Titel „Aalschokker im Schmiedseppengrund". Aalschokker, ein im stillen Wasser geankertes Fischerboot. Auf anderen Bildern Schwemmgehölz, das sich um dicke Stämme am Ufer schlingt. Wurzel-Grotesken, bei Niedrigwasser freiliegende Wurzelgeflechte, weit übers Wasser greifendes Herbstgeäst von schräg am Ufer hängenden Bäumen, Astholzhaufen, Schilfnester, Hahnenfußteppiche, und Weidenvorhänge. Seegras-Inseln und Kieselsteinbänke. Felsenteppiche wie bei den „Isteiner Schwellen". Schlammufer. Wasser im Morgendunst, im Mittagssonnenglanz, im frühen Mond, unter der ersten zarten Eisschicht.
Baumkronen, skurrile Totholz-Skulpturen, Wolken, Schilf, ein Schwan, die untergehende Sonne. An stillen und ruhig fließenden Gewässern erhält alles durch Spiegelung eine zweite Existenz. So sieht man auf dem Foto vom Otterstädter Altrhein Wolken am Mond vorüberziehen. Am Himmel wie im Wasser. Sieht den Mond aus dem Wasser leuchten. Wäre die Wasseroberfläche stumpf, wirkte die Landschaft vermutlich ähnlich einer Welt ohne Schatten.
Nachdenken möchte man über die Namen der einzelnen Auengebiete, wo diese Fotos entstanden sind: Biedensand, Kindelsgrund, Rappennest, Moos-

Der Rhein, der Rhein …

Der Rhein bei Breisach

michelskopf, Schollengießen, Dammmeisterloch, Steingrien, Schaftheu. Jedes dieser 62 Fotos ist mein Lieblingsfoto. Und viele dieser Bilder habe ich auf eigenen Spaziergängen im Rheinwald schon gesehen.

Nächtens zu Fuß den Rheinstrom entlang. Die Gleichgültigkeit des fließenden Wassers empört.

50 Millionen Menschen trinken zu 40 % Wasser aus dem Rhein.

Auf der Höhe von Kembs fließen auf deutscher Seite etwa 5% der Wassermenge, die der Rheinabfluss durchschnittlich bei Basel beträgt. Deutsche Naturschützer wollen das auf 10% erhöht haben. Aber dem steht der Versailler Vertrag, genauer der Rheinseitenkanal, entgegen. Da hat der Wunsch nach Biber, Otter und Lachs entlang der deutschen Autobahn schlechte Karten.

„Was machen Sie denn so den ganzen Tag?", frage ich einen Schleusenwärter am Rhein-Rhône-Kanal. „Warten", antwortete er. „Warten, dass das Warten ein Ende nimmt. Dann mache ich mich auf den Weg nach Hause, wo meine Frau mit dem Abendessen auf mich wartet. Ich finde das schön, dass jemand auf mich wartet. Wissen Sie, eigentlich ist das so mit dem Warten. Ich warte ja nicht wirklich, ich bin einfach nur da, und wenn so ein Boot kommt, dann muss ich eben tätig werden, damit es weiter kann. Das ist alles. Ich kenne die meisten Besitzer der Boote, die hier vor der Schleuse im Kanal liegen. Oft bleiben sie zum Angeln. Neulich hat mir einer von ihnen einen Plastikeimer voll Wasser mit ein paar Fischen drin vor die Füße gestellt und gesagt: ‚Voilà, für dich!' Das hatte ich nun gar nicht erwartet. So bringt fast jeder Tag etwas, das man gar nicht erwartet. Stimmt's, Monsieur?"

Zwei französische 900-Megawatt-AKW-Blöcke stehen in Fessenheim auf seismisch aktiven Böden. Bei einem schweren Atomunfall und Südwestwind zieht eine annähernd 400 km lange „Schadensfahne" bis Würzburg-Nürnberg. Alle Städte und Dörfer in dem betroffenen Gebiet müssten 50 Jahre lang geräumt werden. Wer zu diesem Zeitpunkt 30 Jahre alt ist, könnte dann mit 80 Jahren schon wieder zurück.

Aus dem Atomkraftwörterbuch: Reaktorbehälter / Druckbehälter / Brennelemente / Kühlkreislauf / Reaktorkern / Haar-Riss / Blei-Abschirmung / Sicherheitsschleuse / Neutronenbeschuss / GAU.
Hauptsätze: Der Kühlkreislauf ist verstopft. Die Störfallskala hat sieben Stufen. Der Krisenstab muss zusammentreten. Der Notfallplan hat Lücken. Der Abraum strahlt. Der Bund fordert weiträumige Verteilung von Jodtabletten. AKW-Gegner weisen auf die Gefahr von terroristischen Anschlägen, Flugzeug- abstürzen und Erdbeben hin. Die Reaktorgefäße verspröden. AKW-Betreiber wollen die Laufzeit verlängern. Die Gegner fordern die Stilllegung.
Behauptungssätze: Atomkraft ist sicher. Atomkraft ist sauber. Atomkraft schont die Umwelt.
Beruhigungssätze: Die Atomkraftwerke unterliegen strengster Kontrolle und werden routinemäßig untersucht. Die Betreiber sind auch auf schwere Störfälle vorbereitet. Die Katastrophenschutzpläne sind ausreichend.
Aufforderungssätze und Empfehlungen für den Katastrophenfall: Denken Sie daran, beim Verlassen des Hauses nur das Notwendigste mitzunehmen. Halten Sie eine Garnitur Oberbekleidung, Schuhe und Unterwäsche zum Wechseln, Waschzeug und besonders verordnete Medikamente bereit. Denken Sie an den Mundvorrat als Wegzehrung. Packen sie die mitgeführten Sachen in Plastiktüten. Nehmen sie wasserdichte Regenkleidung mit. Atmen Sie durch ein Taschentuch. Bewahren Sie Ruhe, wenn Ihnen Messtrupps und Hilfskräfte unter Schutzmasken und Schutzanzügen begegnen. Behandeln Sie diese Menschen freundlich und haben Sie keine Angst. Sie tun Ihnen nichts! Seien Sie freundlich zueinander und vermeiden Sie Panik!

Die Betreiber der geplanten, neuen Kraftwerksblöcke wollen sich als Ausgleichsmaßnahme weitflächig für den Schutz des Zitronenfalters einsetzen.

Rheinauen-Feuchtgebiete. Nur wenige noch. Noch. Noch nicht trockengelegt für Ikea-Parkplätze und Obi-Hallen, auf dass uns das Hören der Rohrdommeln und das Sehen der Orchideenwiesen vergehe.

Frösche

Im Schilf
die großen Laubfrösche.
Mitte April bis Juli
an schaukelnden Halmen haftend.
Beim nächtlichen Liebesgehopse
ins flache Ufergewässer
Kehlsäcke zu Schallblasen aufgebläht.
Bläh-Gebalze
Balz-Geblähe.
Männchen im Imponiergehabe.
Aber auch die Stillen
grabschen sich jetzt ein Weibchen
und tun es
ohne langes Rum-Gequake.

Doch immer mehr Frösche
bleiben aus.
Auch im Röhricht des Rohrsängers
kein Lied mehr.
Den Empfangsmappen
der Verkehrsämter
sind jetzt CDs mit historischen Aufnahmen
von Tierstimmen beigefügt.
Es kommt.

Nur die Stechmücken
sind wieder hinter Blut her.

Und die Menschen am Rhein fürchten sich
vor der asiatischen Tigermücke und Anopheles.
Die fühlen sich vielleicht wohl
in den neuen Poldern und Rückhaltebecken.
Ohne die treibt es der Rhein zu bunt.
Erst wenn die Schweizer Gletscher geschmolzen sind,
hört das alles auf.
Das will ja im Ernst niemand.
Aber es kommt.

Hartheim I

Unter der Brücke von Hartheim zwei Schwäne.
Und ein langes Stück Holz.
Lässt sich vom Rhein nach Norden treiben.
Was wissen Rhein und Holz
voneinander?

Hartheim II

Im Dickicht hinten im Wald
hat man Grenzschützer
gegen Atomkraftgegner
in Stellung gebracht.

Der französische Präsident
entschwebt,
nachdem die schöne, neue Hardtbrücke
freigegeben ist.

Die Leibwächter können aufatmen.

Hüningen, Breisach, Neuf-Brisach, Kehl, Straßburg, Fort-Louis, Phalsbourg – alles Festungen, die mit dem Namen Vauban verbunden sind: Monsieur Sébastien Le Prestre de Vauban, Feldmarschall, Brigadegeneral und Generalkommissar der königlichen Festungsanlagen. Der Rhein sollte überwacht, das Hinterland uneinnehmbar werden. Festungen wurden gebaut, erweitert, doppelt und dreifach mit Mauern, Wällen, Gräben und Türmen gesichert. Dann gestürmt, belagert, eingenommen, zerstört, geschleift und – wiederaufgebaut, dann wieder gestürmt, belagert, eingenommen, zerstört, geschleift und wiederaufgebaut. Viele Festungsteile sind gesprengt, von der Natur überwuchert, verschwunden. Oder es wurden Reste freigelegt, teilrestauriert und zugänglich gemacht. Die Stadt Kehl, deren Befestigungen erst im neunzehnten Jahrhundert abgebaut wurden, hat seit 1679 bis 1953 mehr als zehn Mal den Besitzer gewechselt. Die Namen der Städte, in denen Verträge unterzeichnet wurden, gehören dazu: Nijmwegen, Rijswijk, Utrecht, Rastatt, Lunéville, Paris, Frankfurt, Versailles, Washington (das Washingtoner Abkommen, das bestimmte, dass Kehl nach 1945 von Frankreich in 42 Teilrückgaben an Deutschland zurückgegeben wird).

Vor wenigen Jahren veranstalteten Straßburg und Kehl zusammen ein Landesgartenfest. Die Fußgängerbrücke über den Rhein, die „Passerelle des deux rives", von beiden Städten dafür erbaut, wird bleiben. Und sei es nur für ein paar neugierige Touristen, die einmal über der Flussmitte stehen wollen, um ein paar schlechte digitale Fotos zu machen, auf denen man entweder nur Köpfe oder nur Wasser zu sehen bekommt.

Nach dem Krieg entdeckten wir Kinder bei Fahrradausflügen im Rheinwald Reste von Bunkern. Von hier also ging er aus, der Krieg gegen Frankreich. Wir machten uns aber beim Anblick der durchlöcherten oder gesprengten Zementmassen keine großen Gedanken über die Ursachen dieser zerstörten Gebilde. Von den gewaltigen Anstrengungen beim Bau des Westwalles wussten wir nichts, geschweige denn von den technischen Einrichtungen in diesen Bunkern, der Organisation vor dem Angriff, den Massen an Männern, die daran beteiligt waren. Was sagten uns schon Namen wie XXVII. Armeekorps, Infanteriedivision 218, Infanterieregiment 386, Kasematten, Panzerglocke, Zwillings-MG, Scheinwerferpanzerung, 47 mm Pak, die wir während des Mittagessens in einem Gasthaus aufschnappten, wenn sich ehemalige Kriegsteilnehmer über diese erste Zeit des Krieges mit Freunden, Kollegen oder Zufallsbekannten am Nachbartisch unterhielten, die auch am Rhein stationiert lagen? Was sollten wir mit Begriffen wie V-Operation „Kleiner Bär", Heeresgruppe, Pioniere, Pontonbrücke, Sturmboot, übersetzen, Stoßtrupp, Brückenkopf anfangen? Und mit Ortsnamen wie Heiteren, Weckolsheim oder Marckolsheim konnten wir schon rein gar nichts in Verbindung bringen. Wenn dann aber Sätze fielen, wie: „Den armen Kerl hat's gleich am Anfang erwischt, ich kannte seine Mutter gut, die hat das nie überwunden", erschraken wir und fingen an Geschichten zu spinnen. Der Rheinwald und der Rhein und seine beiden Ufer wurden uns unheimlich.

Auf der Passerelle aux trois Pays, der Dreiländerbrücke zwischen Frankreich, Deutschland und der Schweiz, hockt zur Basler Hafenseite hin ein Akkordeonspieler und quetscht eine armselige Melodie aus seinem verstimmten Instrument, das weder ein Diskant- noch ein Bassverdeck hat. Die elegante Brücke führt in sanftem Schwung gleich einer gebogenen Leiter über den Rhein. Sie scheint mehr über dem Strom zu schweben, als an den beiden Ufern verankert zu sein. Die mit Europa-Fähnchen drapierten Spannkabel zwischen Brückenbogen und -steg bilden ein großmaschiges Netzmuster.
In Weil drängeln sich im überfüllten „Rheincenter" mit seinen gelb-blau-orangefarbenen Fassaden die Kunden. Man hört Deutsch, Französisch, Türkisch, Arabisch, Markgräfler Alemannisch und Schwyzer-Dütsch. Die

Stadt möchte noch ein neues Einkaufszentrum, die „Rhein-Arcaden". In Basel ist das Shoppingcenter „Stücki" im Bau, das Einkaufszentrum „Erlenmattgalerie" ist im Planungsstadium. St. Louis im Elsass hat ebenfalls Baupläne: ein großes Verkaufszentrum zwischen dem Euro-Airport und dem Bahnhof. Alle in räumlicher Nähe zueinander. Zusammen rund einhundertachtzigtausend Quadratmeter. Wer möchte, kann sich dann Urlaub nehmen und wochenlang nur einkaufen. Das gesamte Rheinknie als Areal für grenzüberschreitendes Shop-hopping. Uns erwarten verkaufsoffene Dreiländer-Mega-Shopping-Events mit 48 Stunden Daueröffnungszeit. Kulinarische Verwöhn-Ecken, Spiel-Oasen für Kids, Service-, Dekorations- und Produkt-Präsentationswettbewerbe, eine Miss- und Weinköniginnen-Wahl, Verlosung von Automobilen, Kreuzfahrten und Safaris. Internationale Folklore, Gesangsvereine und Bläsergruppen aus der Region. Und als Höhepunkt ein Abschlussgottesdienst mit einem Werbe-Manager als Gastprediger. Ein Warenwelt-Paradies, das die Städte leert und die Shopping-Mall-Kassen füllt.

Die Liebe hat's schwer
Im Hafen
Basel

Welches Basel?

Das Rheinknie-Basel / Das Chemie-und Pharmazie-Basel / das Schweizer Bahnhof-Badischer Bahnhof-Basel / das Zolli-Basel?
Das Morgestraich- un Pfiffebrüeder-Basel / das Drogenstuben-Basel / Museums-Basel / das Tinguely-Basel?
Das Leckerli, Mehlsuppe- und Chäswaihe-Basel / das Basel-Dütsch-Basel / das Zünfte-Basel / das Basler Museen-Basel / Kunstmesse-Basel / Mustermesse-Basel?
Das Daig-Basel / Fährimaa-Basel / Vogel-Gryff-Basel / Das Rhein-Schwimmen-Basel (Dr Bach ab) / Das Klein-Groß-Klein-Basel?

In keiner Stadt, durch die der Rhein fließt, scheinen mir die beiden Stadtteile an seinen Ufern so eng aufeinander bezogen zu sein wie hier in Basel. Zueinander gehörig gleich Zwillingen und doch jeder Teil, Großbasel und Kleinbasel, mit ihren je eigenen Charakteristiken. Der Fluss hilft, diese Einheit in der Verschiedenheit zu wahren, sodass die beiden Teile nie in Gefahr sind, allmählich ineinander hineinzuwachsen. Die Einheit Basels ist gerade dieser Doppelcharakter. Im Rhein spiegeln sich immer zwei Basel, und diese zwei Basel sind Basel. Hier treffen sich Jura und Schwarzwald, die Vogesen sind nahe und die burgundische Pforte vermittelt zwischen Süden und Norden. Wie ein Scharnier zwischen zwei Welten liegt die Stadt am Rheinbogen. Und der Rhein schenkt der Stadt seinen Gleichmut aber auch seine Launen.

Auf einem Gemälde von Johannes Grützke mit dem Titel *Arnold Böcklin, Johann Jakob Bachofen, Jacob Burckhardt und Friedrich Nietzsche auf der Mittleren Rheinbrücke in Basel* sind vier Geistesgrößen, die mit dem Namen Basel verbunden sind, als fröhliche Herrenrunde dargestellt, die von einem fröhlichen Zechgelage zu kommen scheint. Die hochgelehrten Männer erwecken jedenfalls nicht den Eindruck, als hätten sie gerade an einem bedrückenden Symposion über die düstere Zukunft des alten Europa teilgenommen. Burckhardt hakt den wohl nicht mehr so ganz standfesten

Nietzsche mit seiner linken Hand unter und legt seinen rechten Arm um Bachofens Schultern. Nietzsche und Bachofen haben ein breites Grinsen aufgesetzt und Burckhardt scheint, den Kopf Nietzsche zugewandt, eine Posse zum Besten zu geben. Ein heiteres Gruppenbild als Gegenbild zum ernsten Basel?
Basel ist eine ernste Stadt. Sogar oder gerade seine Fasnet ist ernst. Es ist ein ruhiger, unaufgeregter Ernst – kein wichtigtuerischer, pädagogischer Zeigefinger-Ernst. Mehr eine Art Gesetztheit. Die steht nicht im Widerspruch zur Basler ökonomischen Geschäftigkeit, industriellen Dynamik und wissenschaftlichen Potenz. Schützt auch nicht vor gesellschaftlichen Konflikten, die dieser Stadt nicht weniger fremd sind als anderen Städten Europas. Aber vielleicht hilft sie den Baslern, anders damit umzugehen. Ist es der Gleichmut des Rheins, seine kraftvolle Ruhe, die auf die Stadt ausstrahlt? Ich mag das ruhige, freundliche Sprechen der Basler. Fragte mich jemand, aus welchem Grund ich nach Basel fahre, würde ich antworten: „Ich fahre nach Basel, einfach nur, um dort zu sein." Ja, das wäre meine Antwort.

Während des Zweiten Weltkriegs fanden sich am Nachmittag in ruhigen Cafés höfliche Damen und Herren zum Plaudern ein oder gingen in den ausgelegten Zeitungen Berichte über das Geschehen an den Kriegsfronten durch, immer in der Angst, dass die Reichsdeutschen mit ihrer Kriegsmaschinerie und ihrem martialischen Marschtritt doch eines Tages auch in die Schweiz einfallen könnten.

Aus der *Basler Chronik* am 21. Januar 1944: „Unterhalb Basels überfliegen starke Formationen britischer Flieger den Rhein in Richtung auf Stuttgart. Am gestrigen Tag sind nach amerikanischen Angaben rund 2000 amerikanische Bomber über deutschem Reichsgebiet tätig gewesen."
28. Februar: „In Anbetracht des Kriegsgeschehens muß auch dieses Jahr wieder auf öffentliches Fastnachtstreiben verzichtet werden, obschon es an zügigen Sujets für die Fastnachtscliquen keineswegs mangelt."
1. April: „Die Stadt Schaffhausen wird von 30 amerikanischen Bombern an-

gegriffen und zum Teil in Brand gesetzt. 40 Todesopfer sind dabei zu beklagen. Auch in Basel ist die Empörung über diesen völlig unerklärlichen Luftangriff auf eine friedliche Stadt groß.“
28. April: Während einer halben Stunde überfliegen britische Bomber zu Hunderten unsere Stadt in Richtung auf das Angriffsziel Friedrichshafen.“
13. Juli: Der Evangelisch-Reformierte Kirchenrat lässt im Münster bei großer Beteiligung einen Bittgottesdienst für die verfolgten ungarischen Juden abhalten.“
12. September: „… zum ersten Mal seit bald vier Jahren beleuchten die öffentlichen Lampen unsere Stadt wieder wie in Friedenszeiten“(gefunden im Stadtarchiv Basel).

Während des Deutsch-Französischen Krieges 1870/71 leistete die Rhein-Stadt Basel der Rheinstadt Straßburg humanitäre Hilfe. 1400 Straßburger durften aus der belagerten Stadt in die Schweiz. Dafür schuf der Colmarer Frédéric Bartholdi 1895 ein „Ereignisdenkmal“, wie die Schweizer sagen. Es steht in der Elisabethen-Anlage. Eine Inschrift lautet: „Straßburg war in Flammen, seine Bewohner in höchster Noth. Die teilnehmende Schweiz bot die rettende Hand.“ Ein Baron Cruyer bat um „die Vergünstigung, dieses Denkmal zu errichten“. Im Schützenmattpark steht ein weiteres Denkmal für die Unterstützung französischer Bürger durch die Schweizer, diesmal im Zweiten Weltkrieg. In Kleinbasel waren Franzosen damals ja sogar auf der rechten Rheinseite in Sicherheit vor dem Zugriff der Nazis.

Ich kenne keine Stadt mit so vielen „Bergen“: St. Albanberg, Münsterberg, Steinenberg, Kohlenberg, Leonhardsberg, Schlüsselberg, Heuberg, Gemsberg, Spalenberg, Nadelberg, Mühleberg, Hasenberg, Lindenberg, Stapfelberg. Die Namen erinnern an Gewerbe, Kirchen, Klöster und Landschaftstypen. So kann man den ganzen Tag hinauf- und hinabsteigen und sich die Stadt vom St. Albanberg bis zum Nadelberg mit Hilfe von abwechslungsreichen Ausblicken wie ein Mosaik zusammenstellen.

Am SBB ein Schild: „Falsch parkierte Fahrräder können gegen Busse ausgelöst werden.“ Die Schweizer benutzen kein „ß“.

Zwischen Elisabethenkirche und Theater ein Hinweisschild: „Das Betreten des Theaterdaches ist verboten. Fehlbare werden unter Kostenfolge polizeilich verzeigt.“ Ich verstehe den Inhalt sofort, nicht aber ohne zu stutzen.

Ohne die sechs Magnolienbäume auf dem Kirchenvorplatz wäre die monumentale Pauluskirche mit ihren aufgetürmten Steinmassen erdrückend. Aber während der Magnolienblüte verliert selbst dieser wuchtige Bau am Steinenring seine bedrückende Schwere und die Natur macht den Platz mit seiner Kirche zu einem wohltuenden Aufenthaltsort. Den Magnolien ist es gelungen, ein Gleichgewicht zwischen Volumen und Fläche herzustellen.

In der St.Alban-Anlage steht ein etwa 2,50 hoher Baumstumpf mit sich nach oben windenden Tatzen, Pratzen, Krallenfüßen, Knollen, Knorzen und Klauen. Schuppenhäutige Rinde mit schlangenförmigen Verknotungen. Pilzförmige Rindenflechten, Warzen, fleischartige Wucherungen. Der ganze Stumpf wie in einem großen Schmerzanfall linkswindig nach oben verdreht. Auf einer Seite ein weit aufgebrochenes, klaffendes Rindenstück, hunderte von Holzblättchen, die sich wie eine Wasserfallskulptur nach unten ergießen. Ganz oben, wo er in die Tiefe zu stürzen beginnt, sprießt, in erbarmungswürdiger Verlassenheit, ein Trieb. Rundum Auswölbungen, verharzte Wülste und Pickel, nackte Holzflächen, amputierte Äste, Farbübergänge von beige zu braun zu schwarz, eingelagerte Rindenschichten gleich Schiefertafeln im Bruch, Erosionslandschaften am Strunk, Rindenlava, aufgeplatzt, erkaltet. Holzknöchelchen, Täfelchen, Nadeln. Holzfaltenwürfe nach außen gequollen und erstarrt.

In der Spalenvorstadt befindet sich in Haus Nr. 33 mit dem Namen *Zum Oesterreich* das Antiquariat *Zwischenzeit*. In der Vitrine ein Buch mit rotem

Einband: „Der Birsig vor seiner Correction" (Der Birsig ist ein Flüsschen, das größtenteils überdolt durch die Stadt fließt). Im Haus Nr. 31 ist das Geschäft *Arte & Licht.* Über dem rechten Auslagenfenster liest man: *Lampisterie.* „Lampisterie" steht nicht im Fremdwörterbuch.

Nr. 30, *Haus zum Kempfen – Coiffure zum Spaale-Schärli.* Bietet Haarschnitt bei Vollmond, um „mit dem Haarschnitt und Farbveränderung zum richtigen Zeitpunkt ... den guten Einfluss des Mondes zu nutzen". Gegenüber dem *Zauberlädili* das Wirtshaus *Zum Tell* mit geräuchertem Fisch und Feldschlösschen Bier.

Am Spalentor einer der blauen Briefkästen von Melchior Berri, einem Basler Architekten (1801-1854), Schöpfer des Baslerdybli (Täubchen), einer weißen Taube mit goldenem Brief im Schnabel auf hellblauem Grund. Diese Briefkästen sind die schönsten, die ich kenne. Überhaupt: Basel hat im Zentrum an vielen Gebäuden Skulpturen, Wappen und Hausschilder, die jeden Spaziergang zu einem Entdeckungsgang werden lassen. Auch in den Häusern und Höfen findet sich manches, was sich dem Auge erst nach und nach öffnet, als wäre die ganze Stadt ein einziger Adventskalender. Da sind am Fenster des Chors vom Münster die Elefanten (die Originale sind im Klingentalmuseum) und da ist der Hund am Fuße der Kanzel, der zufrieden an einem Knochen nagt, da ist der Markuslöwe am „Haus zum Venedig" am Schlüsselberg 3 und der Lällekönig am gleichnamigen Restaurant am Rhein. Er streckt den Kleinbaslern die Zunge heraus.

Im Gewächshaus der Universität erschrecken plötzlich die kurzen, scharfen Pfiffe des Elfenblauvogels. Im Botanischen Garten wachsen Sumpfzypressen, elegante, schlanke und dennoch kräftige Stämme mit feinen Ästen, Zweigen und Früchten, wie in die Luft getupft, aufs Blau des Himmels gestrichelt. Im Kalthaus in der Hyazinthenvitrine eine „Whiteheadia bifolia", ein Blättertürmchen mit spitz auslaufenden, versetzten Blättchen zwischen zwei großlappigen Blättern, die sich, grünen Teppichen gleich, weit übers Blumengefäß hinaus wölben. Im Victoriahaus die Riesenseerose. Auf Grund höchst stabiler Blattverstrebungen könne sie zentnerschwere Lasten tragen, erklärt ein kleiner Text. Eine besonders schön geformte mexikanische Agave gibt es im Kakteenhaus zu bewundern. Ich betrachte mir die spitz auslaufenden, schaufelförmig entfalteten Blätter mit demselben Staunen wie sonst den Bau und das Skulpturenwerk einer mittelalterlichen Kathedrale.

Vom Petersplatz den Spalengraben hoch wankt ein drogenabhängiger Junge Richtung Spalentor. Zieht an seinem Joint, zittert und flucht vor sich hin. Ein Hund kommt ihm entgegen, den er streicheln will, er kommt aber ins Straucheln und das Tier verdrückt sich erschreckt in eine Hofeinfahrt.

Am Hebeldenkmal vorbei gehe ich in die Peterskirche. In der Seitenkapelle liegt auf einem schmalen Tischlein, auf rechteckigem mit Sternchen besticktem Tuch, zwischen Christstern und Kerze, eine Bibel. Aufgeschlagen Psalm 93: Der Herr in der Höhe. „Fest steht der Erdkreis und wankt nicht." Nur wenige Wochen, bevor die UBS ins Wanken geriet.

Neben dem Globus in der Eisengasse am Rathausplatz gibt es eine „Brotega".

Die von Bettina Eichin geschaffene *Helvetia* auf der Brüstung des Brückenpfeilers der Mittleren Rhein-Brücke sitzt da, als habe sie mit allem um sich herum schon Jahrhunderte nichts mehr zu tun. Helvetia hat sich aus einem Zweifrankenstück gelöst und eine längere Reise unternommen. Sie hat auch Basel besucht, hat einen langen Weg hinter sich und ruht sich jetzt hier auf der Brüstung der Brücke aus. Will sich nicht mehr von der Stelle rühren. Was man verstehen kann, denn sie hat sich ein schönes, endgültiges Plätzchen ausgesucht. Sie schaut über den Rhein, sein zeitloses

Die Liebe hat's schwer …

Am Basler Tinguely-Brunnen: *Der Waggler*

Fließen, nicht aber zur Brücke, über die geschäftige Basler oder schwatzende Touristen eilen. Schild, Mantel, Speer und Koffer hat sie hinter sich abgestellt. Anhalten, innehalten, „aussteigen", sich ausklinken, sich selbst sein. Wird sie je wieder aufbrechen? Hoffentlich nicht, denn ohne Helvetia wäre der Kleinbasler Brückenpfeiler geköpft.

Am Kasernengelände in Kleinbasel kommt mir an einem sonnenhellen Nachmittag eine Karibikschönheit entgegen. Vollbusig, tief dekolletiert in Goldlackbluse und purpurrotem, eng anliegendem, seitlich geschlitztem Lederrock. Goldfarbene Stöckelschuhe. Übervoll geschminkte Lippen. Sie schwenkt ihre glanzlederne Handtasche vor sich hin und her, lacht mich an, schlendert selbstbewusst auf mich zu und tönt dabei laut mit verruchter Stimme: „Schätzaliiii!". Ich erschrecke und hebe abwehrend eine Hand. Mit den Schultern zuckend wendet sie sich lächelnd ab. Nie mehr im Leben habe ich so viel Schweizer Deutsch in einem Wort komprimiert vernommen wie aus diesem Karibikmund.

„Vom Speisesaal des alten Hotels *Les Trois Rois* hat schon Napoleon den Rhein betrachtet", heißt es in einer Darstellung zur Geschichte des renommierten Hauses.
Neben der Mittleren Brücke steht heute der langgezogene, 1842/43 vom städtischen Architekten und Bauinspektor Amadeus Merian errichtete Neubau. Das Vorgängergebäude fiel größtenteils der Spitzhacke zum Opfer, aber altes Mauerwerk wurde, wenn möglich, integriert. 1897, während des ersten Zionistenkongresses, hatte Herzl hier den Grundstein für den Staat Israel gelegt. Picasso habe im Hotel eine ganze Nacht verbracht, lese ich verwundert, denn wer verbringt schon halbe Nächte in solch einer Edeleinrichtung. Er habe nie einen so schwarzen Fluss gesehen, soll er geäußert haben. Clara Schumann war Gast und Franz Liszt traf sich mit Richard Wagner, der in Deutschland gerade polizeilich verfolgt wurde. Gustav Mahler und Charles Dickens zählten zu den Hotelgästen, ebenso Duke Ellington, Bob Dylan und Julien Green.

Hinter dem Hotel, zur Rheinseite hin, auf der Treppensteige zur Uferpromenade hinab sitzt ein junges Mädchen vom Küchenpersonal und raucht. Und lächelt. Lächelt so, dass ich gerne vom Nichtraucher zum Mitraucher geworden wäre.

„Basta!“

Im Café-Salon des renommierten Hotels saß der Basler Kulturhistoriker Jacob Christoph Burckhardt an der Fensterfront zum Rhein und unterhielt sich mit einer Dame, die dem Akzent nach aus dem badischen Freiburg war.
„Übrigens“, sagte Jacob Burckhardt zu ihr, „ich soll ja gesagt oder geschrieben haben, der Freiburger Münsterturm sei der schönste Kirchturm der Christenheit. Das stammt jedoch gar nicht von mir, aber jetzt ist es in der Welt und wohl auch nicht mehr aus der Welt zu schaffen.“
„Um so besser!“, bekundete die Feiburgerin, „wichtig ist, dass die Menschen glauben, sie hätten es gesagt.“
„Wenn es aber nicht stimmt, dass ich es äußerte und vielleicht auch nicht, was?“
„Das kann nicht sein, ein Jacob Burckhardt irrt nicht, basta!“
„Und wenn doch?“
„Dann werden die Freiburger sagen, Jacob Burckhardt irrt, wenn er meint, dass er irrt.“
„Gesetzt den Fall, der Turm ist tatsächlich nicht der schönste. Einem Geschmacksurteil kann doch immer widersprochen werden.“
„Warum haben Sie es dann behauptet?“
„Habe ich eben nicht, meine Dame!“
„Behalten Sie dies bitte besser für sich. Was so lange in der Welt ist, gilt als unumstößlich und eher wird man Sie der Lüge zeihen, wenn Sie bestreiten, das mit dem ‚schönsten Turm‘ je geäußert zu haben, als dass man den Inhalt dieser Aussage in Zweifel zieht.“
„In der Geschichtswissenschaft gilt nichts als unumstößlich und was, wenn es nach Meinung vieler doch einen schöneren Turm gibt?“
„Kennen Sie einen?“
„Nein!“

„Na bitte! Also, basta! Lassen Sie uns noch zwei heiße Schokoladen bestellen. Herr Ober?!"

1897 wird Jacob Ch. Burckhardt auf dem Basler *Wolfgottesacker* beigesetzt. Mehrfach gab es später Bestrebungen, ihn in den Münsterkreuzgang zu verlegen, wo Erasmus von Rotterdam, Sebastian Münster, der Reformator Johannes Oekolampad und der Basler Bürgermeister Johann Rudolf Wettstein ruhen. Jedes Mal lehnt die Kirche ab, auch Burckhardt hier zur letzten Ruhe betten zu lassen. Sie hatte mit dessen Ablehnung der protestantischen Orthodoxie und seiner Einstellung zur Religion doch wohl zu große Probleme. „Wir wollen ehrliche Ketzer bleiben", hatte er an den Professor für Theologie Johannes Riggenbach geschrieben. 1844 dann: „Ich habe für ewig mit der Kirche gebrochen, aus ganz individuellem Antrieb, – weil ich nämlich buchstäblich nichts mehr damit anzufangen weiss" (Briefe, Bd. 2, S. 60, zitiert nach Lionell Gossman).

Nur wenige Gehminuten vom Hotel *Les Trois Rois* entfernt, am Totentanz 2, ist Johann Peter Hebel geboren. „Z' Basel an mim Rhi, / jo dört möcht i si", wer kennt diese Basel-Hymne nicht? Vom Totentanz 2 zum Rhein sind es nur wenige Schritte. Carl Jacob Burckhardt, der Basler Diplomat, Historiker und Essayist, beschreibt in seinem Büchlein „Ein Vormittag beim Buchhändler" ein Gespräch, in dem es auch um den Dichter und Kalendermann Hebel geht:
An einem Wintermorgen im Jahre 1924 in Paris trifft der Autor Burckhardt beim Friseur zufällig auf den Dichter Rainer Maria Rilke. Sie gehen zusammen spazieren und Rilke führt Burckhardt in das Antiquariat von Augustin, wo sie zu dritt über französische Schriftsteller sprechen. Auch über La Fontaine, den sie als einen Höhepunkt der französischen, ja der Weltliteratur, preisen. Nach einer Weile gesellt sich Lucien Herr aus Straßburg zu ihnen, Bibliothekar der Ecole Normale Supérieure, der bei einem zwischen Regalen und Büchern servierten französischen Mahl mit Champagner und Marc sogleich mitdiskutiert und sagt, er kenne einen deutschen Dichter, der wie ein jüngerer Bruder von La Fontaine sei. Beide

hätten etwas ungeheuer Gemeinsames: das Menschliche. Die verständige Natürlichkeit, den völligen Mangel an jeder Übertreibung, eine gewisse Bonhomie auf ihrer höchsten Stufe, auf ihrer geistigen Stufe. Johann Peter Hebel sei dieser Dichter, sagt Herr und zitiert sogleich einige alemannische Verse, die zu verstehen Rilke offensichtlich schwer fiel. Er wolle sich aber in diesen Hebel vertiefen. Herr spricht weiter über diese „beiden großen Fabeldichter hüben und drüben am Rhein", denen etwas vom Altertum her Gemeinsames jenseits der Grenzen und Sprachen eigen sei. Dann geht es noch um Mundart und Übersetzbarkeit von Mundart. Rilke bittet Herr, nochmals den ersten Vers aus Hebels „Das Gewitter" zu zitieren und Herr wiederholt: *Der Vogel schwankt so tief und still / Und weiß nit, woner ane will.* Man solle doch das alemannische „ane" durch das hochdeutsche „hin" übersetzen, sagt Herr, dann habe der Vers „keinerlei poetischen Gehalt mehr". Rilke hatte zuvor formuliert: „Nicht dass dieser Mann im Dialekt gedichtet hat, sondern dass der Dialekt in ihm dichterisch geworden ist, das ist das Entscheidende."

Wer am Autobahnübergang Weil nach Basel hineinfährt, gerät in Straßenlandschaften mit Betonschleifen, Schnellstraßenringen, Unterführungen, Brücken, Schlaufen, Verteilern. Es muss einen das Gefühl überkommen, diese Auto-Trassen seien nur angelegt, um den Verkehr so schnell wie möglich wieder aus der Stadt hinauszukatapultieren. Basel als Verkehrsschleuse.

Der Tinguely-Brunnen vor dem Basler Theater macht den gutbürgerlichen Ernst der Stadt leicht. Im metallenen Figurengestänge im Wasser dreht es und schlängelt es sich. Pumpt, schöpft, siebt, spritzt, tropft, sprenkelt, schwingt, pendelt, zittert, taucht und steigt. Kunst als Spiel. Inszenierte Bewegung. Hier sprudeln die Kunst-Werke einer kindlichen Seele inmitten von Verkrustungen und Zurichtungen der Erwachsenenwelt: der *Theaterkopf*, langsam nickend und dabei aus den Augen zwei Wasserstrahlen schießend, die *Spinne*, die das aus den Düsen tretende Wasser zerspritzt, hin und her schwenkt und so ein Wassernetz spinnt, der *Waggler* (Wackler), wo sich Rad, Schlauch und Balken gegenläufig, schaukelnd bewegen, die *Fontääne* (Fontäne), ruhig auf und ab steigend, der *Spritzer* mit seiner frechen, fast obszönen Bewegung, der *Suuser* (Sauser), dessen Motor ein sausendes Geräusch erzeugt, der *Wäädel* (Wedel), der *Schuufler* (Schaufler), der als Sisyphos unablässig und schnell Wasser aus dem Becken ins Becken schaufelt, dann das *Seechter* (Sieb), das sich gemächlich hebt und senkt und das Wasser durch die Sieblöcher rennen lässt, ohne andere Bestimmung als der, das geschöpfte Wasser dem Brunnen wieder zurückzugeben, und schließlich der *Querpfyyfer* (Querflötenspieler), ein blecherner Hohlraum, in dem sich ein Speier nach links und rechts bewegt. Zehn mit Wasser spielende Figuren also, die Tinguely entworfen und zusammen mit dem Handwerker Paul Walder gebaut hat. Walder pflegt den Brunnen noch heute. Die Bewegung jeder einzelnen Figur ist gleichbleibend, aber zusammen ergeben die zeitlich versetzten Abläufe ein höchst lebendiges und zugleich beruhigendes, bannendes, erheiterndes Schauspiel. Jede Figur ein Individuum und Mitglied im Ensemble, einem Tanzensemble. Der Theaterkopf lacht, der Schaufler hechelt, der Waggler juchzt, der Seechter stöhnt. Das Aufsteigen des Wassers aus dem Becken und das Zurückfließen dorthin, das Kreisen der Räder, das schlangenartige sich Winden der Schläuche, die unterschiedlichen Bewegungsformen, die Richtungswechsel der einzelnen Figurenglieder: ein einziges und einzigartiges Rhythmus-Orchester. Alle Bewegungen ohne Ziel, sich selbst genug, nur zum Zwecke, die Betrachter zu erfreuen. Das Wasser im Becken bewegt sich mit, wird aufgewühlt, aufgeschäumt, gewellt. Unentwegt bilden sich Kreise, Fächer, Netze. Und die Geräusche des Wassers – tropfen, gurgeln, pflatschen, schwappen, sprühen, prusten. „Stellen Sie sich das Ganze ohne Wasser vor“, sagt Walder zu einer Gruppe von Haustechnik-Ingenieuren und -Studenten. Die aus Schrott-Fundsachen gefertigten Skulpturen stehen nämlich ganz im Dienste dieser flüssigen Materie.

Ich habe die Figuren zu einem späteren Zeitpunkt sich ohne Wasser bewegen sehen, ohne Druck in den Schläuchen, und sie wirkten, als schnappten sie nach Luft, Fische am Strand. Die Bewegungen gehen ins Leere, Spritzer und Waggler zappeln vergebens, nur Schaufler und Seechter mühen sich weiter mit dem verbliebenen Wasser im Becken. Die Menschen am Brunnenrand stehen enttäuscht auf.

Walder rudert mit den Händen vor Begeisterung, wenn er über den Brunnen spricht, beginnt selbst zu sprühen. „Ich sehe mich ganz im Dienste Tinguelys“, meint er, und Tinguely habe gesagt, Kunst sei Unsinn, aber nicht sinnlos. Mit seinem Drang aus Altem Neues zu schaffen, habe er auch gegen die Wegwerfgesellschaft protestiert.

Migros wollte der Stadt Basel einen Brunnen schenken und Tinguely hat die Ausschreibung gewonnen. „I mueß Wasser haa vu doo bis düübe“ („von da bis dort drüben“) habe Tinguely gefordert. Walder hat die Wasserversorgung dann geplant. Als er Tinguely kennengelernt und sich entschlossen habe, mit ihm zusammenzuarbeiten, seien Eltern und Freunde bass erstaunt gewesen. Wie könne ein bürgerlich erzogener Handwerker sich mit so einem zusammentun? Künstler seien doch alle Spinner, und was die machten, könne ja eh jeder!

Der Brunnen steht auf dem Platz der Bühne des alten Theaterhauses. „Lueget Si do, dr *Theaterkopf!*“, ruft Walder aus. Mit seinen zwei Speiern sei er gegen das neue Theater hinter dem Brunnen ausgerichtet. Tinguely habe der Neubau nicht gefallen. Der Kopf sei die Nachbildung eines alten Musenkopfes vom alten Theater. „S einzige Relikt, wo uffs alte Stadttheater verwiist. Dr Kopf saicht (pisst) gegge s Theatr! Un so n ä Idee isch ganz Tinguely!“, sagt er und lacht. Die Namen seien alle nach Fertigstellung des Brunnens bei einem Bier am Stammtisch entstanden, fährt Walder fort. „Das *Seechter* (Sieb) isch dr Finanzminischter vu de Stadt Basel. Es schöpft aus dem Vollen.“ Der *Schuufler* (Schaufler) sei für viele das Basler Baudepartement, das in einem fort Straßen aufreißen lasse, neue Straßen baue, andere repariere, so dass das Bauen nie zu einem Ende komme. Sisyphos eben. Ihm, Walder, gefalle am besten der *Waggler*, der habe so viel Dynamik, der sei eine richtige Persönlichkeit. Man nenne den Tinguely-Brunnen auch Fasnet-Brunnen. „Tinguely isch ä iigfleischte Fasne-

ter gsii." Die Figuren seien im Atelier Tinguelys in Fribourg entstanden. Bei der Einweihung des Brunnens habe sich ein Schlauch nach außen gedreht und alle Gäste seinen pudelnass geworden. „Des isch natürlig ganz nooch em Gschmack vum Tinguely gsii!", lacht Walder.
Der erste Winter sei für den Brunnen eine Katastrophe gewesen. Vier Tonnen Eis hätten insgesamt auf den Skulpturen gelastet und hätten diese zerstört. Es gebe „stetigi Verändrige" durch Wind und Temperaturunterschiede. Heute habe man das Problem durch Temperatursensoren gelöst, sodass regelmäßig Frischwasser mit 10° C zuschieße. Das Eis wächst von oben nach unten und kann sich auf extra angebrachten „Elefantenfüßen" aufstellen, damit es nicht mit dem ganzen Gewicht an den Figuren hängen bleibt. Zusätzlich werden diese gedreht, sodass sie nicht zueisen. 365 Tage im Jahr läuft der Brunnen nun seit 32 Jahren, 24 Stunden am Tag. Und er funktioniert noch. „Stellen Sie sich ein Auto vor", gibt Walder zu bedenken, „das 32 Jahre ohne Unterbrechung fährt!"
Bei großer Kälte bilden sich die unterschiedlichsten Eisplastiken, Dolden aus Eiszapfen, Ringe, Arme, Fühler, Brocken aus Eis am Gestänge. Wind-Wasser- und Kältekunst. Im Sommer muss wegen Verdunstung und Verwehen durch den Wind Wasser nachgespeist werden. Jede Woche wird der Brunnen einmal geputzt, 60 Kubikmeter Wasser werden abgelassen, um Figurenteile zu reparieren oder auszuwechseln. Sandstrahlen, Spritzverzinken, Schweißen und Ersatzmotoren einbauen ist dann Walders Geschäft. Er ist der einzige Autorisierte für den Brunnen. Aber auch andere Brunnen von Tinguely in Basel, Fribourg und sogar in Paris wartet er. Auch über Nachfolger sei schon gesprochen worden, sagt er mit einem Anflug von Traurigkeit, denn er hängt an seinen Wasserspeiern, die er seit Jahrzehnten betreut.
Die Wirkung des Brunnens auf den Beschauer wechselt mit der Tageszeit, den Lichtverhältnissen und der Windstärke. Steht die Sonne im Zenit, gibt es wenig Kontraste, das Wasser in der Brunnenschale glänzt und das versprühte Wasser funkelt. Scheint die Sonne schräg über das Ensemble, bilden sich Schatten, die sich mit der Zeit verschieben. Ist der Himmel

bedeckt, wirkt der akustische Eindruck stärker auf uns als der optische. Er sehe seine Aufgabe als Dienst im Sinne Tinguelys, sagt Walder, er wolle werktreu sanieren und die Seele des von ihm bewunderten Künstlers weiterleben lassen. Und die Seele sei Bewegung. „Stillstand gibt es nicht", zitiert Walder sein großes Vorbild. „Perfektion isch numme ä Provisorium", habe Tinguely gesagt, und so müsse er manches Metallstück eben auch mal schräg anschweißen. Schon beim Gestalten der Figuren habe Tinguely kein fertiges Konzept gehabt, habe immer wieder verändert und dies und jenes Stück neuen Einfällen angepasst. „Le Définitif c'est le Provisoire", steht in der Unterführung unter dem Brunnen an einer Glasscheibe der Brunnenstube, wo Walter die Schaltkästen, Pumpen, Leitungen, Entleerhebel und die sechs Scheinwerfer einstellt und bedient. Auch in der Nacht unter Flutlicht werkeln und wuseln die Tinguely-Gestalten mit dem Wasser, das in tausend glitzernden Tropfenfontänen durch die Luft schwänzelt.
Wenn man vom Brunnenrand aus in die quietschend vorbeiratternden Straßenbahnen schaut, sieht man, wie sich beim Anblick des Fasnet-Brunnens gar manches Gesicht aufhellt. Er rührt einfach an. „An den meisten Monumenten", stellt Waldner fest, „gehen die Leute doch mit der Zeit achtlos vorbei, aber hier, am Brunnen, bleiben alle stehen oder setzen sich, lächeln, sind erfreut, erheitert, fühlen sich leichter, fast schwebend. Der Brunnen wird von allen Menschen, unabhängig von Alter, Beruf und sozialer Zugehörigkeit angenommen, strahlt eine friedliche, wohltuende Wirkung aus, und das ist einfach etwas ganz Besonderes. So das wär's!", sagt er noch in seinem wunderschönen, kräftigen Baslerisch zu den Leuten, denen er versucht hat, Herz und Seele des Tinguely-Brunnens sichtbar, hörbar und spürbar zu machen. Eine junge Frau aus der Gruppe der Ingenieure und Studenten tritt vor, überreicht ihm ein kleines Geschenk und bedankt sich im Namen aller mit kurzen, knappen Worten. „Oh, Sie sprechen ja Hochdeutsch!", ruft Walter aus und lacht. „Ja, haben Sie mich denn dann überhaupt verstanden?" Ich finde, über den Basler Fasnetbrunnen darf man nur „uff Baseldütsch" sprechen.
In der Weihnachtszeit sind um den Tinguely Brunnen Weihnachtsstände

aufgestellt. Kleine Holzhäuschen, wo Kinder Zinn gießen, Kerzen ziehen, Kerzenständer schmieden und Lebkuchen verzieren können. Es gibt Maisbengel und Häxe-Punsch. Um ein Feuer herum sitzen Erwachsene und Kinder mit langen Stangen, die sie über die Flammen halten, um das aufgesteckte „Würschtli“ im Schlangenbrot zu grillieren. Einem Kind fällt das „Würschtli“ ins Feuer, Anlass für eine wahre Brüllorgie des Kleinen. Jemand reißt den Spieß mit dem verkohlten Rest aus dem Feuer, gleich fünf Mütter und drei Väter bemühen sich um den Schreihals, jede und jeder bietet ihm sein „Würschtli“ an, aber der Kleine will nicht irgendein „Würschtli“, er will sein eigenes und erst, als ihm ein Mitgrillierer einen neuen Spieß mit frisch aufgestecktem „Würschtli“ in die Hand gibt, schluchzt sich das Kind in stoßartigen Seufzern der Erleichterung aus und bittet seinen Vater um einen erneuten Grillierversuch. „Isch der allewiil äso?“, fragt ein Markgräfler grinsend in die Runde, erntet aber nur betretenes, lang anhaltendes Schweigen, bis ein Schweizer trocken bemerkt: „Lueget si, dem Kind isch numme öbbis ins Füüer abegheit, aber Sie hen sich jetzt d Zung verbrennt!“ („Schauen Sie, dem Kind ist nur etwas ins Feuer gefallen, aber Sie haben sich jetzt die Zunge verbrannt.“)

Am Tinguely-Brunnen vorbei rattert, stöhnt, seufzt, kreischt und quietscht die Straßenbahn. Das akustische Pendant zum sanften Mechanik-Gezappel im Brunnen. In einem der Straßenbahnwagen schminkt ein vielleicht sechzehnjähriges Mädchen einer weit über achtzig Jahre alten Frau liebevoll die Lippen und zieht ihr mit einem Eyeliner die Augenbrauen nach. Dabei redet sie unentwegt auf die alte Dame ein. Ist diese ihre Großmutter? Das Mädchen muss diese sanft dazu überreden, sich schminken zu lassen, denn das alte Mütterlein kehrt immer wieder ihren Kopf zur Seite. Ihr ist die ganze Prozedur so in aller Öffentlichkeit wohl peinlich. Aber bald hat sich das Mädchen durchgesetzt, die Großmutter gibt ihren Widerstand auf und das sanfteste Lächeln der Welt erblüht in ihrem Gesicht. Sie scheint es jetzt aus vollem Herzen zu genießen, dass ihre Enkelin so viel Freude daran hat, sie mit ein wenig Make-up aufzufrischen.

Im Tinguely-Museum erklärt ein Vater seinem Töchterchen die Bewegungsabläufe einer der Maschinen-Skulpturen im Souterrain. „Lueg“ sagt er, „das Räädli doo triibt das Räädli döört, un der Schluuch döört triibt das Rädli doo.“ „Ja Babbe“, unterbricht sie ihn und fährt begeistert fort: „Dää doo triibt das doo aa / un dää do triibt das doo aa / un Babbe, lueg, das doo triibt der do aa.“ („der da treibt das an und der da treibt das an und Vater, schau, das da treibt den da an“) und sie deutet jedes Mal auf Schlauch und Rädchen und will gar nicht mehr aufhören mit Zeigen und Kommentieren, als wäre sie selbst zu einem Sprech-Mobile von Tinguely geworden.

Auf der Toilette im Tinguely-Museum hängt – in Zeiten der Schweine-Grippe-Angst – eine Schrifttafel mit Hinweisen zum Händewaschen im Pandemie-Fall. Unter Punkt eins steht: „Benetzen Sie die Hände mit warmem Wasser.“ Unter Punkt fünf: „Handfläche auf Handfläche mit gekreuzten Fingern reiben.“ Und unter Punkt zwölf: „Ihre Hände sind nun sauber.“ Was aber, wenn die Schweine-Grippe-Viren auf den Türklinken der Toilette und deren Kabinen sitzen? Es fehlen also noch Plastikhandschuhspender und Entsorgungskübel.

Der wuchtige Bildungstempel des Gymnasiums Leonhard beherrscht den Kohlenberg. 1959 hatte die große Mehrheit der damaligen Lehrerinnen aus Enttäuschung über die Ablehnung des Frauenstimmrechts an einem eintägigen Proteststreik teilgenommen. War doch ihre berufliche Lage alles andere als beneidenswert. So verloren sie, wenn sie heirateten, ihre feste Anstellung und mussten ihre Mitgliedschaft in der Pensionkasse aufgeben. Der Rektor der Schule „qualifizierte den Streik als Dienstverletzung und erachtete ihn insofern als bedenklich, als dadurch die seit 1918 bestehende Ruhe gestört worden sei“. 41 Jahre ohne Ruhestörung! Beneidenswert? Die Reaktionen auf den Streik in Basel gingen von „schärfster Verurteilung“ bis „glühende Sympathiebekundungen“. Der Theologe Karl Barth gab eine Sympathieerklärung ab. Immerhin: Die Protestaktionen schafften es sogar auf die Seite 3 der New York Times vom 4. Februar 1959. Habe ich jedenfalls in einer Basler Chronik gelesen.

Folgender Satz steht in einer Erläuterung, die am Weihnachtsbaum auf dem Rathausplatz angebracht ist: „In diesem Sinne soll der Weihnachtsbaum nicht nur vorweihnachtliche Stimmung auf dem Marktplatz verbreiten, sondern Zeichen für die Bedeutung des Waldes sein." Eine weltliche Umdeutung des Weihnachtsbaumes.

Durch die Freie Straße marschiert die Schuhmacherzunft. Pfyyffe-Musik. Ich treffe die Männer wieder im Hof des Restaurants *Hofgarten* am Gemsberg, wo eine Trommlergruppe aufspielt. Ein freundlicher Herr klärt mich auf über die Zünfte in Basel, über Zunfthäuser, Zunftarchiv und Zunftstuben, Handwerkerzünfte und Herrenzünfte. Über das Aschermittwochmähli (Mahl), wo ein Irtenmeister für die „Ürte", das heißt, für Essen und Getränke beim Mahl verantwortlich ist. Die Zünfte besuchen sich, Trommler und Pfeifer sind dabei, der Zunftpokal wird mitgetragen, der Bannerherr marschiert mit. Die Bannerherren tauschen die Fahnen aus, dann kommen die Rede und das Hoch auf die besuchte Zunft.

In der Grünspechtpassage vor dem Restaurant *Unternehmen Mitte* säugt eine füllige, ganz in Schwarz gekleidete Frau ihr Kind. Der Kontrast zwischen dem schwarzen Kleid und der weißen Brust zieht die Blicke aller Vorübergehenden auf sich. Ich gehe ins Restaurant. Es ist voll und laut. Jugendliche sitzen beim Bier und rauchen oder schreiben auf einem Laptop. Eine junge Mutter schaukelt den Kinderwagen an ihrem Tisch auf und ab, singt ein Einschlafliedchen. In einer Gruppe an mehreren zusammengeschobenen Tischen wird heftig diskutiert und gelacht. Mein Tischnachbar, im Rentenalter, schüttelt finster dreinschauend den Kopf. „Die haben die Zukunft vor sich!", sage ich zu ihm. „Nein!" widerspricht er verbittert mit schweizerdeutschem Akzent, „andersherum, die Zukunft, die arme Zukunft hat diese Jugend vor sich!"

Als ich das Lokal verlasse, hat die Frau in Schwarz den Säugling gestillt. Der schläft wie ein Berner Bär.

Am Rümelinsplatz, vor dem Zunfthaus zur Schmieden, im Besitz der *Gesellschaft zur Beförderung des Guten und Gemeinnützigen*, spielt die Guggenmusik *Gugge-Mysli 1956*. Nur wenig weiter unterhält eine Vier-Mann-Dixie-Band die Gäste einer Hochzeitsgesellschaft mit New-Orleans-Oldies. Ein jaulender und kläffender Hund hält wacker, wenn auch wenig jazzig mit. Aber als die Band eine Pause einlegt, hat er die ganze Zuhörerschaft für sich allein.

An einer Wand am Eingang zum Haus Nr. 30 in der Gerbergasse entdecke ich auf versetzt angeordneten Täfelchen die folgenden Komposita: *panoramasofa / glücksraumgefühl / augenblickkontakt / kaffesatzgespräche / gedankensurfkultur / simultangeflüster*

In der Theodorskirche vor der Wettsteinbrücke auf der Kleinbasler Seite höre ich eine halbe Stunde lang einem Streichquartett zu. Dann gehe ich zum nahe gelegenen Waisenhausareal, wo in der Kartäuserkirche der Werkstatt-Chor singt. Basel klingt.

Dem Basler Bürgermeister Wettstein wurde an der Wettsteinbrücke ein Denkmal errichtet. Er hat 1646/47 beim Friedenskongress in der westfälischen Stadt Münster erreicht, dass die Unabhängigkeit der Eidgenossenschaft vom Deutschen Reich anerkannt wird. Das hat der Stadt viele Kriege, darunter die zwei mörderischsten der Weltgeschichte, erspart. Eigentlich müsste sein Denkmal mindestens so groß sein wie das Leipziger Völkerschlacht-Denkmal. Aber eine solche Monumentalität wäre nicht Basler Art und für nicht geführte Kriege errichtet man keine Denkmäler. Überhaupt hatte Wettstein auch eine andere, weniger denkmalwürdige Seite. Im Barfüßermuseum kann man einen Text zu seiner Biographie lesen, in dem es heißt: „Das kompromisslose Durchgreifen des Bürgermeisters gegen die Landbevölkerung im Bauernkrieg von 1653 fällt zeitlich mit der Verleihung des kaiserlichen Adelsdiploms an Wettstein zusammen. Sieben der Anführer wurden … vor den Toren der Stadt hingerichtet."

Während der Fußballeuropameisterschaft war das Schweizerdeutsch von Anglizismen überflutet. Mega Screens wurden aufgestellt, Ticket Corners eingerichtet, Public-Viewing-Areas, Park-and-Ride-Plätze und Outdoor-Dance-Floors ausgewiesen, Fan Camps errichtet, Bed and Breakfast Special Offers und Transfer Shuttles angeboten. Alles war einzusehen unter www.euro.08.basel.ch

Rheinschwimmen, „dr Bach ab" (den Bach hinab). Sich treiben lassen. Arme und Beine nur gerade so bewegen, dass man über Wasser bleibt. Mit einem Waterbag auf dem Rücken für die Kleider. Oder unter sich gepackt, um bequem auf dem Wasser zu liegen. Singen, schwatzen und lachen miteinander im Wasser. Ein lebendiges und zugleich ruhiges Bild. An den vorgesehenen Uferstellen aussteigen, in Badehose oder Badeanzug am Ufer entlang zum Start zurücklaufen und sich wieder in den Strom stürzen. Aussteigen und unter eine der am Ufer installierten Duschen gehen. Am Abend dann am Ufer mit Tausenden von Menschen feiern, sommerlich leicht bekleidet, eine Podiums-Insel für eine Musik-Band im Rhein, Bierbuden, Weinstände, Imbisshütten. Ganz Basel ist ein Fest am Strom. Der Rhein feiert mit. Nie ist er so eins mit der Stadt wie an diesem Tag.

Im Badischen Bahnhof haben an zwei von innen beleuchteten Info-Kästen mit den Ankunfts- und Abfahrtszeiten gleich mehrere Spinnen ihre Netze über den Scheiben aufgespannt. Sie scheinen zu wissen, dass der Focus einer Beleuchtung die meisten Fliegen anzieht. Jedenfalls ist der Ansturm der todgeweihten Insekten so heftig, dass die Netze unter dem Gewicht der in den Fäden zappelnden Beute zu reißen drohen. Im größtmöglichen Abstand zu dem summenden Gewusel im Netz hockt die

Spinne und lässt sich alle Zeit der Welt. Erst wenn sich alle zu Tode gezappelt haben, schnellt sie vor und greift sich ein erstes Opfer.

In der Geschäftspassage zwischen Wartehalle und Unterführung zu den Bahngleisen folgender Text: „Personen ohne Obdach wenden sich bitte an folgende Stelle: Basel Stadt staatliche Notschlafstelle."

Fasnet

„Jo jo, des Luschtigsii, des isch z Bassl ä ganz äärnschti Sach, isch des!", antwortete mir ein Basler im Häs (Fasnet-Kleidung), der seine Mehlsuppe löffelte und sich vom Cortège, dem großen Fasnet-Umzug, ausruhte, auf meine Frage, warum auf der Basler Fasnet so wenig gelacht werde, und seit wann und warum er beim Cortège mitgehe. Er sei seit zwanzig Jahren dabei, aber warum, darüber könne er mir jetzt keine direkte Auskunft geben. Es tue ihm sehr leid. Aber er wisse, dass der Cortège für ihn zum Leben gehöre wie der Tod, ja, er habe das Gefühl, dass ein Leben ohne Cortège für ihn schon ein wenig, „ä bizz", wie der Tod wäre. Auf den Tag dieses Umzuges fiebere er ein ganzes Jahr lang hin und es sei doch ein schönes Gefühl, dreihundertvierundsechzig Tage im Jahr auf etwas hin zu leben, dann am dreihundertfünfundsechzigsten Tag Hochzeit zu halten, jedes Jahr, und dann wieder eine neue Hochzeit vorzubereiten. „Stellen Sie sich vor", schwärmte er in seinem herben Baslerdüütsch, „Sie feiern ein Leben lang jedes Jahr Hochzeit!" Darüber hinaus gebe eine Maske so etwas wie ein ewiges Leben. Denn die Maske altere ja nie und man verkleide sich Jahrzehnte lang nur mit dieser einen. „Verstehen Sie, ich setze mir mein eigenes ewiges Leben auf und nehme es auch wieder ab. Und kaum habe ich meine Larve vom Gesicht gezogen, bin ich in meiner Zukunft angekommen; denn die Zeit unter der Maske läuft weiter, aber nach draußen, zu Ihnen hin, der Sie mich im Umzug meine Schritte setzen sehen, bin ich mit meiner Maske derselbe wie vor dreißig Jahren. Diese hypertrophen Nasen, Lippen, Ohren oder auch das Gegenteil, verkleinerte Organe, tragen wir alle, die wir die gleichen Larven haben, als Tages-Klone mit uns. Wir halten also nicht nur die Zeit an, sondern geben unter der Larve unsere Individualität auf, gliedern uns in unsere Häs-Gruppe ein, sind einzig und allein Gattung, namenlos, stumm. Wie Rinder auf

einer Weide starren wir ausdruckslos dumpf vor uns hin oder grimassieren in die Runde, dümmlich, spitzbübisch, frech, lasterhaft, besserwisserisch, dünkelhaft, dummdreist, blöde. Sogar saublöde, odr? Alle in einer Clique haben dann jeweils nur diesen in der Maske fixierten Ausdruck. Und dann nehmen wir die Larve ab und sind wieder ‚wer', im wahrsten Sinne des Wortes. Erst jetzt nämlich kann man mich wieder fragen: ‚Wer bist du?' Auch dann, wenn ich während des Umzuges eine kurze Pause mache, eine Blitz-Metamorphose, mir die Maske vom Gesicht ziehe und mein Fasnet-Ich in die Hände nehme. Wo schon haben Sie so etwas im gewöhnlichen Leben, dass Sie ein zweites Ich in die Hände nehmen können?"
Aber es ist auch ganz klaaarrr, dass, gesetzt den Fall, Sie reißen mir das Lärvlein vom Gesicht – die faustischen Deutschen, nicht wahr, wollen ja immer ganz genau wissen, was dahinter steckt – dass also dann nicht die nackte Wahrheit und nichts als die Wahrheit zum Vorschein kommt, sondern nur das harmlose Gesicht eines – hoffentlich – unbescholtenen Basler Bürgers. Eine hundsgewöhnliche Person, verstehen Sie. Maske, das ist doch die Persona, odr?"

Im Cortège schreiten Rhyhafe-, Rhymühle- Rhyschlappe-, Rättig- und Gammler Waggis, Schnäderänte-, Herrematte-, und Sumpfdotter-Clique, Güplisiirpfler (Prosecco-Trinker), Muggedätscher (Fliegenklatscher), Gyzgnäbber (Geizkragen), Wettstai Knorzi (kleine Jungens, nach der Wettsteinbrücke benannt), Grunz-Gaischter, Gugge Muusig Gülle Schlüch. Jeder Fasnet ihre Sprache, ihren Klang!
Im zeitlupenlangsamen Basler Tippelschritt bewegt sich der Zug durch die Straßen. An- und abschwellende Pfiffe-Melodien. Schreiend klammert ein Junge seine Mutter beim Anblick einer monströs verzogenen Gesichtmaske mit Insekten-Stielaugen, heraushängender Zunge, Hörnern und Beulen. „Gang du do aane, bim Babbe go linse, waisch, der isch stark, demm mache si nüüt!" („Geh du dorthin zum Vater zuschauen, weißt du, der ist stark, dem machen sie nichts!"), tröstet ihn die Mama.
Drei Sujets (Themen) fallen mir auf: „Friener isch alles besser gsi, me verändert nyt, me blybbt debbyy!" („man bleibt dabei"), dann „Nunc est bibendum" („jetzt muss getrunken werden") und „urbi@orbi". Die

Rätz-Clique 1923, Jungi Garde, hat zum Sujet: „Lieber e Hippie mit Pfuus als e graui Muus.“ An jeder Ecke werden Chääs-Waihe, Gipfili un Zwiebelsuppe angeboten. S isch ebbis los uff de Stroß!

Durchs Imbergässli zieht ein Trommler und trommelt, dass einem das Hören vergeht, so stark ist der Widerhall zwischen den Häusern. Eine ganze Gruppe erschöpfter Musiker, vielleicht war sie beim Morgestraich schon unterwegs, hat es sich an einer Hauswand bequem gemacht. Die Musiker sitzen neben ihren Blasinstrumenten auf dem Pflaster und beißen in ihre Bratwürste. In der Gasse Unterer Heuberg begegnen sich zwei Fünfergruppen mit Pfyyffebrüdern. Sie spielen die gleiche Melodie, aber versetzt, da sie sich ja zufällig begegnen und also nicht gemeinsam mit der Melodie eingesetzt haben. Je näher sie einander kommen, desto weniger getrennt nimmt man die Musik der beiden Gruppen wahr. Als sie aneinander vorbeimarschieren, verstärkt sie sich zu einem schrägen, fast schmerzenden Klanggemisch. Und erst, als sich die Gruppen wieder voneinander entfernen, vernimmt man die zeit-ungleichen Gruppen auch wieder getrennt. Nachdem beide verschwunden sind und die Gasse still ist, überkommt mich das Gefühl, einem Spuk beigewohnt zu haben.

Ein Ueli, Blätzlibajass und ein Tambourmajor gehen im Basler Fasnetschritt den Gemsberg hoch. Ein Trommler kommt ihnen von oben entgegen. In sich gekehrt und hochkonzentriert trommelt er seine Wirbel. Er und seine Trommelwirbel sind eins, die ganze Welt ist ein einziger Trommelwirbel. Basel und seine Gassen nur noch Kulisse dieses trommelnden Augenblicks. Überhaupt die ganze Innenstadt ein einziger Cliquenmusiksaal.

Noch dreiundzwanzig Brücken spannen sich über den „Wiese“-Fluss nach ihrem Eintritt ins Basler Stadtgebiet bis zur Mündung in den Rhein. Allein sieben auf den vielleicht zweihundert Metern zwischen dem Basler Container Terminal in Klein Hüningen und dem Dreiländereck. Hier mündet die

„Wiese“, nachdem sie sich vom Schwarzwälder Feldberg in tausend Windungen und Gefällstrecken Meter für Meter hinab ins Wiesental gestürzt hat, nach kurzem Weg still und unbemerkt in den Rhein. Keine Blaskapelle zum Empfang, kein über den Fluss gespanntes Transparent mit Willkommensgruß, keine Pressefotografen, kein Kamera-Team, kein Minister.
Nicht viel weiter rheinabwärts endet die kleine Kander in den Strom. Sie unterquert unmittelbar vor ihrer Ankunft in den Rhein noch die Autobahn. Eine Mündung wie ein Armenbegräbnis.

Im Gerbergässlein hat das Nelson Pub ein „Dartplauschturnier, ab de 6ne“ auf dem Programm. Ecke Schnabelgasse/Spalenberg gibt es die *Gschänggli Butygg zum Spalenberg.* Mir gefällt das Wort „Plauschturnier“ und die Schreibweise von „Geschenke-Boutique“.

„Entschuldigen Sie bitte, wie weit ist es zum Wolfgottesacker?“, frage ich einen mir entgegenkommenden Mann in Handwerkerkluft. Wolfgottesacker, das ist ein Friedhof. „Oh, mit zwanzig Minutte sin Sie guet debii!“, antwortet er. Und als ich nach einer Weile immer noch suche und eine Frau mit zwei Kindern frage, bekomme ich das folgende Schweizer Sprachwunderwerk als Antwort: „S isch ä bizz kompliziert vu doo. Aber i weiß n ä Wääg. Looset Si, sie laufe döört uff sellem Fueßwäägli rääčhts füüre, no chömmet Sie diräkt aane. In füüf Minutte sin Sie aabe!“ („Es ist ein wenig kompliziert von hier aus. Aber ich weiß einen Weg. Hören Sie, Sie laufen dort auf dem Fußweg rechts vor, dann kommen Sie direkt hin. In fünf Minuten sind Sie unten!“). Nach zehn Minuten bin ich auf dem gesuchten Friedhof.
Zwischen Güterbahngleisanlagen, Migros-Park und Obi-Frische-Paradies gelegen hat sich der Tod einen kleinen Flecken Erde gerettet. Den Friedhof Wolf. „Nirgendwo sind Basels Tote prächtiger gebettet als auf dem Friedhof Wolf.“ Er „zählt zu den schönsten landschaftlich gestalteten Friedhöfen des 19. Jahrhunderts“ (Anne Nagel: Der Wolfgottesacker in Basel; zitiert in: *Gräber und Geschichten*, Christoph Merian Verlag).

Es ist Dezember und so kalt, dass ich mir wünsche, nicht im Winter sterben zu müssen.
„Vergänglich ist der Mensch, wie fest er stehe. Wie ein Schatten wandelt dahin der Sterbliche. (Psalm 33)", steht auf einem großen Grabmal. Welch ein Unterschied zu deutschen Friedhöfen allein in den Namen: Margritli Nebel, Schnetzler-Mislin, Rigassi, Messerli-Portmann, Saladin, Rufin-Schlipf, Schmidli-Spieß, Hüppi-Vogler, Iselin-Sarasin, Schölli-Taverna ... Namen, die für mich geheimnisvoll klingen, denen ich nachdenken möchte. Sie scheinen mir, der ich doch in Südbaden wohne, exotisch, aus einer fernen Welt.

Im Lesesaal der *Basler Lesegesellschaft* stoße ich in einer Ausgabe der Basler Zeitschrift für Geographie *Regio Basiliensis* auf den Artikel „Die Basler und Baslerinnen und ihre Bäume". Deren Vitalitätszustand wird untersucht. Birken, Robinien, Linden, Platanen, Ulmen, Spitzahorn, Rosskastanie, Eichen ... Ebenso die Belastung der Bäume durch Streusalz und der Einfluss der Standortverhältnisse auf den Parasitenbefall. Es wird von der „emotionalen Bedeutung der Bäume" für die Stadtbewohner gesprochen. Von Alleebäumen und Solitären. Von Baumgesetzen und Regelungen zum Fällen von Bäumen. Bäume sind „Sinnbilder der Menschheit" und „Träger von Stadtnatur", heißt es. „Kontrapunkte zur Bebauung, Lebewesen, Orte, wo sich fern der Natur, dennoch Natur erfahren lässt."
Nachdem ich den Artikel gelesen habe, gehe ich durch viele Basler Straßen, betrete mehrere Innenhöfe und stelle mir diese Straßen und Höfe mit weniger Bäumen oder ganz ohne vor. In welchem Verhältnis stehen Bäume zu Gebäuden, Häuserzeilen, Straßenfluchten? Welcher Baum passt zu welcher Architektur? In welchem Abstand zu Gebäuden sollten Bäume stehen? Wie kann man es aushalten in einer Stadt ganz ohne Bäume? Jeder Baum, jeder Strauch, ja jede Pflanze öffnet einen bestimmten Blick auf ein Haus und es gehört mit zur Kunst des Gärtners und Architekten diese Beziehungen zu gestalten. Härten von Material und Linien zu mildern, erdrückende Volumen leichter erscheinen zu lassen, Zugänge zu schaffen,

Erholungsräume und Schutzzonen. Jahreszeiten in die Stadtviertel zu holen durch entsprechende Pflanzen mit zeitlich versetzter Blüte. Aber auch umgekehrt kann man fragen, wie Größe und Höhe eines Gebäudes, die Form einer Skulptur, die Gliederung eines Brunnens, die Straßenführung, die Fläche eines Platzes unseren Blick auf Bäume, Sträucher und angepflanzte Blumen verändern.

Zwei Fans des FC-Basel diskutieren im hohen, weiten Raum der schönen Bahnhofsbrasserie des SBB (Schweizer Bahnhof Basel) über die Zukunft des Clubs. Meister oder nicht? Man geht die Chancen in den noch ausstehenden Spielen durch, spricht über Spieler, Trainer, Präsidium und Geld und ist sich einig, dass das Basler Team eigentlich Meister werden muss. Sollte das mit der Meisterschaft nicht klappen, da stimmen beide nach mehreren Glas Bier und brüderschaftlichem Zuprosten überein, kann es nicht mit rechten Dingen zugegangen sein. Aber dann wird die Basler Mannschaft immerhin „Eigentlich-Meister“. Damit lässt sich eigentlich ganz gut leben.

„Für Fahrten zum Badischen Bahnhof sind gültige Grenzübertrittspapiere mitzuführen“, heißt es auf einer Hinweistafel. Und: „Bitte beachten Sie! Das Mitführen von abgabepflichtigen Waren ist nicht gestattet.“ Somit herrscht gleich bei Fahrtantritt Klarheit über Ge- und Verbote.

„Bei dem Angebot an Restaurants, Cafés und Ständen mit Speiseangeboten, wer isst denn da überhaupt noch zu Hause?“, fragte ich einen Basler Bekannten beim Überqueren des Barfüßerplatzes. „Diese Vielfalt an Speisen lässt sich zu Hause niemals herstellen. Das Essen in der eigenen Wohnung wird zur Ausnahme werden“, fuhr ich fort.
„Richtig. Und wenn man bedenkt, wie viel Zeit das Kochen zu Hause kostet!“, meinte mein Begleiter, „man muss immer an die Zeit denken. Denken Sie doch nur an die Zeit!“
„Essen sollte nicht Zeit kosten, sondern Zeit bringen“, sagte ich.

„Genau! Zeit, die Sie dann mehr haben für die Arbeit."
„Nein, ich meine, der Vorgang des Essens schenkt mir Zeit. Essen ohne Zeit fürs Essen ist nicht Essen sondern lediglich Nahrungsaufnahme. Für das Essen muss man sich Zeit nehmen und nicht umgekehrt beim Essen Zeit sparen wollen. Zeit haben fürs Essen ist die höchste Form der Achtung, die man dem Essen entgegenbringen kann."
„Denken Sie, was Sie wollen", lachte mein Basler, „ich muss jetzt auf dem schnellsten Weg zur Nahrungsaufnahme, mein Schreibtisch wartet!"
Ich möchte keinen Basler Schreibtisch.

Basler Hafen

Schiffsbäuche.
Bissige Hunde hinterm Werkstor.
Ein leeres Pförtnerhäuschen.
Zwei Kranarme.
Die Hüninger Brücke.

Auf einer Sitzbank.
müht sich einer ab,
eine rumzukriegen.
Die Sitzbank
als Liege.

„He!", „He!",
ruft ein Mann,
der seinen Hund Gassi führt.
Die Liegenden
richten sich auf.

„I bin so frei!",

sagt ein anderer Fußgänger
und setzt sich daneben.

Die Liebe hat's schwer
im Hafen.

Im Baseler Rhein findet man, wie auf Informationstafeln am Ufer nachzulesen, Plattwurm, Höckerflohkrebs, Muschel, Schnecken und Donauassel. Diese wohnen unter Steinen auf der Rheinsohle. Man spricht hier von Beständen aus Neozonen, weil diese Flussbewohner erst nach der Eröffnung des Rhein-Donau-Kanals mit Schiffen zum Rhein transportiert wurden. Also auch das Rheinbett unten wird neu besiedelt, auch dort verändert, entwickelt sich weiter Leben, nur nimmt, außer ein paar wenigen Experten, keiner Notiz davon.

Eine alkoholisierte Jugendliche kauert zwischen mittlerer Brücke und St. Johann Brücke an der Rheinuferstraße auf ihrem zusammengerollten Schlafsack. Eine tätowierte Straßenmusikerin in der Nähe, mit Ketten und Ringen behängt, grellfarbenem Haarsträhnen-Gestrüpp und Rundum-Piercing packt mit der linken Hand ihre Gitarre am Hals und rennt am Rheinufer auf und ab. Dann kippt sie weg auf eine Bank am Ufer und trommelt wütend auf das Instrument ein. Das Mädchen auf dem Schlafsack rafft sich auf, geht auf sie zu und gibt ihr eine selbstgedrehte Zigarette. Die Gitarristin beruhigt sich, bedankt sich, zündet die Zigarette mit zitternden Händen an, nimmt ein paar Züge und hastet dann plötzlich, ohne ihre Gitarre, unter die mittlere Brücke davon und weiter und weiter, bis ich sie nicht mehr sehe.

Gegenüber dem Novartisareal sind einige Stufen des Treppenaufgangs aus der Dreirosenanlage hinauf zur Dreisrosenbrücke mit einem verfremdeten *Vater Unser* besprüht: Novartis unser / Dein Reich komme / Dein Wille geschehe / wie in Basel / so auf Erden. Was aber wäre Basel ohne Novartis, ohne Chemie und Pharmazie und …?

Im Naturhistorischen Museum besuche ich zum dritten Mal die Ausstellung „Die Fliegen". Ich lese, dass Schmeißfliegen der Gattung Calliphora eine mehrere Kilometer entfernte Leiche riechen können. Hoffentlich sterbe ich nicht im Freien.

Das *Vogel-Gryff-Fest* ist der Feiertag der drei Ehrengesellschaften Kleinbasels, zu deren Aufgabe im Mittelalter die Bewachung der Stadtmauer zählte. Der Tag, der immer im Januar gefeiert wird, beginnt mit einer Talfahrt auf einem Floß im Rhein, bei der der „Wilde Maa" tanzend die Kleinbasler grüßt, den Großbaslern aber den Rücken zukehrt. Auch dies gehört zu Basel, dass die Kleinbasler den Großbaslern immer wieder ihr Selbstbewusstsein demonstrieren. Bei Basler Festen sind Aufführende und Zuschauer eins. Alle fiebern mit, gehen mit und geben ihren Beifall. „Wir schauen nicht nur zu beim Fest", sagt mir ein Basler, „wir gehören auch nicht einfach bloß dazu, nein, wir sind das Fest." Und er zitiert einen Vogel Gryff-Vers: „Ob Vogel Gryff (Vogel Greif), Wild Maa (wilder Mann), ob Lai (Löwe), / im glaine Basel bisch dehai!"

Eine Volksinitiative „Ja zum Dialekt im Kindergarten" hat sich gebildet. Sie lehnt den Beschluss ab, das Verhältnis von Baseldütsch zu Hochdeutsch im Kindergarten auf 50:50 zu verändern. Natürlich, so versuchen die Befürworter des Beschlusses die Gegner zu besänftigen, soll die Mundart in unterschiedlicher Form im Kindergarten auch weiterhin gepflegt werden. Aber eben gepflegt und nicht mehr gelebt.
Ich kann mir schon folgenden Dialog in Basler Familien vorstellen: „Lisbeth, wottsch du mir selli Zyttig bringe?" – „Aber gewiss doch, gerne, Pappa!"

Schwyzerdütsch: konsonantisch-vokalische Urgewalt. Die Alpen unter den germanischen Sprachen. Die schönsten Konjunktive weltweit.

Als der Basler Swiss-Air Pilot Hans Georg Schmid, eine fliegerische Ausnahmeerscheinung, am 23. Juli 2007, um 11 Uhr 23 mit seiner selbstgebauten Express 2000 ER in den Dachstock eines Wohnblocks in einem Basler Außenbezirk krachte und dabei zerschellte, hatte er 164 Flug-Weltrekorde hinter sich. Dieser letzte Flug hätte sein 165. Weltrekord werden sollen.

Ecke Streitgasse und Weisse Gasse sitzt eine Akkordeonspielerin. Neben sich auf dem Boden ein abgegriffener Almosenbecher. In einer endlosen Litanei wechselt sie nur zwischen den beiden Tönen C und F und drückt dazu einen einzigen Basston. Dann macht sie eine kurze Pause und beginnt wieder mit ihrem jammernden Akkordeon-Singsang. In ihrem Becher liegt eine 50-Rappen-Münze.

1854 fährt die erste Basler Rheinfähre. Ein über den Fluss gespanntes Drahtseil, auf dem eine Rolle läuft, an der wiederum das Gierseil zum Boot befestigt ist, das Boot und der Schwengel zum Lenken bilden das ganze System. Vorwärts geht es durch Schrägstellung des Bootes gegen den Strömungsdruck. Bis dreiundvierzig Tonnen trägt das Seil. „Erbauung einer fliegenden Brücke für Fußgänger“ wurde der Plan für eine Fähre ursprüngliche genannt. Als für das erste Boot eine Boots-Taufe veranstaltet werden sollte, gab es Proteste von Seiten der Evangelisch-Reformierten Kirche in Bern. Man taufe Menschen und nicht Boote, hieß es. In früheren Zeiten soll es auch des Öfteren betrunkene Fährmänner gegeben haben. Heute müssen die Fährmänner und Fährfrauen eine Segel-Motorboot- und Funkerprüfung abgelegt haben, ehe man ihnen Fahrgäste anvertraut. Die vier Basler Fähren sind nach den Schildhaltern (Wappentieren) der Kleinbasler Ehrengesellschaften benannt: „Wilde Maa“ (St. Alban Fähre), „Leu“ (Münsterfähre), „Vogel Gryff“ (Klingental). Die St. Johann-Fähre trägt den Namen der Basler Fasnet-Figur „Ueli“. Es gibt einen Fähri-Verein und eine Fähri-Zytig.
„Verzell du das em Fäärimaa“ sagt man in Basel, wenn man eine gehörte Geschichte nicht so recht glauben will. Für mich ist die Fähre das baslerischste aller Basler Wahrzeichen.

In der Mitte des Rheins schaukelt die Münsterfähre auf Wellen, die ein stromabwärts fahrender, schwarz gestrichener Lastkahn erzeugt hat. Ein Mädchen juchzt und ruft „Mami, nomool!“ (noch mal). „Froog de Fäärimaa!“, antwortet die.

An der Anlegestelle der St. Alban-Fähre möchte ein italienisches Mädchen ihren kleinen Bruder vor der Fähre im Rhein fotografieren. Das Brüderchen aber hört nicht auf damit, sein Gesicht zu verziehen, mit den Händen herumzufuchteln, die Zunge herauszustrecken und hin- und herzuhüpfen. „Normale! Sto normale!“, brüllt seine Schwester von den Treppenstufen am Rheinufer, wo sie mit ihrer kleinen Digital-Kamera sitzt. Diese Aufforderung aber erhöht nur die Frequenz der Faxen, die der Kleine zieht, bis das Mädchen entnervt aufspringt und laut weinend zu ihrer Mutter rennt, die sich oben am Rheinuferweg auf einer Bank niedergelassen hat. „Nie mehr fahre ich mit euch zusammen in die Ferien!“, schimpft diese und gehört damit zu den Zehntausenden von Müttern oder Vätern, die ihren Kindern im gleichen Augenblick irgendwo auf der Welt mit dem gleichen Satz gedroht haben, mit dem sie ihnen in den nächsten Ferien im nächsten Jahr wieder drohen werden.

Im Eingangsbereich des Basler Rathauses, gleich vorne unter dem Arkadengewölbe, lag in den Wochen vor Weihnachten ein dickes, schweres *Öffentliches Basler Wunschbuch* auf einem Pult. Jeder konnte etwas eintragen. Den meisten Erwachsenen, stellte ich beim Lesen fest, war nichts sonderlich Originelles eingefallen. „Gesundheit“, „Glück“ und „der Welt Frieden“ wünschen sie. Die Wünsche der Kinder und Jugendlichen hingegen sind meist keine Floskeln. Mit manchem Satz öffnet sich ein Kinderherz und nicht selten geben die Worte Einblick in kleine und große Tragödien, die sich in Familien abspielen. Das gilt jedenfalls für Kinder, die ausländischer Herkunft sind, mehr, als für solche aus einheimischen Familien.
„Ich wunsch, dass die meine Familie wird wieder wie war“, schreibt ein Mädchen. Auf Französisch kritzelt eine Mathilde: „Ich hätte für das

nächste Jahr gerne, dass Papa während der Woche öfters nach Hause kommt." Über 100 Seiten blättere ich durch. Eine Amanda formuliert: „Ich wünsche mir ein Hund, der lange lebt und glüglich ist." Ein Junge wieder: „Ich wünsche mir für mein Motorrad eine neue Auspuffanlage." Und ein Mädchen: „Ich wünsche mir einen Kuss am Gipfel des Basler Münsters. Danke, Nikolaus!" Dann lese ich: „Ich wünsche mim Papi gueti Besserig und weniger Schmerze. Ha die lieb. Graziela." Sarah wünscht sich „ein I-Pod oder ein Hund". Dann entdecke ich: „Ich wünsche mir, dass mini Hase Kinder kriege. Leider sin si nämlich kastriert." Und: „Ich wünsch' mir Bleimobil Eisstand." Eine Mutter, offensichtlich Schweizerin, bittet: „Ich wünsch' mir, dass du mis (mein) Kind Sandra wieder Heim chunnsch (kommst). Dis (deine) Mami." Ein Mädchen fragt, bevor es etwas einträgt: „Mammä, kaa's Christchindli überhaupts lässe? S isch doch gar nüüt uff de Schuel gsii, im Himmel git's bschtimmt kei Lehrer, die hucke alli in dr Höll!"

Ebenfalls in der Weihnachtszeit spielten auf dem Basler Münsterturm Posaunenbläser. Danach sang die „Basler Liedertafel", ein auf einem Lastwagen-Podium vor dem Münsterportal postierter Männerchor, Weihnachtslieder. Abgelöst wurde der Gesang durch weihnachtliche Melodien, die eine kleine Gruppe von Musikern der Jugendmusikschule zum Besten gab. Hunderte von Menschen standen auf dem Münsterplatz. Blätter mit Lied-Texten in der einen und eine brennende Kerze in der anderen Hand. Die winterliche Kälte konnte keinen und keine von ihnen davon abhalten, inbrünstig und lautstark die schönen Weihnachtslieder mitzusingen. Selten habe ich das Gefühl von Gemeinschaft so intensiv erlebt wie hier an diesem Tag. Es muss schön sein, Basler zu sein. Nach dem Gesang trat ein Pfarrer auf das Podium, um etwas vorzutragen „für die Besinnung", wie ein Vorredner formulierte. „Liebi Mitsingendi!", hob der Pfarrer an, zitierte dann ein paar Stellen aus der Bibel, stimmte ein Klagelied darüber an, dass die Welt wieder einmal aus dem Lot wäre wegen der Banken, der Finanz- und der Wirtschaftskrise, und dass wir es besser machen sollten.

Wie es die Pfarrer eben so haben. „Dennoo (dann) liäbi Basler, goht's mit em Riich Gottes allwäg ä chleine Schritt füüre!", hat er seine Predigt im schönsten Alemannisch geschlossen. Und ich habe gedacht, mit der Sprache bist du dem Himmel „eifach ä bizz nöócher" (ein wenig näher). An Weihnachten sogar „zwei bizz!".

1356 lag Steinschutt auf dem Münsterplatz. Das große Erdbeben hatte die Türme des Münsters einstürzen lassen. Über Ursachen, Ausmaß und Folgen des Bebens gibt es mehr Vermutungen als gesicherte Daten. Das Beben gehörte „unzweifelhaft zu den stärksten Beben nördlich der Alpen ..., die sich in historischer Zeit ereignet haben" (Werner Meyer: *Da verfiele Basel überall*). „Unzählige Feuerstellen und ungeschützte Flammen" entfachten einen Stadtbrand und richteten mehr Schaden an als die Erschütterungen selbst. Die Stadt muss mehrere Tage gebrannt haben. Eine annähernd genaue Zahl der Opfer ist kaum mehr zu ermitteln. Sechs Jahre vor dem Beben waren viele Basler an der Pest gestorben, sodass die Bevölkerung schon reduziert war, als das Beben kam. Man müsse auch davon ausgehen, so Meyer, dass viele Bewohner vor dem Feuer und aus Angst vor Nachbeben aus der Stadt geflohen seien und sich erst später wieder zurückgetraut hätten. Eine Darstellung von 1580 in der Basler Chronik von Christian Wurstisen mit umgestürzten Türmen, Häusern und Mauern gibt wohl ebenfalls kein richtiges Bild vom wirklichen Geschehen. Man findet diese Darstellung schon früher in Sebastian Münsters Cosmographie, einmal zur Illustration des Basler Bebens, ein andermal als Bild, das ein Erdbeben in Japan zeigen soll. Sebastian Münster schien keine Vorstellung von einer japanischen Stadt zu haben. Also lässt man drucken, was man kennt. „Warum sollen Städte in Japan anders aussehen als in Mitteleuropa, welchen Grund soll es denn dafür geben?" (Günther Wessel: *Von einem, der daheim blieb*, die Welt zu entdecken). Es heißt also immer auf der Hut zu sein, wenn man sich an historische Begebenheiten herantastet. Jedenfalls: An der romanischen Galluspforte des Basler Münsters sind zwischen Würfelfries und Glücksradfenster noch Risse sichtbar, die vom Erdbeben herrühren. Man hat sie mit Eisen geklammert. Im Münster selbst befindet sich das Grab von Sebastian Münster. Zumindest dies scheint niemand in Zweifel zu ziehen.

In der Gasse „Rheinsprung" gibt es eine Condomeria. In der Ladenvitrine sind kleine Päcken mit „Penispasta" ausgestellt. „Isch das luschtig!", ruft eine Kundin aus, die das Geschäft gerade mit ihrem Partner verlässt. „Wenn ich mir voorrschtell', das man das Züügs al dente kocht!" Sagt sie und biegt sich vor Lachen.

Dicke Tauben gurren im lichten Steinturm der Elisabethenkirche. Sie sitzen auf einer eisernen Querstange im Turm. Der Boden unter der Stange ist dick mit Taubenkot bedeckt. Schon im engen Aufgang zum Turm klebt weißer Taubenmist auf den Treppen. Drohend klingt das dunkle Gurren der gut genährten Vögel und sie lassen keinen Zweifel daran, dass hier oben sie und nur sie die Bewohner sind und wir Menschen nur ungern geduldet. Sie bleiben sitzen, als ich in den Turm hineintrete. Unten in Basel findet auf mehreren Plätzen, so auf dem Münsterplatz, Barfüßerplatz und Messeplatz, die Basler Herbst-Messe statt und das Gekreische von Kindern, Jugendlichen und Erwachsenen, die von Achterbahnen und Schaukeln durch die Luft gewirbelt werden, dringt nach oben zum Aussichtsrondell auf dem Kirchturm. Ich frage einen jungen Mann, der mit seiner Freundin schmust, ob er mir ein paar Orte, Berge und Gebäude benennen kann, die man von hier aus zu sehen bekommt. Bereitwillig zählt er auf: Schwarzwälder Blauen, Tüllinger Berg, Lörrach, Schweizer Bahnhof, Pauluskirche, Synagoge, Novartis-Gelände, erklärt mir dies und das und kommt schließlich ins Schwadronieren. Als seine Freundin daraufhin langsam alleine weiterzieht, schaut er sich flüchtig nach ihr um, hört sofort mit seinen Erläuterungen auf und flüstert mir zu, jetzt müsse er leider gehen, sonst werde sie eifersüchtig, das könne sie nämlich am besten!"
Nach dem Nein-Votum zum Bau von Minaretten steht vor dem Haupteingang zur Elisabethenkirche ein Schild mit der Aufschrift „der Kirchturm der ‚Offenen Kirche' ist auch ein Minarett!"

1968 sollte die Elisabethenkirche, die bedeutendste neugotische Kirche der Schweiz, abgerissen werden und einem Parkhaus Platz machen.

Im Sechser Trämli höre ich hinter mir: „Au wenn r doktoriert isch, der Chaib! Z Basel sait mr, wer dumm schwätzt, schwätzt doppelt blöd!"“

Das Trämli in Basel hat übrigens nicht Vorfahrt sondern Vortritt.

Auf dem Barfüßerplatz lag in früheren Zeiten ein geschlossenes Klosterareal. Dann diente er als Handelsplatz. Sogar Schweine wurden hier verkauft. Heute stehen Jugendliche an den im Minutentakt angefahrenen Straßenbahnhaltestellen und verabreden sich übers Design-Handy zum nächsten Date.

Eine junge Mutter sitzt in der Heilig-Geistkirche rechts auf der vordersten Kirchenbank. Im Kinderwagen vor ihr schläft ein Kind. Die Frau beugt sich zu einem auf ihren Knien liegenden Briefblock und schreibt. Mit dem linken Arm bewegt sie den Kinderwagen hin und her. Das Kind ist aufgewacht. Die Frau schreibt, schiebt das Kind. Schreibt. Hält inne. Weint. Trocknet sich mit einem Tempotaschentuch die Tränen. Denkt nach. Schreibt. Bewegt den Kinderwagen, beugt sich über ihr Kind, das zu schreien beginnt. Die Mutter legt den Schreibblock in den Wagen, steckt den Schreibstift in ihre Handtasche und verlässt, den Kinderwagen hinter sich herziehend, weinend die Kirche. Wurde der Brief je zu Ende geschrieben? Das Erlebte ist wie eine Aufforderung an mich, die Geschichte weiterzuspinnen. Aber ich beschließe, mich nicht ins Leben dieser Frau einzumischen.

„Förchte Gott und halte seine Gebott: Dann diß gehört allen Menschen zu. Dann Gott wird alle Werk für Gericht bringen, das verborgen ist, es sey gut oder böß.“ Dieser Text aus Prediger XII, 13/14 steht auf einer Wand im Kirchenschiff der evangelisch reformierten Leonhardskirche.

Ich stelle mir vor, wie vor wenigen Jahrhunderten ein Pastor dieses Wort drohend von der kunstvoll geschnitzten Holzkanzel schmettert und die Gottesdienstbesucher andächtig, verängstigt, reuevoll mit guten Vorsätzen zuhören. Auch viele Zweifler oder Gleichgültige mögen damals Sonntag für Sonntag auf den vollen Kirchenbänken gesessen haben. Den meisten inbrünstig Gläubigen aber sind die Worte des Pfarrers tief und nachhaltig in die Seele gedrungen. Sie haben sie durch die engen, stinkenden Gassen der Stadt mit nach Hause getragen und in ihren Gebeten mitbedacht.

Ich fotografiere ein Haus in der von hohen Bäumen gesäumten Delsbergerallee. Ein Mann, der Blätter vom Bürgersteig fegt, fragt mich lächelnd, warum ich hier fotografiere. Ich sage, weil mir das Haus gefalle, die ganze Straße fände ich schön. „Das ist die schönste Straße in ganz Basel", behauptet er stolz. Ich frage „warum?", er antwortet: „ganz einfach, weil ich in dieser Straße wohne", lacht und lädt zusammengekehrte Blätter in einen Eimer. „Nein, im Ernst, Sie können das in jedem Baselführer nachlesen", setzt er noch hinzu, „und die schreiben ja wohl nichts Falsches, oder?" Jetzt frage ich zurück: „Steht da auch was von Ihnen drinnen?" Er überlegt und meint dann: „ Nein, also Sie sehen, ganz perfekt sind die Reiseführer für Basel doch nicht!"

In einer vom Verein Historische Binnenschiffahrt herausgegebenen Broschüre mit dem Titel „Schiffischer Wortschatz des Schweizer Rheinschiffers", die im Kleinhüninger Schiffahrts-Museum ausliegt, finde ich die Wörter „Engte" für Verengung des Fahrwassers, „Erbsensuppe" für dichten Nebel und „Bach" als Bezeichnung für den Rhein. „Schiffisch" bedeutet übrigens „fachmännisch richtiges Verhalten auf dem Schiff". „Verkehrsdrehscheibe Schweiz und unser Weg zum Meer" heißt die feste Ausstellung im Museum. Basel und das Meer, das ist nicht die selbstverständlichste Assoziation. Aber falsch ist sie auch wieder nicht, denn schließlich mündet der Rhein ja ins Meer.

Während des Abbruchs der Mauer mit dem berühmten „Basler Totentanz“ am einstigen Dominikanerkloster „kam es zu einer Plünderung nicht etwa von Bruchstücken des Bildes, sondern des Abbruchmaterials“, schreibt Franz Egger. Das also war die Einstellung der Menschen damals zum heute berühmten „Basler Totentanz“. 19 Bildfragmente davon sind heute im Historischen Museum Basel am Barfüßerplatz ausgestellt. Dort fragt ein Junge seinen Vater vor den Totentanztafeln, ob denn der Tod nicht friere, so ganz ohne Kleider. „Neij!“, antwortete der, „wemme dood isch, gschpürt me nüüt!“. Aber der Kleine wollte wissen, wieso der Tod, wenn er doch tot sei, Menschen am Arm ziehen oder ein Musikinstrument spielen könne. „Waisch“, antwortete der Vater, „de Dood isch lääbig odr dood, grad so wie nr's bruucht!“ Über diese Antwort denkt das wunderfitzige Bürschlein sicher heute noch nach.

Ganz in der Nähe des früheren „Totentanzes“ ist das Basler Universitätsspital und der Rosetti-Bau der Basler Architekten Herzog & de Meuron. Architektur der Luxusklasse. Daneben ein „Gassenzimmer“, wo sich Rauschgiftabhängige legal einen Schuss setzen können. Zwei Polizisten gehen auf dem Bürgersteig auf und ab. Süchtige Jugendliche rauchen, diskutieren, fluchen. Eine Frau vor dem Spital fragt mich nach dem Eingang zur Gynäkologie. „Totentanz“, Spital und „Gassenzimmer“ nebeneinander. Zufall oder nicht. Keine Kraft-Orte.

Das ETH-Studio-Basel hat eine Broschüre, einen Stadt-Comic, mit dem Titel Metrobasel erstellt. Ein kurzer historischer Rückblick auf die Baugeschichte der Stadt, Bestandsaufnahme der Gegenwart und Zukunftsprojekte. „Metro-Basel“ heißt es da, „ist die Region, die die Kernstadt Basel, die Vororte sowie die ländlichen Einzugsgebiete als urbane Agglomeration umfasst. Metrobasel ist die Identität, unter der die trinationale Metropolitanregion Basel eine Einheit bildet.“ Dabei wird der ganze Großraum Basel grenzüberschreitend ins Visier genommen. Drei Länder, drei Landschaften, drei Gesellschafts- und Wirtschaftssysteme. Die Stadt

will sich einem weiten Umfeld öffnen und sich auf vielen Ebenen über die Grenzen vernetzen. Arbeit, Wohnung, Verkehr, Freizeit, Erholung, Natur, Kultur, Schulen, wissenschaftliche Institute. Der Rhein „ist das wesentlich formende Element der Landschaft". Das bestimmt die übergreifende Raumplanung. Parks, Waldflächen, private Gärten, sogar Dachgärten und Fassaden werden erfasst, Steuern, Preise, Ladenöffnungszeiten, Pendlerströme, Immobilien, Haus- und Wohnungsformen, die Kernstadt, Stadtviertel und Peripherie untersucht, Zonenpläne über die Landesgrenzen hinaus und Verdichtungsmodelle vorgestellt, Schutz- und Schonzonen ausgewiesen. Räumliche Cluster mit unterschiedlichen ökonomischen Sparten wie Pharmazie, Chemie und Life Sciences sollen entstehen. Trinationale Stadtteile will man mit gemeinsamen Straßenbahn- und Zugnetzen, gemeinsamen Forschungs- und Bildungseinrichtungen verbinden. Ebenso Flughafen, Rheinhäfen, Messe-Gelände, Geschäftszentren, Kreativ-Sektoren und Erholungslandschaften.
Die Verkehrstrassen in Basel werden als die neuen Stadtmauern empfunden und deshalb will man in der Zukunft die zerteilten Stadtteile durch grüne Brücken verweben. Auch unterschiedliche Einkaufsbereiche strebt man an – mit Schwerpunkten im Stadtzentrum, in den Quartieren und in den Subzentren. Shopping-Center, Marktplätze, Quartiersläden (Ecklädli). Mitgedacht ist bei diesen Projekten immer die schnelle Erreichbarkeit durch öffentliche Verkehrsmittel. Man träumt von einem binationalen Zentralpark, einer Seenlandschaft aus Baggerseen in Stadtnähe, einer Basler Alster nach Hamburger Vorbild. Die Uferzonen am Rhein will man zugänglicher gestalten. Die mittlere Brücke, so ein Vorschlag, könnte verbreitert werden und somit eine Art Piazza, Begegnungsraum über dem Rhein zwischen Groß- und Kleinbasel geschaffen werden.
Herrliche Zeiten also, wo wir am Sonntag mit einer Kombi-Karte von Lörrach nach St. Louis fahren, dort in einem Dreiuferpark spazieren gehen, um anschließend in einem Sundgauer Fischrestaurant den Abend mit einem Karpfengericht zu beschließen. Oder wo ein Mann, der in Liestal arbeitet, seine in Müllheim angestellte Frau – beide wohnen in Weil –

zum Abendessen in Mulhouse trifft, weil sie dort in der Filature noch ein Jazz-Konzert mit Karlsruher Musikern besuchen wollen. Alle genannten Orte sind durch Schnellbahnen verbunden, die im Zwanzig-Minuten-Takt bis weit nach Mitternacht verkehren. Das Ehepaar trifft sich vor dem Konzert mit der Tochter, die in Freiburg einen Bachelor gemacht hat und jetzt in Straßburg einen Master anstrebt. Sie hofft in der Basler Chemie eine Anstellung zu finden. Der Sohn hat schon eine Stelle im Medienforschungs-Zentrum bei Burda in Offenburg. Der Vater selbst arbeitet in Liestal in einem soziologischen Institut an einer Untersuchung mit dem Titel „Soziale Folgen des Auseinanderdriftens der sozialen Schichten in der neuen Dreiklassengesellschaft".
An einen Wohn-Park für Obdachlose ist bei den Zukunftsvisionen in dem Metrobasel-Comic nicht gedacht. Wohl aber an den Bau einer Moschee. Allerdings war die schöne, kurzweilige, zukunftsfrohe Schrift schon vor der Abstimmung „Moschee – Ja oder Nein" gedruckt und im Verkauf.

Ich fragte eine Baslerin, ob sie mir erklären könne, was man unter dem Basler „Daig" verstehe (eine Art „Crème" der Stadt). Sie schmunzelte und meinte nur: „Jeddefalls g'hör ich nüüt dezue!"

Basel besitzt das älteste, historisch beglaubigte Anatomiepräparat der Welt. Der Begründer der modernen Anatomie, Andreas Vesalius sezierte 1543 öffentlich einen auf dem Kohlenberg durch das Schwert hingerichteten Gattenmörder und schenkte das Präparat der Universität Basel für ihr Anatomisches Museum.

Der Arzt Carl Gustav Jung führte im Basler Bürgerspital ein Register über die zwischen 1842 und 1868 verstorbenen Patienten. Dem Register sind neben Name, Wohnort, Konfession und Beruf auch die Todesursachen zu entnehmen. Darunter waren Nervenfieber (Bauchtyphus), Altersschwäche (Marasmus senilis), Lungenbrand (Lungengangrän, feuchter Brand), Schlagfluss, Stickfluss (Keuchhusten, Lungenkrankheiten),

Schwindsucht (Tuberkulose), Blutsturz, Ruhr (Dysenterie), Knochenfraß (Knochenkaries) und Wassersucht (Ödem). Bei den Toten handelte es sich oft um unqualifizierte Arbeiter auf dem Bau, Mägde, Dienstboten, Hilfskräfte an Maschinen. Viele von ihnen waren als Fremdarbeiter aus den Kantonen, aus Baden und aus dem Elsass gekommen. (Gefunden in einer Veröffentlichung des Naturhistorischen Museums zur Ausstellung „Armut, Krankheit, Tod im frühindustriellen Basel").

Schlendert man heute durch Basel, kann man sich nur schwer vorstellen, dass diese Stadt, Vorzeigestadt für Sauberkeit, Effizienz und Wohlstand, einmal mit Schmutz und sozialem Elend konfrontiert war. Ein Beispiel, das in diesem Zusammenhang genannt wird, ist das Flüsschen Birsig, heute im Stadtgebiet kaum sichtbar, da es fast im ganzen Stadtgebiet eingedolt wurde. Zu Teilen schon im Mittelalter. Der Barfüßerplatz war einmal durch den Birsig geteilt. Am heutigen Marktplatz überwölbte man den Flusslauf schon Mitte des 13. Jahrhunderts. Auf einer 1538 veröffentlichten Stadtkarte des Basler Universitätsprofessors (und späteren Rektors) Sebastian Münster, Verfasser der *Cosmographia universalis*, sieht man den Birsig noch am Fischmarkt eingezeichnet und beim alten Salzturm in den Rhein münden. Am Barfüßerplatz und Kornmarkt ist er schon überdeckt. Der Birsig verursachte mehrere Hochwasserkatastrophen, bei denen auch an seinem Ufer stehende Häuser zum Einsturz kamen. Am Rathaus ist auf zwei Messingtafeln der Hochwasserstand aus den Jahren 1529 und 1530 abzulesen. Der Birsig nahm die Abwässer von Abtritten am Ufer auf, den Unrat von Wohnhäusern aber auch die Abfälle des Schlachthauses am Barfüßerplatz. Im Sommer, bei Niedrigwasser, war er eine übel riechende Kloake voller Exkremente und bei Hochwasser spülte er den Schmutz durch Straßen und Gassen in die Keller der Anwohner. Hunderte von Menschen starben an Cholera. Noch 1865/66 erlagen 450 Menschen dem Typhus. Bis 1890 floss der Birsig in der vom Barfüßerplatz abgehenden Falknerstraße offen. Auf einem Foto von 1866 sieht man das nahezu ausgetrocknete Flussbett zwischen Barfüßerplatz und Post. Hausfassaden mit Holzverschlägen, Holzveranden und Abtritt-Erkern. Wir würden solche Straßenzüge heute als Slum bezeichnen, aber in jener Zeit gehörten derartige Wohnörtlichkeiten mit ihrem tristen und harten Alltag in allen europäischen Städten zur Lebenswirklichkeit. Heute werden Führungen angeboten, bei denen man den unterirdischen Birsig entlangstapfen kann. Ja, es gibt sogar Überlegungen, ihn zur Verschönerung des Stadtbildes von der Heuwaage zum Barfüßerplatz wieder freizulegen. Einst wurde er zum Schutz vor Hochwasser und zur Eindämmung von Infektionskrankheiten eingedolt. Heute möchte man ihn aus rein ästhetischen Gesichtspunkten wieder fließen sehen. Das eingesperrte Flüsschen bekommt an einigen Stellen die Möglichkeit zum „Freigang". Gefügig gemacht darf die Natur dann unter uns Menschen das gezähmte Äffchen spielen. Ein Basler, der mir viel über den alten Birsig erzählt hatte, schloss seine Geschichten mit den Worten: „Wissen Sie, die Menschen damals waren vergleichsweise extrem arm, hatten den Gestank in den Gassen und Infektionskrankheiten, keine Krankenversicherung, zu viele Kinder und waren von der Arbeit im wahrsten Sinne des Wortes gebeugt. Die Sorge überwog die Freude am Leben. Wir haben zu wenig Kinder, zu viele Alte und den Lärm, eine Dauerstress-Eventkultur, verschmutzte Luft und den Krebs. Und Krankenversicherung. Aber kennen sie eine Krankenversicherung, die vor Krankheit schützt? Jaja, das kann eines Tages auch noch einmal sehr ‚luschtig' werden. Also ich sehe nicht nur Rosen."

Unten am Rheinsprung gehe ich in das „Café offen" mit dem doch sicher einmaligen Namen „Elftaussigjumpferestube" (Elftausendjungfernstube), das von einer Gruppe von Frauen geführt wird. Der Erlös für Café und Kuchen geht an bedürftige Basler. „Ja", sagt mir eine überaus freundliche Frau, „auch bei uns in Basel gibt es Arme!", und bedankt sich für meinen Obulus.

Zum Basler Stadtbild gehören die Basilisken als Brunnen, Wandbilder oder Steinskulpturen. Allein 30 solcher (grünen) Brunnen sind über das

Stadtgebiet verteilt. Der Basilisk ist ein Fabelwesen in Gestalt eines Hahns mit Drachenflügeln, Eidechsen- schwanz, Adlerschnabel, Adleraugen und einem Krönchen auf dem Kopf. Er hat Gift im Auge und tötet durch seinen Blick. „Der berüchtigte Basiliskenblick ist im Umkreis des fast weltweiten Glaubens an den bösen Blick zu sehen." (Tiermythen und Fabeltiere, Edition Amalia). Auf einem Wandbild im Rathaus sieht man, wie ein solches Untier, das man im Gerberbrunnen gefunden haben will, erlegt wird. Auch im Birsig-Tunnel soll er gehaust haben. Nach altem Volksglauben „konnte einem Ei, das von einem schwarzen Hahn gelegt wurde, ein Basilisk entschlüpfen." Auf dem Kohlenberg in Basel soll man im Mittelalter einen solchen Hahn samt dem gelegten Ei verbrannt haben. Töten kann man einen Basilisken nur, indem man ihm einen Spiegel vorhält, auf dass er sich mit seinem bösen Blick selbst tötet. Ab der ersten Hälfte des 15. Jahrhunderts ist dieses Mischwesen Wappenhalter der Stadt Basel.

„Mami, bin i dood, wemmi de Basik aaluegt?" fragte ein Mädchen seine Mutter an einem Basiliskenbrunnen in der Stadtmitte. „Basilisk heißt das, nüüt Basik, Vera!" – „Nei, ob i dood bin, wenn r mi aaluegt?" – Nei, natürlig nüüt, ä Blödsinn isch daas!" – „Aber de Lehrer het's gsait!" – „Jo, d Lehrer, die verzelle halt gäärn Züügs!", war die Antwort der Mutter.

Was ich nicht wusste: Mitte März 1933 wurde „erstmals die Hakenkreuzfahne am Hauptgebäude des Badischen Bahnhofs gehisst". Antifaschistische Basler versuchten die Fahne zu entfernen. Sie hing am Turm des Gebäudes. Erst 1940 aber gab es einen Bundesratsbeschluss, der es rechtlich ermöglichte, die Fahne abzunehmen. Ich kenne ein Foto mit der Hakenkreuzfahne am Turm mit den Bahnhofsuhren. Darauf kommt mir der Basler Bahnhof genauso entfremdet vor wie auf einem anderen Bild das Straßburger Münster mit dieser Flagge. Wenn im Bahnhof eine der vielen NSDAP-Versammlungen stattfand, konnten Basler Bürger draußen hören, wie das „Horst-Wessel-Lied" gesungen wurde. „Das deutsche Bahnhofsgebäude geriet schnell als Sammelbecken für nationalsozialistische Ideen in Verruf" (*Orte der Erinnerung*, Christoph Merian Verlag). Auch versuchten viele Deutsche über den Badischen Bahnhof in die Schweiz zu gelangen. Viele mit, viele ohne Erfolg.

Das Weiße Haus am Rheinsprung, im Besitz des Basler Bandfabrikanten und Kunstmäzens Jakob-Sarasin Battier (1742-1802), war „zu einem Mittelpunkte geistigen Lebens" in Basel geworden. Die Dichter des *Sturm und Drang* Maximilian Klinger und Jakob Reinhold Michael Lenz kehrten hier ein. Ebenso Goethes Schwager Johann Georg Schlosser und der Colmarer Fabeldichter Gottlieb Conrad Pfeffel. Es war ein reges Kommen und Gehen über den Rhein. Ein frühes geistiges Regio-Netzwerk, wenn man so will. Isaac Iselin gründete „für Freunde der Lektüre und Liebhaber guter Literatur" das Iselin'sche Staminet (Randzimmer in einem Caféhaus für Unterhaltung und Lektüre). Man wollte, beeinflusst vom Denken der Aufklärung, „sach- und vernunftgemäße Einsichten" verbreiten, „Vorurteile konfessioneller und politischer Art" bekämpfen und „intellektuelle Unreife" überwinden". 1787 gründeten dann sieben Männer die *Allgemeine Lesegesellschaft Basel*, die 1832 ihre feste Bleibe in einem Gebäude beim Basler Münster erhalten sollte. Zweck der Gesellschaft ist heute laut Paragraph 2 der Statuten „in ihrem Gesellschaftsgebäude am Münsterplatz 8 in Basel Lesesäle mit einer vielseitigen Auswahl von Zeitungen und Zeitschriften sowie eine reichhaltige Bibliothek aus möglichst vielen Wissensgebieten zu unterhalten und ihren Mitgliedern zugänglich zu machen".
Wer vom Lesen ausspannen möchte, kann von einem Fensterplatz aus dem ruhigen Gleiten der Münsterfähre zwischen Groß- und Kleinbasel zusehen, sich zwischendurch im Kreuzgang des Basler Münsters die Füße vertreten oder im Café des Kunstmuseums einen Capuccino zu sich nehmen (Zitate aus der Festschrift zum 150-jährigen Bestehen und aus der Vereinssatzung).

„Ich muss im PC nachschauen", sagte ein Mitarbeiter der Buchhandlung Bider & Tanner zu einem Kunden, der nach einem Buch gefragt hatte.

„Wie lange dauert das?", wollte der Kunde wissen. „Maximal eine halbe Minute!", antwortete der junge Angestellte. „Ach, das geht ja noch", sagte der Kunde, „dann kann ich warten". Als er erfährt, dass das Buch vierhundert Seiten hat, will er es dann doch nicht kaufen.

Im Geburtsort Johann Peter Hebels feiert man dessen 250. Geburtstag. Die Basler Hebelstiftung stellt im Verbund mit der Schweizer Post im Wildt'schen Haus am Petersplatz eine neue Sonderbriefmarke mit dem Geburtstagskind vor und der Schwabe Verlag ein Buch mit Kalendergeschichten in Comics & Illustrationen. Um 18 Uhr 30 soll die Veranstaltung beginnen. Um Viertel nach sechs sind erst 15 Personen da. Wer interessiert sich heutzutage schon für Hebel und eine Sonderbriefmarke? Um halb sieben strömen die Menschen dann plötzlich und das Nachrücken will gar nicht mehr aufhören. Bis schließlich auch auf den zwei Treppen, die aus dem vollbesetzten Raum des prächtigen Rokokogebäudes nach oben führen, niemand mehr Platz hat. Die Eingangstüre bleibt offen, man braucht Luft in dem Gedränge. Hebel ist auch nach zweihundertfünfzig Jahren noch ein Star.

Das Schicksal Nietzsches ist „aufs Engste mit dem alten Stadtstaat am Rhein verbunden … Die Basler Professur war die einzige Stellung, die er je innehatte". Mit Jacob Burckhardt sei er am Wochenende „des öfteren hinaus in eines der nahe gelegenen Dörfer im benachbarten Baden, um dort in einem der von Burckhardt regelmäßig besuchten Wirthäuser einen Schoppen Wein zu trinken" (Lionel Gossman: *Basel in der Zeit Jacob Burckhardts*). Vielleicht saßen sie auf dem Rückweg weinselig singend in einer Basler Rheinfähre. Aber überliefert ist das nicht.

„Surprise" heißt das Basler Straßenmagazin. In Basel mit Doppel-s, also „Strassenmagazin"geschrieben. In der Selbstdarstellung der Zeitung heißt es: „Das Strassenmagazin Surprise wurde gegründet, um Menschen in prekären Lebensumständen in der Schweiz durch den Strassenverkauf einen unabhängigen Zusatzverdienst zu ermöglichen." Das Knüpfen sozialer Kontakte, Hilfe zur Selbsthilfe, Selbstbewusstsein und Selbstbestimmtheit sollen gefördert werden. Allfällige Gewinne werden zur Unterstützung der Verkaufenden verwendet. Im Dezemberheft 2008 lese ich einen Artikel über abgewiesene Ausländer, die in einem Ausschaffungsgefängnis (Ausschaffung bedeutet Ausweisung) inhaftiert sind. Ausländer können bis zu 18 Monate in „Ausschaffungshaft" gesetzt werden. „Zudem können die Behörden eine so genannte Durchsetzungshaft anordnen. Ziel dieser Zwangsmaßnahme ist es, Ausländer zur Mithilfe bei ihrer Ausschaffung zu bewegen." Das ist wohl eine neue Art der Hilfe zur Selbsthilfe.

„Schauen Sie", sagt ein Basler Wohnsitzloser im Schweizer Basler Bahnhof zu mir, „der Normalmensch ist mehr so ein Mensch, der hat. Ich bin mehr so ein Mensch, der ist. Arm nämlich. Und wenn Sie mir jetzt für fünf Franken ein ‚Strassenmagazin' abkaufen, helfen Sie mir weg vom Sein und hin zum Haben, also in Richtung Normalmensch."
„Wie kommt es", frage ich ihn, dass jemand, der so formuliert wie Sie, ein Straßenmagazin verkauft?". „Sehen Sie, das frage ich mich seit Jahren", sagt er, „ich habe aber noch keine Antwort darauf gefunden."

ART BASEL: Der Kopf des Reiters von Boteros Bronzeskulptur „Man and Horse" hat das dreifache Volumen des Pferdkopfes. Mir gefällt sie. Ich würde sie sofort kaufen (wenn ich das nötige Kleingeld dafür hätte). Vor zwei kleineren, leicht versetzt hintereinander angebrachten Quadraten urteilt ein Mann: „Des sin zwar bloß zwei Quadrate hinnerenanner, aber ich find' des hot was." – „Du schbinnsch wohl ä bissel", sagt seine Frau neben ihm. „Bleib endlich anständig sitzen, sonst gehen wir sofort wieder raus!", droht eine Mutter ihrem Kind im Kinderwagen. Dabei wäre dem Kind nichts lieber als das.
Fachmännisch schreiten und mit Kennergestik kommentieren, das scheint hier in der Ausstellung nicht wenigen angeboren zu sein. Man hört über-

wiegend Englisch und Französisch. Auch Russisch. Deutsche Dialekte fallen hier aus dem Rahmen. So zum Beispiel: „Desch ä schööns Bild!" (Was ist ein schönes Bild?) Auch Schwyzerdütsch klingt auf der ART ausländisch. „Is all going o.k.? Thank you so much, you are really lovely, wow! Thank you, have a nice time!" ist ein Standardmonolog am Handy. Galeristen und Galeristinnen an ihren Tischchen sind von fast zärtlicher Höflichkeit, erheben sich bei jeder Frage sofort von ihrem Stuhl und kommen mir mit gewinnendem Lächeln sanft entgegen. Nur mit schlechtem Gewissen verabschiede ich mich, weil ich nichts gekauft habe. Bei einer Führung für eine Gruppe norddeutscher Besucher erklärt eine Baslerin ein Bild von Max Ernst, erwähnt dabei Sigmund Freud und Dada. Bei Giacometti spricht sie von Fluidum, Ausstrahlung und Verschwimmen. In einem Galerieraum ist ein tätowiertes Schwein ausgestellt. Warum nicht? Im Nebenraum findet jemand eine Bilderserie deprimierend. Immer wieder fotografieren Männer ihre Frauen vor auffälligen Bildern und Skulpturen. Doppeltrophäen. „Erzähl doch keinen Mist!", weist eine blonde Diva auf zwei Meter hohen Stöckelschuhen ihren smarten Begleiter zurecht, „im Katalog, steht etwas total anderes!" Eine Galeristin bedient gleichzeitig den Computer, spricht ins Handy und beatwortet noch Fragen eines Kunden an ihrem Stand. Ein Happening für sich. In einer Galerie-Ecke sitzen drei Galeristen vor nur zwei Bildern. Sind die Männer wirklich Galeristen oder Teil einer Installation? In einem Raum saß nur das Galeristenpaar am Tisch und das einzige ausgestellte Stück war ein zusammengerollter, an einer Wand befestigter Teppich. Die BASEL ART muss man gesehen haben, um gesehen zu haben, dass man sie nicht gesehen haben muss.
An einer Wand hing der folgende gerahmte Text: „unterdrückte wertkonservative / Sehnsucht beim / neuen wie alten / Bürgertum nach / gekonnter / Handwerklichkeit." War damit ich gemeint?
Kurz vor dem Verlassen der Ausstellung entdeckte ich noch die Lithographie „Frieda" von Otto Dix, eine pralle Gründerzeit-Walküre. Und allein für diese Darstellung hat sich mein Besuch bei der ART gelohnt. Ich gehe nächstes Jahr wieder.

Welch ein Wohlgefühl auf dem lichten, stillen Arlesheimer Domplatz mit seinen angenehmen Proportionen! Gemeindehaus, Bezirksgericht, Bezirksschreiberei, Pfarrhof, Domhof, Polizei, Bezirksstatthalteramt und in der Mitte des Platzes ein Brunnen. Hier hat alles noch seinen Platz. Festgefügte, verlässliche Ordnung. Die Gebäude: menschliches Maß. Ich gehe in langsamen Schritten über den Platz zur Kirche. Im Kirchenraum entdecke ich die geschnitzte Figur der Heiligen Odilia. Ein Messmer erzählt mir die Legende von der Flucht Odilias vor ihrem Vater nach Arlesheim. Dieser habe sie gegen ihren Willen mit einem seiner Ritter verheiraten wollen. Sie habe sich aber bei Arlesheim in einer Felsengrotte versteckt. Jedes Jahr am 13. Dezember wird deshalb am Odilien-Tag in Arlesheim der Odilien-Segen gespendet.
Ich verlasse die Kirche und gehe wieder zurück auf den sonnigen, stillen Vorplatz. Auf einer Fensterbank schleckt sich ein Kätzchen die Pfoten. An den Rand des Brunnens gelehnt steht eine junge Mutter, ihr Töchterchen auf dem rechten Arm. Schöpft mit sanftem Schwung Wasser in ihre linke Hand und betröpfelt die Kleine damit. Das Mädchen lacht. Das Kätzchen auf der Fensterbank hält ein Pfötchen ausgestreckt und schaut in statuenhafter Pose zu den beiden hinüber. Dass es noch solche Idyllen gibt! Und vom Basler Stadtzentrum aus mit der Straßenbahn in wenigen Minuten zu erreichen.

„Im Städtel isch en altes Hüs,
do kenn ich mich wie nirigs üs"

„Im Städtchen ist ein altes Haus,
da kenn ich mich wie nirgends aus"
Marie Hart
Elsass

In dem Dörfchen **Winkel**, liegt die Quelle der Ill. Man hat sie mit behauenen Felssteinen gestaltet. Ich sitze über eine Stunde an der Quelle und gehe in Gedanken dem Lauf des Flüsschens nach. Das Elsass soll nach ihm benannt sein (Elsass = „die an der Ill saßen"). Hier an diesem Rinnsaal auf der Wiese kann man sich kaum vorstellen, dass die Ill mit ihren Wassern einmal das Stadtbild von Straßburg mitbestimmen wird.

Nathan Katz, elsässischer Dichter des Sundgau, ist in **Waldighofen** geboren. Im Ersten Weltkrieg wurde er als Soldat der deutschen Armee in der Schlacht von Sarrebourg verletzt und hatte während seines Genesungsurlaubs eine Beschäftigung beim Roten Kreuz in Freiburg. Es war in der Universität untergbracht, was ihm Gelegenheit gab, bei dem Germanisten Witkop Vorlesungen zu hören. Kaum wieder an der Front im Osten, gerät er in Gefangenschaft. Schreibt da die meisten Gedichte seiner ersten Sammlung *Das Galgenbüchlein.* Den Zweiten Weltkrieg verbringt er im Limousin; als Jude „mehr oder weniger im Untergrund". Nach seiner Rückkehr arbeitet er als Bibliothekar. Von prägendem Einfluss auf ihn war Johann Peter Hebel. Bei der Verleihung des Oberrheinischen Kulturpreises 1966 in Freiburg sagte er:
„'S Wàrk vom Hebel isch lebàndig worde in mr. I weiß: I han em vil z'verdanke."
In Waldighofen treffe ich eine Bäuerin, die mir das *Morgeliedle* (ein Antonym von Schlofliedle) auswendig aufsagen kann:

„Angele wach üf!
Angele wach üf!
D' chleine Vegele sin scho gfloge …

Krieg der Namen: Die heutige Rue Henriette ist eine der ältesten Straßen von **Mulhouse.** Im Jahre 1300 hieß sie Schulgasse. 1798, Mulhouse war am 15. März französisch geworden, wurde sie zur Rue Henriette, benannt nach dem ersten Kind, das an diesem Tag im französischen Mulhouse geboren wurde. Das Mädchen erhielt als Geschenk die erste Trikolore-Fahne der Stadt. Nachfahren ließen sie im Historischen Museum deponieren. 1882 wurde die Straße in Schulstraße umbenannt, 1919 in Rue Henriette, 1940 in Schulstraße, 1941 in Schulgasse und 1944 wieder in Rue Henriette. Heute ist unter einer Tafel mit dem Namen Rue Henriette auch eine kleinere mit der elsässischen Bezeichnung Schüelgass angebracht.

Kaum habe ich früh morgens auf einem Parkplatz meinen Wagen abgestellt, kommt ein fast zahnloser, offensichtlich schon angetrunkener Mann mit struppigem Vollbart auf mich zu und fragt, ob ich zwei Euro für ihn hätte, er würde auch auf mein Auto aufpassen, solange ich weg sei. „Glaawwe se nix, Monsieur, es isch bloß Gebabbel!", rief von hinten eine ältere Frau, die uns beobachtet hatte, „er spielt die Komeedi jede Daaj!"(„jeden Tag"). „Wissen Sie", fuhr sie fort und bemühte sich jetzt Hochdeutsch zu sprechen, „wenn Sie dann zurückkommen, steht er immer noch bei Ihrem Auto und will dann plötzlich zehn Öro". Sie lacht und ich bedanke mich. Mein Parkwächter hat sich inzwischen verzogen.

Auf dem Markt vor der Markthalle lachen Verkäufer aus Afrika zwischen Wassermelonen, Orangen, Bananen, Feigen, Pfirsichen, Birnen, Rhabarber, Kirschen und Trauben über die Geschichte eines Kollegen, der beim Erzählen zwischen den Auslagentischen hin und her tanzt und Kundenwünsche entgegennimmt, jemandem das Rückgeld in die ausgestreckte Hand zählt, dann, eine Papiertüte zwischen Kinn und Hals geklemmt, mit schnellen Bewegungen Obst abwiegt, die Tüte aufbläst, die abgewogenen Früchte hineingleiten lässt und einer Kundin hinreicht, seine Geschichte wieder aufnimmt und weitererzählt, Geld entgegennimmt, alles zur Kasse jongliert, das Rückgeld richtet, Kundenfragen beantwortet, Traubendolden preist und schwärmend in die Sonne hält, Pfirsiche abzählt, eintütet und weitererzählt, von Tisch zu Tisch springt, in die Obstbiegen greift, zurück zur Waage hüpft und als erzählt und erzählt, sich wieder Kunden zuwendet, nach allen Seiten fast gleichzeitig Fragen bedauernd verneint, blitzschnell beantwortet oder mit freundlichem, bübischem Lächeln stellt: „Darf es auch etwas mehr sein? Danke!“ Dann auf einen Sprung hinüber zum Gemüsestand, weil die arabischen Kollegen zwischen Artischocken, Auberginen, Spinat, Lauch, Gurken, Pilzen, Avocados und Zucchini gerufen haben, sie hätten kein Wechselgeld, ob er aushelfen könne. „Ja, sofort, bin schon da, was braucht ihr?“ ruft er, gibt ihnen zwei Hände voll Münzen, steckt dafür Scheine ein, rennt zurück und entschuldigt sich bei seinen Kunden, bedient weiter. Und all dies, ohne je zu ermüden, ungeduldig, abweisend oder gar zurechtweisend zu werden. Und seine Kumpels lachen immer noch über seine Geschichte, die er gestenreich weiterspinnt und die, so scheint es, nie zu Ende geht. Warum sollte sie auch? In Mulhouse beginnen Arabien und Afrika.

Die einzelnen Stände in der Markthalle haben Namen wie *König der Teigwaren* oder *Insel der Düfte*. Eine Orientalische Bäckerei hat Mandelhoniggebäck, Gewürzfladenbrot und Mandelfinger im Angebot. Maître-Boulanger-Pâtissier Ritzenthaler verkauft Kastanienbrot, Mais-, Bier- und Kartoffelbrot. An einem orientalischen Gewürzstand finde ich Zitronenpfeffer, vom Fischhändler lasse ich mir die Vorzüge eines Drachenkopfes (Mittelmeerfisch) und eines Seeteufels erklären. „Nehmen Sie für den Teufel Thymianzweige, Rosmarinnadeln und Knoblauchscheiben und ab damit in den Backofen“, empfiehlt er mir. Dann nimmt er drei Meeräschen vom Eis, wirft sie auf ein Arbeitsbrett und beginnt sie für einen anderen Kunden zu schuppen. „Füllen Sie die Äsche mit Fenchel, bevor Sie sie grillen, dann haben Sie etwas Besonderes auf dem Teller“, empfiehlt er noch und ich merke mir das für meinen nächsten Einkauf. An einem Käsestand weckt ein Valençay-Ziegenkäse aus dem Département Indre meine Neugierde. Der Standbesitzer fragt, ob ich davon probieren möchte, reicht mir eine kleine Ecke und fragt, ob ich wisse, dass der Käse, der die Form einer gestutzten Pyramide hat, diese Form Napoleon verdanke. „Nein, natürlich nicht!“, antworte ich und er erzählt mir, dass Napoleon nach der schweren Niederlage in Ägypten sich einmal zu Besuch im Schloss Valençay aufgehalten, dort einen solchen Käse entdeckt habe, der damals noch wie eine ganze Pyramide geformt gewesen sei, und Napoleon, sofort in Wut geraten, diesem die Spitze abgeschlagen habe. Seitdem sei man bei dieser Form der gestutzten Pyramide geblieben. Ich bedanke mich für die Geschichte und frage ihn: „Haben Sie zufällig auch noch eine Legende über Goethe und eine Ihrer Käsesorten im Repertoire?“ Er schüttelt lachend den Kopf und sagt, „leider nein – aber wenn sie wollen, kann ich gerne eine erfinden!“. Dann reicht er mir eine in Papier verpackte, von Napoleon gestutzte Ziegenkäse-Pyramide und ich bezahle, was ich dem Monsieur schulde.

Am Ende der Halle, eine Treppe hoch, esse ich bei Familie Litzler im „Restaurant aux Halles“ zu Mittag. Von hier oben habe ich einen Logenblick auf die Menschenmenge in den Gängen. Ich höre die Metzger Knochen sägen, den Fischhändler frisches Eis aufschütten, ein Kind nach seiner Mutter rufen: „Maman, ich will …!“, und die Mutter: „Nein, das ist genug jetzt, komm endlich!“ Ich sehe eine Afrikanerin mit einem Mädchen auf den Schultern und einer schweren, mit Einkäufen voll gestopften Stofftasche in der linken Hand. Mit der rechten schiebt sie einen Kinderwagen mit noch zwei Kindern vor sich her. Eines schreit, rüttelt am Wagen und möchte aussteigen. Das Kind auf den Schultern, eine Heulsuse, reißt seine Mutter in einem fort an den Haaren. Ich bewundere, mit welcher Ruhe diese junge, schlanke, groß gewachsene Frau durch die Halle geht. Kein lautes Wort, keine ungeduldige Bewegung, keine Leidensmine. Eher Stolz. Wie schafft sie das? Aber ich sehe nur diesen Augenblick. Was weiß ich sonst?

In der Medienabteilung von FNAC kontrolliert eine bewaffnete Aufsichtsperson hin und wieder die Einkaufstaschen von Kunden. Zwei Jungen mit großen, dicken Taschen machen sich einen Spaß daraus, das Stockwerk mit den Medienangeboten dreimal hintereinander zu betreten, kurz durchzuschlendern und dann dem Ausgang zu am Wachmann vorbeizugehen. Der kontrolliert sie jedes Mal, erteilt ihnen aber nach dem dritten Mal Hausverbot. Diesen „Erfolg“ feiern sie draußen mit Dosenbier und Zigaretten.

In der Bücherabteilung sitzen zwei Schüler auf einer Sitzbank und starren reglos in ihr Comic-Heft. Einer blond, der andere mit rötlich braunem Haar. Beide mit Stufenschnitt und jeweils einer langen Haarsträhne über der linken Wange. Wenn sie nicht immer wieder umblätterten, würde man sie für Wachsfiguren halten. Das Handy des Blonden klingelt. Er schaltet auf Empfang und hört eine Weile zu, wobei er den Kopf schüttelt und die Augen verdreht. „Maman!“, antwortet er dann, indem er jedes Wort überlang dehnt und seine Sätze in höhnischem Singsang intoniert: „Ich bin am Lesen! Ist das verboten? Reg dich ab und schrei nicht so durch den Äther, ist ja überpeinlich. Ich komm schon irgendwann!“ Dann schaltet er, ohne sich zu verabschieden, sein Handy aus und vergräbt sich mit ungerührter Miene wieder in seinen Comic. „Dein liebes Mammilein?“, fragt ihn sein Klassenkamerad. „Wer sonst!?“, seufzt der kleine Blonde und gähnt.

Die Vergangenheit von Mulhouse als einstigem „Manchester des Kontinents“ wird nur noch im Textilmuseum sichtbar. Konserviert in Regalen und in einem Archiv.

Am Place de la Réunion ist die Crêmerie „Au Bouton D'Or“, ein verführerisches Käsegeschäft. Die wörtliche Übersetzung ins Deutsche wäre „Goldknopf“. Auf der Fassadenmitte steht aber in schönen Lettern groß geschrieben „Haus Butterblume“. „Butterblume“ heißt auf Französisch „bouton d'or“, also „Goldknopf“. Welches Wort ist schöner? Ich kann mich nicht entscheiden. Aber mir wird wieder einmal klar, welch ein heikles Geschäft das Übersetzen ist. Denn eine „Butterblume“ ist natürlich etwas ganz anderes als ein „Goldknopf“ und doch sind der französische „Goldknopf“ und die deutsche „Butterblume“ die gleiche Blume.

In der Nähe des Stadt-Museums liegen die Rue des Cordiers (Sailergràwa), die Passage de L'Hôtel de Ville (Rothüsdurgang), die Passage du Théâtre (Theaterdurchgang) und die Rue Sauvage (Wildemanngass). Der Place Lambert an der Kirche St. Etienne hieß einmal Hàfelemarkt. „Wildemanngass“ scheint mir mit „Rue Sauvage“ (Wilde Straße) nicht gerade glücklich übersetzt und der Eigenname „Lambert“ hat natürlich mit „Hàfelemarkt“ gar nichts am Hut.

Die Kirche St. Geneviève (Heilige Genoveva) ist umgeben von einem großen Auto-Parkplatz. Auf dem Treppenaufgang zum Hauptportal liegen zusammengeknüllte Tempo-Taschentücher, Plastiktüten und Flaschenscherben. „Diejenigen, welche das Zeug hier hinterlassen, kümmern sich nicht um Gott“, sagt der vierschrötige Händler am Gemüsestand vor dem stillgelegten Toilettentempelchen auf der anderen Straßenseite. „Die heutige Jugend, ja, ja“, fährt er lautstark fort – in reinstem Elsässisch, nachdem er bemerkt hat, dass ich von der anderen Seite des Rheines bin. „In Deutschland gibt es diese Typen auch und man lässt sie frei gewähren, genau wie bei uns!“ – „Sind sie öfters bei uns drüben?“, frage ich ihn. – „Ich kaufe dort mein Obst und Gemüse ein. Bioware. Zwischen Karlsruhe und Lörrach. In Frankreich ist doch ‚Bio‘ viel zu teuer. Bei euch bekomme ich das viel billiger und habe hier meine festen Kunden. Ich bin oft auf der Industrie- und Handelskammer in Freiburg.“ Dann erzählt er mir etwas über seine Erfahrungen mit Ärzten, über Medikamente, Impfung, Ernährung, Naturheilmittel, Klima und Düngung. „Früher war ich jahrelang Koch. Ich weiß, wovon ich spreche. Erdbeeren kaufe ich bei einem Bauern in der Nähe von Waldkirch, Spargel in der Umgebung von Karlsruhe, Äpfel, Birnen und Kirschen im Markgräflerland. Um vier Uhr am Morgen fahre ich hier los, ich will früh beim Verkäufer sein und mir die Ware auswählen können. Man muss genau wissen, was man wann, wo und bei wem kauft. Das ist eine Wissenschaft für sich, besonders heute, wo man überall übers Ohr gehauen wird. Meine Kunden haben Vertrauen in mich, sonst bräuchte ich gleich gar nicht hier zu stehen. Ich lebe nur von den Kunden in den Häusern hier um die Kirche herum, da darf ich kein falsches Spiel spielen.“
Er wirft seinen Kopf in den Nacken und schaut mir fordernd in die

Augen. Als erwarte er eine bestätigende Antwort. Dann krault er sich den kräftigen Kinnbart, begrüßt mit lautem „Bonjour“ eine Kundin, drückt mir noch zwei Äpfel in die Hand und wünscht mir einen guten Heimweg.

Drei Örtlichkeiten gibt es in Mulhouse, wo Mädchen und Jungen mit offenem Mund staunend stehen bleiben und oft kaum zum Weitergehen zu bewegen sind: der Zoologische Garten, das Eisenbahn- und das Automobilmuseum. In letzterem war es aber ein Vater, der sich nicht trennen konnte von einem ausgestellten Maserati. Die Kinder konnten betteln und an seinen Hemdsärmeln ziehen so viel sie wollten, er blieb ungläubig starr vor diesem Modell stehen. Erst als seine Frau ihn aufforderte, endlich von diesem „blöden“ Auto abzulassen, er könne sich ja eh nie so etwas leisten, war seine Begeisterung gebrochen. Er drehte sich weg, eilte beleidigt an Frau und Kindern vorbei, wandte den Kopf nach hinten und rief: „Ihr könnt ja nächstes Mal zu Hause bleiben. Wenn ihr zu blöd seid für so ein Museum, dann gehen wir eben!“ Das war das Ende eines Besuches im Automobilmuseum. Ich aber blieb noch zwei weitere Stunden. Allerdings war ich im Zoologischen Garten viel länger. Für mich sind dort die interessanteren Modelle.

Außerhalb von Mulhouse, auf der Autobahn Richtung Rhein, schießt ein Bussard auf eine winzige Bodenfläche zwischen zwei Leitplanken zu, schnappt sich seine Beute, startet durch, über die Gegenfahrbahn unter eine Brücke, dreht von dort hinauf übers Geländer und verschwindet etwas weiter weg hinter einer Lärmschutzwand. Diese blitzartige Wildlife-Szene zwischen Stahl, Eisen, Beton und Asphalt wirkt auf mich wie ein Aufschrei der Natur im „Menschenpark“. Was bleibt von der erhabenen Geste eines Raubvogels beim Anflug auf sein Beutetier, wenn er sich dieses im Verkehrsgewühle einer Stadtausfahrt von einem staubigen Stück Erde zwischen kaltem Blech und Beton erjagen muss, um dann damit auf eine spärlich begrünte Schnellstraßenböschung zu fliehen?
Aber auch ich gehöre zu den Heuchlern, die hinter dem Lenkrad ihrer PS-Maschine sitzen und den Verlust von Natur bejammern.

Kleine Elsässische Camargue (Petite Camargue Alsacienne): Anemone, Sumpfwurz. Pimpernüssle, Spitzahorn. Zwergrohrdommel, Wiedehopf. Blattwespe, Bockkäfer. Wasserfrosch, Knoblauchkröte. Rotauge, Sonnenbarsch. Im Rheinmuseum sind sie alle streng klassifiziert und museumspädagogisch durchdacht aufbereitet. So werden die Pflanzen eingeteilt in schwimmende, kletternde, riechende, Allergie auslösende, stechende, wuchernde und fleischfressende Arten. Nur, auf diese Art eingeteilt finde ich die Natur natürlich draußen nicht vor und so habe ich große Mühe dort mit Hilfe meiner Handbücher für Flora und Fauna überhaupt etwas zu identifizieren. Schnell werde ich der Nachsucherei müde, verlasse mich nur noch auf das zufällige Entdecken. Und bin gleich fündig. Am Ufer eines Waldteiches nämlich putzt sich ein Schwan mit dem Schnabel das Gefieder. „Hesch dü Lüüs?" („Hast du Läuse?"), fragt ein elsässisches Mädchen, das ihn beobachtet. Welcher Naturführer hätte mich zu solch einer Szene gebracht?

Eine Indonesierin, die mit ihrem französischen Mann und zwei Kindern auf dem aus Holzdielen errichteten Pfad zwischen Teichen und Sumpfgelände durch den Wald in der Petite Camargue streift, sagt, in ihrem Heimatland holze man täglich ein Vielfaches an Urwaldflächen (mit einer unvergleichlich reicheren Tier- und Pflanzenwelt) ab, als es dieses renaturierte Naturschutzgebiet hier darstelle. Die Begeisterung der hiesigen Menschen für solch einen winzigen Flecken Erde mache für sie das Ausmaß der Naturzerstörung hier und in ihrem Land erst richtig sichtbar. „Aber", flehte sie, die Hände faltend, „hoffentlich ist das nicht die Zukunft der ganzen indonesischen Inselwelt, wo sich Großstädte täglich kilometertief in die Wälder fressen."

Das Kirchlein in **Ottmarsheim:** Den Eintretenden umfängt Stille. Der Altarraum schweigt. Die holzgeschnitzte Mutter mit dem Jesuskind in seligem Schweigen. Die Orgel, die Orgelempore schweigen. Der Beichtstuhl schweigt. Der Weihwasserkessel, die „umweltfreundlichen" Opferkerzen, der Feuerlöscher, das Taufbecken und die Chrysanthemen in der rechten Seitenkapelle, der auf seine Wundmale hinweisende Christus auf dem Fresco im unteren Umgang des Oktogons schweigen. Ebenso die Arkaden im Kirchenraum, die Säulen auf der Nonnenempore und der Heilige Quirinus mit Schwert und Feder im Quirinus-Chor. Ich schließe die Augen und stelle mir vor, die Jahrhunderte alten Fresken, Skulpturen, Steine und Gegenstände würden plötzlich anfangen zu sprechen und zu erzählen. Das tun sie natürlich nicht, aber von draußen höre ich helle, lachende und kreischende Stimmen von auf dem Parkplatz spielenden Kindern.

Der **Ensisheimer** Meteorit. Vor diesem Brocken aus dem All steht man nicht, ohne beeindruckt zu sein. Mit dem Gefühl, nicht einen Stein vor sich zu haben, sondern ein unheimliches Lebewesen, das einen anschaut, ohne dass man die Augen sieht. Der am 7. November 1492 niedergegangene Meteorit, der heute im Stadtmuseum ausgestellt ist, war Anlass zu mehreren Deutungen. Als Himmelszeichen gewertet wurde er von Sebastian Brant, als Aufforderung nämlich an Kaiser Maximilian zu einem Krieg gegen Frankreich. Am 26. November des gleichen Jahres marschierte Maximilian mit seinen Truppen los. Wir würden heute schreiben, der Meteorit wurde politisch instrumentalisiert. In einer lateinischen Chronik steht geschrieben: „Anno Christi tausent vier hundert zwei und neüntzig / ist bey dieser statt gefallen von oben härab auss dem gewülck ein stein / der hangt zü Ennssheim in der Kirchen / wigt in der schwere dritthalb centner.“ Von seinen ursprünglich 260 Pfund ist in Ensisheim nur noch etwa ein Fünftel erhalten. Sechzig Städte, darunter Paris, Berlin, Chikago, Calcutta und Tokyo sind im Besitz von Bruchstücken davon. Als der Apollo-Pilot Charles Duke dem Meteoriten in Ensisheim besichtigen kam, wurde dieser erhebende Moment natürlich vom Fernsehen gefilmt, erzählt mir ein Bürger des Städtchens. Zweimal sogar. Aber keine der Sendungen konnte ausgestrahlt werden. Einmal seien keine Bilder zu sehen gewesen und ein andermal habe es Probleme mit der Übertragung gegeben. Beweis genug für die überirdisch-außerirdisch-himmlische Wirkmacht des Steines.

An der Illbrücke ein Bildstock mit dem heiligen Nepomuk. Junge Ehepaare mit Kindern bummeln durch eine schmale Parkanlage am Ufer zu einem Fußballplatz, wo gerade ein Spiel ausgetragen wird und vereinzelt Anfeuerungsrufe zu hören sind. Parallel zum Park verläuft eine lange, weiße Gefängnismauer mit Wachtürmen. In den Scheiben eines Gebäudetraktes im Gefängnishof spiegelt sich die warme Nachmittagssonne. Vielleicht zwanzig Meter liegen zwischen Freiheit und Gefangenschaft.

In **Lautenbach** steht über dem Kirchenportal: „…es ist hier nichts anderes denn Gottes Haus und die Pforte des Himmels. Als Christus die Händler aus dem Tempel getrieben, sprach er, mein Haus ist ein Bethaus, ihr aber macht's zu Mördergrub und Schwetzhaus."
Gegenüber der Kirche steht das Geburtshaus des Schriftstellers Jean Egen, das Café-Restaurant du Centre, der Stolz seiner Großmutter. Ich erinnere mich an eine der schönsten Stellen in seinem Buch „Die Linden von Lautenbach". Der Ich-Erzähler, der kleine Jean, ist die Kirchturmtreppe bis ganz hoch gestiegen, schaut übers Dorf, erinnert sich an Sätze seines Vaters:
„Papa sagt, wenn der liebe Gott sich neige, um sein Werk zu betrachten, so ruhe sein Blick weder auf dem Himalaja-Gebirge noch auf den Niagara-Fällen, sondern vornehmlich auf dem Bergdorf Lautenbach … Papa sagt auch immer, im Elsaß strebe alles dem Himmel zu, die langhälsigen Weinflaschen, die langbeinigen Störche, die raketenförmig gebauten Tannen und – vom Straßburger Münster bis zur Stiftskirche in Lautenbach – alle elsässischen Kirchtürme. Drang nach dem Unendlichen, nennt Papa das. Da wir Elsässer eingeklemmt seien zwischen Rhein und Vogesen, seien wir von Natur aus geneigt, dem blauen Himmel zuzustreben. Dieser Drang ist es wahrscheinlich, der mich das Glück im Kirchturm suchen lässt."

Ich steige in **Gunsbach** den Albert Schweitzer-Stationenweg hoch. Ganz in der Nähe des Wohnhauses des berühmten Elsässers wurde er angelegt

und auf beschrifteten Tafeln ist in kurzen Texten sein Lebensweg aufgezeichnet. Bis hoch zu einem Monument, das ihn in als energischen, männlich entschlossenen Menschen darstellt. Ein Schüler Rodins hat es geschaffen.
Das frühere Wohnhaus Schweitzers, heute Museum, ist geschlossen. Ich sehe eine ältere Frau die Böden im Eingang wischen. „Wenn Albert Schweitzer zurückkommt“, sagt sie „soll es doch sauber sein!“

Ein Denkmal war es auch, das Albert Schweitzers „kindlichen Gedanken die Richtung in die Ferne“ gegeben hatte. Das Colmarer Denkmal nämlich für den Seemann Armand Joseph Bruat. Er kommandierte die französische Pazifikflotte und die französische Flotte im Schwarzen Meer. Napoleon III. machte den Haudegen zum Admiral. Der Colmarer Bildhauer Bartholdi hat das Monument als Brunnen mit den Allegorien der vier Kontinente ausgeführt. Eine dieser Allegorien stellt einen Schwarzafrikaner dar. Albert Schweitzer schreibt dazu: „Auf dem Marsfeld in Colmar … ist ein Neger in Stein gehauen … mit einem sinnenden, traurigen Ausdruck im Gesicht. Dieser Neger beschäftigte mich sehr. Sooft wir nach Colmar kamen, suchte ich Gelegenheit, ihn zu beschauen. Sein Antlitz sprach mir vom Elend des dunklen Erdteils.“ Albert Schweitzer schreibt noch „Neger“.

In einer Predigt, die der spätere Arzt von Lambarene als Vikar in der Straßburger Nikolai-Kirche gehalten hat, klagte er an: „Unsere Kultur aber kennt zwei Menschenklassen: Die Kulturmenschen, die sie sind und die anderen, die nur Menschengestalt haben, aber zugrunde gehen können, ohne daß es darauf ankommt. O, diese vornehme Kultur, die so erbaulich von Menschenwürde und Menschenrechten zu reden weiß, und die diese Menschenrechte und Menschenwürde an Millionen und Millionen missachtet und mit Füßen tritt, nur weil sie über dem Meere wohnen, eine andere Hautfarbe haben, sich nicht helfen können; diese Kultur, die nicht weiß, wie hohl und erbärmlich, wie phrasenhaft und gemein sie vor

denjenigen steht, die ihr über die Meere nachgehen und sehen, was sie dort leistet, und die kein Recht hat, von Menschenwürde und Menschenrechten zu reden."
Gehalten hat Schweitzer diese Morgenpredigt am 6. Januar 1905, neun Jahre vor dem Ersten und vierunddreißig Jahre vor dem Zweiten Weltkrieg!

Weinstraße

Später Tag
steht im Gewölk des Regenbogens
und in die abgelesenen Hänge
ziehen Schatten ein.
Unter dem Schritt des Bauern
bleibt allein
die zertretene Schnecke.
Asphaltner Weg
fällt mit der Welle des Hügels
hinab ins Dorf.
Im Zwischen der Zeit
stehen übervoll
die Bütten.
Gleich wird die Nacht
den kargen Vorrat
ihrer Stille
über die Satellitenschüsseln
schütten.

Die mittelalterliche Kulisse um den Platz der Republik in **Rouffach** (Rufach) scheint zu zerfallen. Die alte Kornhalle, das alte Rathaus, der Hexenturm und auch die Kirche Mariä Himmelfahrt. Aber der Platz bietet immer noch eine der schönsten Ansichten im ganzen Elsass. Wie lange halten die Gebäude noch? Rouffach, einst Wohnsitz der Merowinger, im Dreißigjährigen Krieg von den Schweden verwüstet, macht hier auf dem Platz der Republik den Eindruck eines „gestundeten" Städtchens. Man möchte die Sitzbank an der Kirche nicht mehr verlassen, weil man fürchtet, Kornhalle, das alte Rathaus, Hexenturm und Kirche könnten sonst plötzlich verschwinden.

Beim Gang in der Nacht durch die leeren Gassen von **Eguisheim** überkommt einen das Gefühl, man könne jeden Augenblick von einem Ritter überfallen werden, der sich nach einem Zechgelage in einer Keller-Spelunke auf den Heimweg macht.

Auf der Straße von Breisach nach Colmar ein alter VW-Bus aus Norddeutschland mit großen Roststellen. Zwei Mountainbikes ans Heck gekrallt, ein großes Schlauchboot aufs Dachgepäck gepackt. Drinnen Rucksäcke, Tüten, Decken, Plüschtiere gegen das Rückfenster gepresst. Mit unverändert vierzig km/h Richtung Ziel, eine lange Autoschlange hinter sich. Und beim Abbremsen und wieder Gasgeben jedes Mal in einer schwarzen Dieselwolke verschwindend. Der Auspuff und vieles andere wohl schon seit Jahrzehnten reif für den TÜV. Auf der Rückscheibe Aufkleber: „Atomkraft, nein Danke!", „Solarenergie, Energie der Zukunft", „Ein Herz für Tiere" und „Fahr mit der Bahn, der Umwelt zu Liebe".

À Colmar / In Colmar / À Colmar / In Kolmar / À Colmar

Nach dem Sieg des Marschalls Turenne über die Reichstruppen in Türkheim ist das Schicksal der Stadt besiegelt und Colmar ist mit dem Frieden zu Nijmwegen ab 1679 französisch. Der Adler im Wappen wird durch die Lilie ersetzt. 4000 Soldaten schleifen die Festung, Colmar ist offene Stadt, wird wenig später mit dem Conseil Souverain d'Alsace, der die Einheit der Provinz und deren Integration in das neue Königreich garantieren

soll, zum Zentrum der Gerichtsbarkeit im Elsass. Voltaire wohnt für dreizehn Monate in der Stadt, betreibt Forschungen zur Reichsgeschichte und lobt dabei ausdrücklich die profunden Kenntnisse der Colmarer Richter in dieser Materie. Der blinde Dichter Konrad Pfeffel gründet die in ganz Europa berühmte Militärakademie mit den Fächern Sport, Musik, Mathematik, Sprachen, Geschichte und Wappenkunde. In der Zeit der Französischen Revolution werden alle Klöster der Stadt geschlossen, ein Revolutionsgericht wird installiert. 1871 wird Colmar deutsch. 15 % der Bevölkerung entscheiden sich aber für die französische Staatsbürgerschaft. Die Stadt bleibt Verwaltungshauptstadt und bekommt ein Berufungsgericht, einen Bahnhof, eine Straßenbahnlinie und öffentliche Bäder, bekommt Besuch von Kaiser Wilhelm II., wird nach dem ersten Weltkrieg wieder französisch, erlebt einen Prozess gegen elsässische Autonomisten. 1940 besetzen deutschen Truppen die Stadt. Colmar wird Kolmar. Die Hitlerjugend wird eingeführt, die Nazi-Partei herrscht, kommandiert. Nach der Befreiung kommt am 10. Februar 1945 General de Gaulle.
Die berühmtesten Colmarer? Ich vermute, General Rapp, Napoleons Adjutant, Auguste Bartholdi, der Erbauer der amerikanischen Freiheitsstatue und der tragische „Hansi“.

Aus dem Flüsschen Lauch, das einen Teil Colmars zu „Klein-Venedig“ macht, klettert eine alte, müde Ratte und schleppt sich ein Stück die Ufermauer entlang. Eine Katze schaut ihr nach. Schleckt sich dabei Pfote und Fell. Die Gäste auf der Terrasse eines Cafés können nicht sehen, wie der Nager vorbeischaukelt, ehe er mit weichem Schwung abtaucht ins schwarze, träge fließende Wasser. Ein Japaner erinnert den Kellner an die bestellte Crêpe Grand Marnier, während seine deutsche Begleiterin die Katze anzulocken versucht. Die aber lässt sich lange nicht abbringen von ihrem Sommerputz. Schließlich streckt sie sich in der Sonne und gähnt. Gähnen Ratten auch?

Auf der Colmarer Buchmesse zeigt mir ein Bibliothekar die in einer Vitrine ausgelegte Ausgabe der Geschichte Draculas von Mathias Hupfhuff. Die einzige Ausgabe in Frankreich. Er spricht über die Rolle, die Dracula im Abwehrkampf der Christen gegen die Türken gespielt habe. Auch auf eine Ausgabe des berüchtigten *Hexenhammers* von Heinrich Kramer Institutoris (15. Jhdt.), eine Anleitung zur Hexenverfolgung, weist er mich hin. Der Hexenhammer war schon als Taschenbuchausgabe gedruckt, so dass ihn jeder bequem mitnehmen konnte und parat hatte, wenn es darum ging, Frauen der Hexerei zu bezichtigen. Der Autor, in Schlettstadt geboren, Prior des dortigen Dominikanerklosters, Inquisitor der Ordensprovinz Alemannia, hielt Hexenpredigten, in denen er Hexensekten beschuldigte mit Hilfe des Teufels das Ende der Welt vorzubereiten. Wer nicht an die Existenz von Hexen glaube, sei selbst schon ein Ketzer. So einfach ist das.

Das Taxi und das Grand Hotel

Vor dem Grand Hotel Bristol, in unmittelbarer Nähe des Colmarer Bahnhofs, der, 1907 gebaut, mit seinem großen Glockenturm dem früheren Danziger Bahnhof ähnlich sehen soll, hatte ein Taxi angehalten und eine junge Frau war im Begriff auszusteigen.

„Une seconde, Madame!", rief der Taxifahrer, der aus dem Wagen sprang, zur rechten, vorderen Seitentür rannte und diese mit einer tiefen Verbeugung öffnete. „S'il vous plaît, Madame!" Mit „Pardon, Madame!" eilte er dann zum Kofferraum, um das Gepäck herauszunehmen. Er stellte einen großen Koffer und zwei Taschen ab, schloss Kofferraum und Türen, nahm das Gepäck wieder in die Hände und hieß Madame ihm folgen. „S'il vous plaît!"

Madame, eine junge Frau um die dreißig, schlank, in eng tailliertem, schwarzem Ledermantel, mit dicht gelocktem Haar und grau gefärbten Strähnen, die ihr frech über die rechte Gesichtshälfte hingen, ging, in silberfarbenen Lacklederstöckeln, mit schnellem Schritt zum Hoteleingang.

„Sie sieht gut aus, keine Frage, verdammt gut sogar!", kommentierte ein junger Mann, der, an seinen vor dem Hotel geparkten Lieferwagen gelehnt, die Szene verfolgt hatte. Sie blieb im Hoteleingang stehen. War sie Marokkanerin, Sängerin, Tänzerin? Der

eifrige Taxifahrer brachte das Gepäck hinein ins Foyer und eilte zurück. Wieder verbeugte er sich, nahm das Geld für die Fahrt, das sie ihm reichte und noch einen Schein, den sie dazu legte – „c'est pour vous" („das ist für Sie").
„Pardon!", „Pardon!", „Merçi beaucoup!", hörte man ihn und mit neuerlichen Verbeugungen schritt er rückwärts zu seinem Taxi. „Je vous en prie!", sagte Madame, lächelte, verneigte sich leicht und verschwand im Foyer.
Im Taxi zählte der Fahrer noch hastig das Geld, steckte es schnell weg, schlug dann mit überglücklicher Miene mit beiden Händen mehrmals auf das Lenkrad, startete den Wagen und fuhr singend am Hoteleingang vorbei um die Kurve. Aber nicht ohne noch einmal einen Blick ins Foyer geworfen zu haben. Die Uhr am Bahnhofsturm war inzwischen nur drei Minuten vorgerückt.

Im Colmarer Unterlindenmuseum stellen Kunststudenten und -studentinnen ihrer Professorin beim Betrachten des Isenheimer Altars so erhellende Fragen, dass diese verspricht, mit ihnen noch viele Museen zu besuchen und dann ein Buch zu schreiben, ausschließlich mit Nachgedanken zu den Fragen ihrer Studenten.
Eine Studentin versucht die Verschränkung der Finger von Maria bei der Verkündigung nachzustellen. Es gelingt ihr. Sie bekommt Beifall. Eine andere zeichnet in der Luft den Schwung des Faltenwurfs beim Verkündigungsengel nach. Und eine amüsiert sich über die Gesprächshaltung der beiden weissagenden Propheten am kleinen Pavillon auf dem Gemälde mit dem Engelskonzert. Die Studentengruppe teilt sich immer wieder auf, alle gestikulieren, betrachten, notieren, dann schließen sich wieder andere zu Grüppchen zusammen, bilden danach ein Plenum und führen Diskussionen. Nie ist mir der Isenheimer Altar näher gebracht worden als an diesem Tag, wo ich mich diesen jungen Menschen als heimlicher Zuhörer angeschlossen hatte.
Ich trenne mich von den Studenten und gehe allein vor den Altar, vor die Darstellung Christus' am Kreuz. Rumpf, Beine, Arme sind mit Lanzenstichen übersät, bluten. Die Knie verdreht, die Füße mit Gewalt übereinander gebogen, aufeinander gepresst und mit einem großen Nagel

durchschlagen. Die Zehen krümmen sich im Schmerz nach innen, Blut rinnt über die hölzerne Konsole des Kreuzes zur Erde und sammelt sich dort in einer winzigen Lache. Das Lendentuch des Dornengekrönten ist ein ausgefranstes, zerschlissenes Stück Tuch, durch das die zerstochene Hüfte des Herrn sichtbar wird. An vielen Stellen des Körpers scheinen Holzdornen aus dem geschundenen Fleisch zu wachsen, nicht nur der Kopf mit der Dornenkrone, der ganze Körper ist mit Nadeln gespickt. Die Hände des Gekreuzigten schreien zum Himmel „Vater, Vater, warum …?" Sein Kopf ist im Folterschmerz auf die rechte Schulter gefallen, mit weit geöffnetem Mund, man vermeint die Schmerzensschreie noch zu hören. Die Arme sind nach oben gerissen, die rechte Achselhöhle wie ein Schlund geöffnet, Brustmuskeln und Rippenbögen nach außen gedreht. Der Querbalken des Kreuzes ächzt unter der Spannung, ist nach hinten ins Schwarze des Himmels gebogen.
Da kein Körperteil dem Schmerz entgehe, schreibt John Berger in *Das Leben der Bilder oder die Kunst des Sehens*, könne die Präzision der Abbildung nirgendwo nachlassen. Die Ursache des Schmerzes sei irrelevant; es zähle nur die Redlichkeit der Abbildung. „Diese Redlichkeit kam durch das Einfühlungsvermögen der Liebe zustande."

„C'est très bien fait!", sagt eine Museumsbesucherin vor einer Tafel des Isenheimer Altars, so, als würde sie ein vom Schreiner gefertigtes Schränkchen oder die Einfassung eines Gemüsebeetes begutachten. „Das ist sehr gut gemacht!" Zunächst befremdete mich die lapidare Aussage der Frau etwas, denn wie kann sich irgendjemand von uns erdreisten, Grünewald Noten zu geben? Aber hatte sie nicht dennoch Recht? Die Hand setzt ins Werk. Also sind auch diese Altartafeln Handwerk. Und vielleicht hat die Frau mit ihrer Feststellung ja viel Klügeres gesagt als Tausende, die hier tagtäglich ihr Kunstführerwissen zum Besten geben. Die Bilder von Grünewald sind „gut gemacht"! Voilà! Die Frau hat Recht.

Eine Schulklasse mit ihrem Kunstlehrer baut sich grinsend und feixend vor einem Altar-Flügel auf.
„Jasmin! Kannst du mal zwei Minuten zuhören!“, fuhr der Lehrer eine Schülerin aus einer norddeutschen Schulklasse an. „Was habe ich gerade über das Auferstehungsbild gesagt? Wiederholst du das bitte?“
„Keine Ahnung, woher soll ich das wissen?“
„Habe ich doch gerade erklärt!“
„Ja, aber die Leila hat mich gerade mit was anderem vollgequatscht.“
„Ich quatsche nicht!“
„Ich hab' doch gesagt, die Leila!“
„Leila, dir schadet das auch nicht, wenn du mal zuhörst!“
„Ich höre ja zu!“
„Aber du hast nicht zugehört!“
„Sind wir jetzt im Museum oder in der Schule, Herr Frenzen?“
„Schon gut, wir gehen jetzt herum auf die andere Seite zu den beiden Eremiten, den Heiligen Antonius und Paulus.“
„Ich finde aber die Dämonen da auf der rechten Seite Klasse“, tönte ein schlaksiger Junge mit Storchenbeinen à la Giacometti, „das sind vielleicht Visagen, meine Fresse, und wie die da den Heiligen Antonius oder sonst wen an den Haaren ziehen und dieses Alien-Reptil da vorne auf dem Boden vor der aufgedunsenen Fleckbauch-Unke mit der Zipfelmütze, wirklich voll krass!“
„Wir sind jetzt aber erst bei Antonius und Paulus, Gerd!“, unterbrach ihn Herr Frenzen, „kannst du vielleicht hierher kommen? Schaut mal alle auf den Raben da links oben, der mit einem doppelten Brotlaib im Schnabel angeflogen kommt. „Wie würdest du den Raben deuten Oliver? Aber überleg' bitte erst, bevor du was sagst.“
„Pizzabringdienst Aeroflot!“, posaunt Oliver und die ganze Klasse wiehert vor Lachen.
„Jetzt reicht es mir!“, rief der Lehrer erregt, „wir gehen sofort zum Bus!“, und eilte durch einen gotischen Türbogen zum Ausgang, die Schüler grinsend hinterher.

Auf dem Kleidermarkt vor dem Dominikanerkloster füttert ein Standbesitzer Tauben. Ein Hund springt plötzlich zwischen die friedlich Körner pickenden Tierchen. Die Tauben flattern so heftig davon, dass der Hund aufgeschreckt das Weite sucht und dabei nicht nur einen Kleiderständer umreißt, sondern auch noch ein Kleinkind zu Fall bringt. Das wiederum, ein Mädchen, schreit so aus Leibeskräften, dass es sich nicht einmal von zehn herbeigeeilten Marktbesucherinnen beruhigen lässt. Erst als sich ein Straßenmusikant dem Ort des Jammers nähert und dabei auf seiner italienischen Knopfharmonika russische Lieder spielt, wendet sich das Mädchen dem Musikanten zu und lauscht, mit Tränentropfen auf den Wangen, immer wieder kurz aufschluchzend, dessen wehmütiger Musik. Inzwischen sind auch die Tauben zurückgekehrt und lassen es sich vor dem Stand des Taubenfreundes gut gehen. Nur den Hund hat niemand mehr gesehen.

Im Café „Brioche Dorée“ sitzt in der engen Café-Stube im ersten Stock eine Japanerin mit ihrem Tomaten-Puten-Käse-Sandwich vor ihrem großen Milchkaffee. Sie trägt einen schwarzroten Rucksack, eine Mütze in den französischen Nationalfarben und liest in der Tageszeitung „Dernières Nouvelles D'Alsace“. Die Japanerin möchte bezahlen und spricht die elsässische Bedienung auf Englisch an. Aber die versteht ihr Englisch nicht. „Sprechen Sie nicht Französisch?“, fragt die Bedienung auf Englisch, langsam und deutlich. Die Japanerin schüttelt den Kopf, lächelt, sagt „excuse“, zeigt auf ihren Geldbeutel, die Bedienung bringt den Kassenzettel, die Japanerin bezahlt.
„Sprachen sind einfach immer wieder hinderlich bei der Kommunikation“, sage ich der Bedienung beim Hinausgehen. Sie lacht und meint: „Aber ich wundere mich, wie die Japanerin ohne Französischkenntnisse die Elsässische Zeitung hat lesen können.“

Seit Kurzem steht im Zentrum eines Kreisverkehr-Rondells auf der Schnellstraße Colmar-Straßburg eine kleine Kopie der New Yorker Freiheitsstatue. Inmitten eines ausgedehnten, schier endlosen Industrie- und

Geschäftsviertels. Das Stadtzentrum, das früher die Stadt beherrschte und dessen Form bestimmte, ist ausgewuchert, wird vom dicht besiedelten Umland erdrückt. Dort bevormunden Parkleitsysteme, Überholverbote, Aufforderungen zum Spurwechsel, Abbiegen und sich Einfädeln, ebenso wie Parkzeitbeschränkungen, Drehtüren, Kassenschranken und Werbedurchsagen Kunden und Dienstleistende. Das alte Stadtzentrum dient als Fluchtraum vor dem Dauerbetrieb im ökonomischen Gürtel, der unbeschränkt wachsenden Peripherie. Und da steht sie nun, die Freiheitsstatuen-Kopie, verkehrsumrauscht, zum Symbol ökonomischer Atemlosigkeit mutiert.

Das Mädchen

In einer Vitrine des Turkheimer Militärmuseums, das an die Schlachten im Colmarer Kessel erinnert, (Musée Mémorial des Combats de la Poche de Colmar – Winter 1944/45) fällt mein Blick auf ein Foto. Es zeigt ein vielleicht vier Jahre altes Mädchen, das in seinem verknitterten Kleidchen, gestrickten Strümpfen in viel zu großen Holzpantoffeln in den verschneiten Trümmern eines zerbombten oder durch Artilleriebeschuss zerstörten Hauses steht. Es hält ein Stofftierchen in der linken Hand und schaut aus dunklen Augen in stiller, müder Trauer in die Kamera. Keine Tränen sind auf diesem von ungekämmten Haarsträhnen gerahmten Gesichtchen. Es ist durch Angst und Schrecken um Jahre gealtert, mit fragendem Blick im Unbehausten. Das Mädchen steht auf gefrorenem, schneebedecktem Boden, zwischen Brettern und Steinen vor dem durch eine Detonation aufgerissenen Raum. Ausgesetzt Kälte und Leere. Reglos, mit angewinkelten Ärmchen, das Stofftierchen an den Hinterläufen packend. Vielleicht hat das Kind dieses Stofftierchen nach dem Angriff aus dem Trümmerschutt geborgen. Ein letztes Stück geretteter Kindheit.

Wer weiß, vielleicht sitzt dieses Mädchen heute irgendwann als alte, freundliche Frau neben dir im Bus und du weißt nicht, dass sie das Mädchen auf diesem Foto ist und sie ahnt nicht, dass du das Foto kennst, ja nicht einmal, dass es dieses Foto gibt.

In einem Buch, in dem ich in der Colmarer Stadtbibliothek blättere, entdecke ich ein Foto, das Colmar in der Zeit des Ersten Weltkrieges zeigt. Deutsche Soldaten transportieren Kirchenglocken ab, die für die Produktion von Kanonen eingeschmolzen werden sollen. Die Soldaten wirken müde, resigniert und man hat den Eindruck, es ist ihnen peinlich, was sie tun.

Auf einem anderen Bild aus dem Zweiten Weltkrieg marschieren deutsche Soldaten, riesige Hakenkreuzfahnen auf den Schultern, mit auftrumpfender Entschlossenheit durch die Stadt. Vielleicht ist einer von den Fahnenträgern unter jenen Gefangenen, die kaum vier Jahre später, von Franzosen oder Amerikanern bewacht, in abgetragenen Uniformen, erschöpft, abgemagert und frierend auf den verschneiten Straßen der Stadt abgeführt werden. Dies die Szene auf einem dritten Bild.

Marie-Joseph Bopp trägt am 28. September 1940 in sein Tagebuch ein: „In der Stadt bietet sich mir ein trauriger Anblick: Die meisten Schaufenster sind leer oder zeigen Plakate mit Nazi-Propaganda."
Sonntag, 18. Mai, 1941: „Er (ein Naziredner bei einer Großkundgebung) hat auch versichert, dass das Deutschland des Führers imstande sei, die ganze Welt zu besiegen. Es fürchte schon gar nicht die Vereinigten Staaten von Amerika und die amerikanische Hilfe für England käme sowieso zu spät, wenn nämlich England kapituliert habe … Sollte Russland nicht still halten, werde es ebenfalls besiegt" (aus: Marie-Joseph Bopp: *Ma ville á l'heure nazie*).

Die erste Französische Armee unter dem Befehl von General de Lattre de Tassigny hatte am 21. November 1944 Mulhouse befreit. Am 23. erfolgt die Befreiung Straßburgs durch die Zweite Panzerdivision General Leclercs. In Colmar, von wo die Nazi-Behörden schon geflohen sind, wartet man auf die Amerikaner und Franzosen. Aber die Amerikaner ziehen sich auf die Vogesenkämme zurück und am ersten Januar beginnen die Deutschen mit einer Gegenoffensive. Erst am 2. Februar kann Colmar befreit werden. 1600 Franzosen, 8000 US-Soldaten und 20 000 Deutsche verloren allein bei der Schlacht im Colmarer Kessel ihr Leben. 16 000 Deutsche gingen in Gefangenschaft. Für sie war der Krieg, der in Baden noch drei Monate dauern sollte, zu Ende. Es war die letzte Schlacht des Zweiten Weltkriegs auf französischem Boden. In der Adolf-Hitler-Straße wird sofort das Straßenschild abgerissen.

Bei Kilstett trifft eine deutsche Einheit mit Panther-Panzern auf ein französisches Panzerabwehr-Kommando. Der elsässische Panzerabwehrgrenadier, Sergeant-Chef Albert, hat schon den ganzen Frankreichfeldzug mitgemacht und sitzt jetzt auf französischer Seite an einem Panzerabwehrgeschütz. Lucien, Panzergrenadier, ebenfalls Elsässer, hat Stalingrad und den Rückzug aus Russland überlebt, sitzt jetzt in einem deutschen Panther. Nach heftigen Gefechten findet man am Arm des tot im Panzer hängenden Lucien eine Erkennungsmarke. Albert und Lucien sind Brüder. Der Kampf fand zwölf km von ihrem Vaterhaus entfernt statt (Den Inhalt dieses Vorfalles fand ich bei Gerhard Schildberg in seinem Buch *Nordwind*).

Gegenüber der evangelischen Hallenkirche von **Riquewihr** betrachte ich das Ehrenmal für die Gefallenen des Zweiten Weltkriegs. 105 Bürger von Reichenweiher wurden zwangsrekrutiert, 28 „sind gestorben für eine Ideologie, die sie alle verwarfen", lese ich. Von dieser stillen Seitengasse mit dem in Stein gemeißelten Gedenken an 28 junge Männer ist das laute Touristen-Dorf Millionen km entfernt.
Außerhalb des oberen Tores verläuft die „Straße des 5. Dezember 44, Befreiung durch die alliierten Truppen". Aber die Ruhe nach der Befreiung war trügerisch. Am 7. Dezember fallen nämlich schon wieder Granaten auf Riquewihr. Am 12. Dezember versuchen „geschwächte deutsche Verbände", den Ort zurückzuerobern. Die Amerikaner holen zum Gegenschlag aus, schießen aus „Fenstern, Torgängen, Türmen und Dächern"

auf die Angreifer. Riquewihr bleibt frei. Aber die Kämpfe in der „Poche de Colmar", dem „Brückenkopf Kolmar", zwischen Schlettstadt und Colmar gehen weiter.

Heute wird im Elsass mehr über diese Zeit veröffentlich als je. Die Buchhandlungen in Colmar, Strasbourg, Mulhouse haben ganze Tische und Regale voller Erinnerungs-Literatur, Kriegs- und Nachkriegsbiographien.

*

Nicht ohne Grund ist in Riquewihr ein Hansi-Museum untergebracht. Denn ist nicht dieses Städtchen selbst ein Bild von Hansi? Jedenfalls ist hier die Bilderwelt des im wilhelminischen Reichsland Elsass-Lothringen aufgewachsenen und sechs Jahre nach dem Nazi-Terror gestorbenen Malers, Zeichners, Illustrators, Karikaturisten und Autors Jean-Jacques Waltz, alias Hansi dokumentiert. Es schwindelt einen beim Betrachten all der Burgen, Bauernhäuser, Brunnen, Dorfplätze, Gassen und Fachwerkfassaden auf seinen Bildern. Der Ziegeldächer, Giebel, Erker, blumengeschmückten Fensterbänke, Torbögen und Kirchtürme. Der mittelalterlichen Mauern und Treppchen, der Wirtshausschilder, Storchennester und Trikolore-Fähnchen. Seine lieblichen Landschaften mit den Vogesenwäldern, Tälern, Bachläufen, Blumenwiesen und Reblandschaften sind noch immer die Elsassbilder in den Köpfen auch deutscher Touristen. Tiefe, rührende Zuneigung spiegeln seine Dorfszenen. Da treten alle auf, die zu seinem kleinen Paradies zwischen Vogesen und Rhein gehören – der Pfarrer, Frauen und Männer in Tracht, die Gänseliesel, Mädchen mit Baguette und Brezel, die Oma, die sich mit ihrer großen Haube weit aus dem Fenster lehnt, der Koch im Eingang zum Restaurant, der Hund, der Männchen macht, das mit einer Fadenrolle spielende Kätzchen, die Dorfmusiker mit Blasinstrumenten und Trommel. Mit beißendem Spott und bitterer Ablehnung zeichnet er die Deutschen, deren Anspruch auf das Elsass er immer kategorisch abgelehnt hat. Sein Elsässertum ist französisch und

sonst nichts. Eine einseitige Haltung, die ihn verbittern lässt. Hansi stellte seine Kunst, ja sein Leben, ganz in den Dienst der Befreiung seiner für ihn zu Frankreich gehörigen Heimat. Von einer doppelten Herkunft und Kultur wollte er nichts wissen, er war Elsässer und das Elsass war französisch, Punkt. Mit dieser Haltung lebte er und litt. Weder Drohungen noch Verhaftungen und Prozesse wie die in Colmar und Leipzig brachten ihn zum Schweigen. Zu Beginn des ersten Weltkriegs setzt er sich nach Frankreich ab, flieht aus seiner kleinen elsässischen in seine große Heimat. Meldet sich als Dolmetscher zum Militär, arbeitet später in einer Propaganda-Abteilung, die Flugblätter verfasst und diese aus Flugzeugen über deutschen Truppen abwerfen lässt. Kein Zweifel, dass er von Hass getrieben war. 1918 kehrt er an der Spitze des 127. Infanterie-Regiments nach Colmar zurück. Seine glücklichste Zeit verbringt er jetzt am Unterlindenmuseum, wo er seinem Vater als Museumsverwalter nachfolgt. Als 1940 die Nazis kommen, muss er wieder ins Innere von Frankreich flüchten. In der Stadt Agens wird er von Gestapo-Häschern zusammengeschlagen. Sein Leben ist in Gefahr. Pétain ermöglicht, dass er sich in die Schweiz absetzen kann. Erschöpft und krank kehrt er nach dem Ende des Krieges in sein zerstörtes Elsass zurück, wird Mitglied der Ehrenlegion und Ehrenbürger von Colmar. Er stirbt, ein elsässischer Märtyrer, 1951 mit dem Bleistift in der Hand. Bei seinem Begräbnis 1951 bilden allein 7000 Kinder ein Ehrenspalier. Man hört die Marseillaise. Hansi's Sarg ist mit der Trikolore bedeckt.
Ein tragisches, von der Geschichte heimgesuchtes elsässisches Leben war zu Ende gegangen.
Zeitgenossen wie Gustave Stoßkopf, Mitbegründer des Elsässischen Theaters und des Elsässischen Museums, der Maler Charles Spindler und der Schriftsteller René Schickele, distanzierten sich von seinem übertriebenen Patriotismus. Die Geschichte hat ihn längst überholt. Tomi Ungerer spricht von Hansi's Postkarten-Elsass, das den „bourgeois" zufrieden stellt. Wie stark aber auch immer die Kritik an Hansi gewesen ist und heute sein mag, kein elsässischer Künstler, außer Tomi Ungerer, ist so präsent in der Öffentlichkeit wie er. Als Motive-Lieferant für die elsässische Touristen-Traumfabrik. Auf hunderttausenden von Tischdecken,

Untersetzern, Keramiktassen, -schüsseln, -tellern, Bier- und Weingläsern, Spieluhrdosen. Aber wir müssen zugeben, dass auch die rechtsrheinischen Elsassvorstellungen noch heute zu einem nicht unerheblichen Teil Hansi-Bilder sind. Das Elsass ist heute eine hoch technisierte, starke Wirtschaftsregion – und wir suchen immer noch nur Störche und Sauerkraut. Aber entspricht das Schwarzwaldbild mit alten Schwarzwald-Höfen, Bollenhut und wilden Wäldern mehr der Wirklichkeit?

Aus dem Hansi-Museum trete ich hinaus in die Wirklichkeit von Riquewihr. Im Garten eines Restaurants lässt es sich eine Gruppe deutscher Busreisender bei Flammenkuchen, Quiche und Wein gut gehen. Ein wohlgenährter Mittfünfziger schwenkt sein Glas und grölt mit lallendem Singsang: „Ich möchte' zurrüück, zurrüück nach Recklinghauuseen!" Dem ist nichts hinzuzufügen.

Frankreich, Italien, die Schweiz, den Niederrhein, Paris, Cambridge, Rom, Heidelberg, Freiburg, Straßburg, Basel und **Schlettstadt** muss man zusammen nennen, wenn man über die Zeit zwischen 1441 und 1525 spricht. Damals nämlich beherbergte das kleine Städtchen, das noch heute nicht mehr als 20 000 Einwohner hat, die berühmteste süddeutsche Lateinschule in seinen Mauern. Die Lehrer modernisierten Lehrwerke und Unterricht, entrümpelten den Lehrstoff und passten ihn den Erkenntnissen der Zeit an, hatten eine Pädagogik, die sich um den einzelnen Schüler kümmerte und von körperlichen Züchtigungen nur mäßig Gebrauch machte. Diese Schule, die in ihrer Hoch-Zeit bis zu 900 Schüler aus einem weiten Einzugsgebiet ausbildete, besuchten so berühmte Männer wie die humanistischen Gelehrten Jakob Wimpfeling, Beatus Rhenanus (eigentlich Beat Bild, dessen Eltern aus Rhinau stammen) und Martin Bucer, der Führer der protestantischen Reformation im Elsass und „Vater der Konfirmation". Alle drei aus Schlettstadt! Zum erlauchten, weiteren Kreis zählten auch der Straßburger Münsterprediger Geiler von Kaysersberg, Erasmus von Rotterdam, das „Haupt aller deutschen Gelehrten der Zeit" und Sebastian Brant, der in Straßburg geborene Autor des *Narrenschiff*.

Die Zeitumstände werden schnell deutlich, wenn man ein paar Zahlen ansieht: Wimpfeling verlor seinen Vater als 13-jähriger Junge, Beatus Rhenanus seine Mutter schon mit zwei Jahren. Martin Bucer hatte dreizehn Kinder, die alle im Kindesalter starben. Seine Frau, Elisabeth Silbereisen, wurde 1541 ein Opfer der Pest. Bucer heiratet bald danach die zweifach verwitwete Wibrandis Rosenblatt, deren erster Mann der Basler Reformator Johannes Oekolampad und deren zweiter Mann, der Straßburger Reformator Wolfgang Capito war. Auch er ein Opfer der Pest.
Viele Schüler der begehrten Lateinschule waren mittellos. „Sie besaßen weder Geld noch Vorräte noch anständige Kleidung" (Paul Adam: *Der Humanismus zu Schlettstadt*). Die dürftige Lebenssituation der Schüler verleitete diese zum Betteln und Stehlen. In der Nähe der Schule gab es ein Internat. Die Lehrer erhielten von der Stadt ein bescheidenes Gehalt und Holz zum Heizen der Schule. Bei einer Epidemie wurden die Kinder zu den Eltern zurückgeschickt.
Aus der Bibliothek der Lateinschule und einer Schenkung des Beatus Rhenanus entwickelte sich die berühmte Schlettstädter Humanistenbibliothek.

Die Silbermannorgel (von Andreas Silbermann) in Marmoutier (Mauersmünster) und die in der Barockkirche von **Ebersmünster** sind die einzigen im Elsass, die auch nach Kriegen und Reparaturen noch mit dem Pfeifenwerk und der Mechanik des berühmten Orgelbauers arbeiten. Eine deutsche Besucherin aus Karlsruhe erklärt mir, dass die Silbermannorgel in dieser Kirche besonders schön und gut sei. „Warum meinen Sie das?", frage ich. Nun, die Silbermannorgeln seien ja alle bekannt für ihre besondere Qualität in akustischer und ästhetischer Hinsicht, versucht sie mich zufriedenzustellen. „Aber was ist denn das Besondere an diesen Orgeln, von dem alle sprechen?", bohre ich weiter. „Der Klang!", sagt sie laut und wiederholt, „der Klang!"
„Hören Sie das, wenn Sie in einer Kirche sind und die Orgel spielt, dass es sich hier um eine Silbermannorgel handelt?"
„Nein, natürlich nicht!", wo denken Sie hin, gab sie zur Antwort. „Aber

hier im Führer steht, schauen Sie, dass die ‚Klangqualität der Ebersmünsterer Orgel heute das zuverlässigste Zeugnis für die Kunst des Andreas Silbermann ist'. Schade, dass im Augenblick niemand spielt." Mehr konnte die Frau zu meiner Aufklärung nicht beitragen und ich muss wohl alleine hinter das Geheimnis dieser Orgeln kommen.

Auf der Fahrt nach **Erstein** kommt man über den Canal du Rhône au Rhin, einen Entlastungskanal der Ill. Man fährt über mehrere Gießen. Auch die Andlau schlängelt sich nicht weit von hier durch die Ebene. Und die Ehn. Sie fließt auch durch Oberehnheim, Obernai. Ein Straßenschild warnt vor Zuckerrüben, die von Traktoranhängern auf die Straße gefallen sein könnten. Ich fahre durch **Maistratzheim** und denke, „was für ein Name!" Ich schaue nach im Etymologischen und historischen Lexikon der elsässischen Ortsnamen und finde den galloromanischen Namen *Mustidaretum*, gebildet aus dem vulgärlateinischen *mustidus*, feucht (altfranzösisch *moiste*) und dem Orts-Suffix und kollektivum ar-ētum.

Nachts ist es im Städtchen **Obernai** so still, dass man das Wasser des Ehn-Flüsschens zwischen den mit Gräsern, Sträuchern und Bäumen zugewachsenen Ufern plätschern hört.
Ein Mopedfahrer, der mit voll aufgedrehtem Motor durch die Altstadt-Gassen sägt, zerstört die Stille.

Ich fahre langsam am Château Saint Jean bei **Molsheim** vorbei. Im Park dieses Anwesens befinden sich die Geschäftsräume der Bugatti Automobiles S.A.S. Auf dem gleichen Areal ist das Montageabteil für das Hyper-Auto. Seit 2003 wird hier unter der Regie von VW der Bugatti Veyron zusammengebaut. 16 Zylinder, 1001 PS, ehrfurchtsvoll Topspeed benannt, Höchstgeschwindigkeit 407 km/h, Beschleunigung aus dem Stand auf 100 km/h in 2,5 Sekunden. Der Preis beläuft sich auf kleine 1,4 Millionen Euro. Ein Auto mit „gnadenlos elitärem Charakter" wollte der frühere VW-Chef Ferdinand Piëch herstellen. „Einen Bugatti zu erleben", schwelgte ein

Journalist in einem Bericht, sei „ein seltener Moment der Erhabenheit". Die in die Bugatti-Unternehmung involvierten Menschen „scheinen" ihm „jenseits der Normalität zu existieren".
Hinter dem Tor zu diesem Park befindet sich also eine jener anderen Welten, zu denen nur wenige tausend von bald sieben Milliarden Menschen je Zugang haben werden. Die Verkaufszahlen pro Jahr belaufen sich auf einige Hundert. Eine Art Sieben-Sterne-Automobil.

Goethe (Sessenheim)

Goethe und Friederike sind für kurze Zeit ins Leben auf der Erde zurückgekehrt und schauen sich an einigen Orten, die mit ihrer Biographie zusammenhängen, um. Sie fahren auf einer Harley Davidson über die Autobahn von Straßburg nach Sessenheim, Friederike Brion in schwarz glänzender Lederkluft auf dem Rücksitz.
Nach dem Besuch der Goethe-Scheune, die ihn immer noch an eine von ihm gemachte Zeichnung erinnert, betreten beide das Goethe Memorial, das einer bebilderten Grabkammer gleicht, verlassen es aber fluchtartig wieder und eilen hinüber zum Gasthaus und Goethe-Museum „Au Boeuf", wo sie sich nach vergnüglichem Studium der Ausstellungsstücke unter den Namen Johannes und Frieda ins Gästebuch eintragen. Im schönen Innenhof lassen sie es sich bei einigen Glas Pinot, Quiche, Patés und kleinen Salaten gut gehen. Sie sprechen über die liebevoll zusammengestellten Dokumente, die sie im Museumsraum gesehen haben, und tauschen Erinnerungen aus, wobei sie ihre Gespräche zur Indignation der Gäste an den Nebentischen immer wieder durch lautes Gelächter unterbrechen.
Dann brausen sie durchs Dorf zu „Friederikens Ruh". „Haben wir uns hier geküsst?", fragt Friederike. „Ach Quatsch!", lacht Goethe, „du warst doch damals das verklemmteste Girly unter der elsässischen Sonne und auch ich war alles andere als der gewissenlose Draufgänger, zu dem mich die Trivial-Biographen gemacht haben. Aber bis heute stellen sich Literaturhistoriker und von Tourismus-Verbänden beauftragte Heimatforscher die Kernfrage: ‚Haben sie oder haben sie nicht?'"
„Ach lass doch das Thema", rief Friederike, „küss mich lieber!"
Zwei Wochen später: Goethe an Friederikebrion@liberty.fr

Hallo, chérie,

bin in etwa einer Stunde chez toi. Hast du den Pinot kühl gestellt? Mit dem Taliban-Stück bin ich fertig, mit den Nerven auch. Bevor es in Druck geht, muss ich noch einmal nach Kabul fliegen, sobald es die Lage erlaubt. Würde es gerne in Berlin uraufführen und du musst mit zur Premiere. Gleich mehr dazu.

Dein Wolfgang

Die Stadtführung

Wir waren eine Gruppe älterer Damen und Herren. Unsere Stadtführerin in Hagenau hatte es gut mit uns gemeint, aber sowohl unsere körperliche Kondition als auch unsere geistige Aufnahmefähigkeit überschätzt. Dabei war sie kaum jünger als wir. Aber noch wussten wir nichts von der uns bevorstehenden Bildungs-Rallye. Sie sprach ein gepflegtes Hochdeutsch mit nur leichten, sympathischen Ausrutschern ins Französische. „Messieurs dames, liebe Besucherinnen, liebe Besucher, Hagenau heißt sie herzlich willkommen. Sie wissen vielleicht, dass von der großen mittelalterlichen Bedeutung der Stadt nicht mehr viel übrig geblieben ist. Im Dreißigjährigen Krieg räuberten hier die Söldner des schrecklichen Mansfeld, die Schweden fielen ein und das Ende, das vorläufige Ende, war eine zerstörte Stadt. Ludwig XIV. ließ die Befestigung schleifen und von den 54 Türmen der Stadtmauer sind gerade mal drei geblieben. Die Lieblingspfalz der Staufer wurde in die Luft gejagt. Aber nicht genug damit, 1577 ließ der Kriegsminister Louvois die Stadt abbrennen. Voilà, schöne Geschichte nicht wahr? Kommen Sie bitte, wir gehen weiter und ich erzähle Ihnen beim Laufen noch andere von diesen ‚lustigen' Geschichten. Also, wo waren wir? Ach ja, gut, bei den Kriegen. Nun, von den Koalitionskriegen in der Revolutionszeit war Hagenau natürrliisch auch nicht verschont geblibbeen, dann kam die Bismarckzeit mit dem 70er Krieg, dann der Erste Weltkrieg und nicht lange danach, denken sie, nur 22 Jahre später, der Zweite Weltkrieg mit der Evakuation vorher, 1939 war das – können wir bitte etwas schneller gehen? – also, am Ende dann die Bombardierung durch amerikanische Verbände, die Befreiung im

Dezember, aber dann im Januar kam die deutsche Gegenoffensive, o lala, meine Eltern haben mir darüber erzählt, das war kein Freudenfest, erst als der Krieg endlich wirklich zu Ende war. Na ja, Ihre Generation kennt das ja. Da verstehen Sie auch sicher, dass wir am Moder-Kanal den Boulevard des Marschalls Lattre de Tassigny haben, ebenso einen Boulevard der Befreiung, aber auch einen Boulevard de L'Europe und dieser letzte Boulevard muss immer, immer länger werden, sodass wir keine Generäle mehr und keine Befreiung mehr nötig haben, finden Sie nicht auch?" Wir klatschten alle laut in die Hände.

„Jetzt überqueren wir bitte die Straße, aber Vorsicht, erst warten, bis die Ampel Grün zeigt. Da, schauen Sie, rechts, das ist noch eines der wenigen Häuser aus dem … Augenblick, ich bin zu schnell? Oh, pardon, sorry, Sie sehen alle noch so jung aus! Das ist kein Kompliment, ich dachte wirklich, aber kein Problem. Also, gut, tja, Sie wissen vielleicht, Hagenau, in diese Stadt kamen Barbarossa, Friedrich II. und Rudolf von Habsburg, um nur einige zu nennen. Dort vorne sehen Sie jetzt übrigens das Weißenburger Tor, das Fischertor habe ich Ihnen ja schon gezeigt. Allons y! Wir gehen jetzt Richtung Historisches Museum.

Gehe ich immer noch zu schnell? Oh, das tut mir leid, jetzt muss ich aber wirklich … nein, Sie müssen einfach die Notbremse ziehen.

Das taten wir dann nach einer weiteren Stunde auch, bedankten uns höflich für die Führung und steuerten ein Café an, wo wir es uns bei Zwiebelkuchen, Wein und Espresso gut gehen ließen. Die gute Frau hatte ihr Bestes gegeben, das mussten wir anerkennen, aber nach so viel Geschichte hatten wir alle geistige Verstopfung und bestellten deshalb alle noch einen Quetsch, ein Zwetschgenwasser.

Oben im Schiff der dem Heiligen Maurus geweihten Kirche von **Marmoutier** (Mauersmünster) wird ein Weihnachtskonzert mit dem *Tiroler Alpentrio* vorbereitet. Auf dem Kirchplatz draußen zittert ein Straßenköter, der ängstlich, mit tief-traurigen Hundeaugen zu mir kommt und nicht mehr von meiner Seite weicht. Es ist Dezember und dezemberkalt. Der Hund setzt sich und gibt Pfötchen, läuft mir hinterher. Ich drehe mich um, er setzt sich wieder, gibt wieder Pfötchen. Und so, bis ich an meinem Auto angelangt bin. Als ich einsteige, setzt er an zum Sprung in den

Wagen. Gerade noch rechtzeitig kann ich die Tür zuschlagen. Jetzt hebt er wieder sein Pfötchen, dieser Schuft. Und dieser Blick! Mit dem schlechtesten Gewissen der Welt fahre ich ab. Mich würgt es im Hals. Ich hätte ihn mitnehmen sollen. Jetzt so kurz vor Weihnachten. In der Kälte. Der heilige Maurus verzeihe mir!

In der Innenstadt von **Zabern** sehe ich an einer Hauswand ein mit Klebeband befestigtes Papier mit folgender Aufschrift (auf Französisch): „Ich habe die Nase voll von aggressiven Hunden! Erzieht euere Köter endlich und räumt wenigstens den Kot weg!" Unterschrieben mit: „Ein Bürger."

Drei englische Touristen eilen über die weite Fläche vor dem wuchtigen Rohan-Schloss. Ihre Gesichter sind in der schneidenden Kälte des Dezemberwindes grimassenhaft verzogen. Der Palast selbst mit seinen riesigen Ausmaßen wirkt schon allein kalt genug, aber die Kälte draußen macht aus ihm ein abweisendes Monstrum. Ich flüchte mich ins nahe gelegene Café „Haushalter", um mich aufzuwärmen. Nicht wenige Gäste sprechen elsässisch miteinander. Dieses gemütliche Caféhaus jedenfalls passt besser zu Zabern als das klotzige Schloss des Kardinals Louis René de Rohan Guémené. Der vierte der Straßburger Bischöfe aus der Familie Rohan verbrachte seine Tage wohl am liebsten im kleinen elsässischen Zabern, wo er sein Bedürfnis nach weiblicher Entourage in Gesellschaft gleich mehrerer Hofdamen, auch aus Paris, eher stillen konnte als im Palais in Straßburg. Bekannt wurde er durch die berühmte „Halsbandaffäre", einen betrügerischen Juwelentransfer, den die zwielichtige Gräfin de la Motte-Valois, angeblich im Auftrage der Königin Marie Antoinette, eingefädelt hatte. In die Affäre verwickelt soll auch der berüchtigte Graf Cagliostro gewesen sein, der im Zaberner Schloss mysteriöse Soirées mit unbekleideten Damen (und Herren) veranstaltete.

Der 1943 zwangsrekrutierte André Weckmann versteckte sich nach seiner Desertion in Russland in seinem Elternhaus in *Steinbourg* vor den Deutschen.

Das willkürliche Abknallen zweier russischer Frauen durch zwei Kriegskameraden in Fastov hatte ihn so entsetzt, dass er für sich entschied: „Das ist nicht mein Krieg. Ich gehöre nicht zu denen." Zweieinhalb Monate verbringt er „in einer fast pränatalen Fötus-Position" in einem leeren Weinfass. Sein früherer Klassenlehrer, Alphonse Wollbrett, versorgt ihn mit Literatur. Weckmann liest den provençalischen Dichter Frédéric Mistral und den Sundgauer Dichter Nathan Katz. Im Oktober 1944 schreibt Weckmann in seinem Kellerversteck, immer in der Angst, entdeckt und am nächsten Kastanienbaum aufgehängt zu werden:

O wie branne mini Wunde!
Wer het mir Fyr ins Fleisch gelait?
Wer het mich an d'Ard gebunde
Un in d'Doode ningeraiht?

Hinter der Bahnlinie in der Nähe des Hauses der Marne-Rhein-Kanal. Eine Schleuse mit Schleusenwärterhäuschen. Im Halbdunkel, wenn man lange auf das stille, im Wind gekräuselte Wasser des Kanals starrt, plötzlich das Gefühl, es starre zurück. Ich wende den Blick vom Wasser und beginne schnell den Pfad am Kanal entlang zu laufen, schiele aber immer wieder heimlich zurück, ob mir das Wasser nicht folgt. Für mich steht fest: Wasser zählt zu den Lebewesen.

In **Bouxwiller** wurde Marie Hart geboren, die Verfasserin von *Gschichtlen üs de sechziger Johr* (1911) und (posthum 1930) *Üs minre alte Heimet* und *Üs unserer Franzosezit* (1921). Sie kommt auf die Welt „in einem bourgeoisen Milieu, das selbst nach dem Desaster von 1870 Zweisprachigkeit kultiviert" (Daniel Ehret in *Célébrités alsaciennes, Dictionnaire impertinent*). Am Geburtshaus in der Grand'Rue ist noch eine Tafel angebracht mit dem Zitat: „Im Städtel isch en alt Hüs / do kenn ich mich wie nirigs üs" („Im Städtchen ist ein altes Haus, da kenne ich mich wie nirgends aus"). Die 1924 in Bad Liebenzell verstorbene elsässische Mundartschriftstellerin Marie

Hart (eine Abkürzung von Annemarie Hartmann) hatte sich 1919 entscheiden müssen, ob sie im Elsass bleiben oder nach Deutschland umsiedeln wollte. Wollte? Sie hatte gegen den Willen der Familie – der Vater war streng frankophil – einen württembergischen Offizier geheiratet. Der musste das Elsass verlassen. Wollte sie mit ihrem Ehemann weiter zusammenleben, musste sie also auch gehen.

In ihrem Gedicht *Flüchtlingslos* schreibt sie:

M'r han muen Hüs un Hoft verlon
Un sin in d'Fremdi gange;
Denn m'r sin ditsch un nit französch!
„Ducksch dich", het's gheisse, „oder gehsch?"
Do sin m'r liewer gange.

Im Ortskern von Bouxwiller viel herausgeputztes Fachwerk aber auch zerfallende Fassaden. Was will man machen? Abreißen? Bewahren?
Eine Kirchenglocke schlägt. Ein Hund kläfft. Eine junge Frau eilt frierend mit prall gefüllten Plastiktüten vom Weihnachtseinkauf nach Hause. Es ist schon dunkel. Der Wind verfängt sich in den Weihnachtsschmuckgirlanden über den Gassen.

In einem Gasthaus hocken elsässisch sprechende Bauern am Stammtisch. Der Wirt zapft Bier.
Über der Theke läuft der Fernseher. Nur der Hund schaut hoch. „Er schaut alles!", sagt der Wirt und lacht. „So gibt es schon kein' Streit wegen dem Fernsehprogramm!"

Im Militärmuseum

„Ach ja, wissen Sie", sagte unser Führer im Kriegsmuseum in Wörth, „inzwischen bete ich diese Ereignisse herunter wie eine Rosenkranzlitanei. Dann haben die Deutschen …

dann haben die Franzosen …, am Spätnachmittag …, am nächsten Morgen …, soundso viele Tote, …die Kavallerie, die Infanterie … den Sieg davongetragen, … eine Niederlage erlitten, Nachschub, Vorhut, überrannt, zurückgeschlagen. Ich kann das schon so lange auswendig – es handelt sich ja um immer dieselben Abläufe – dass ich, wenn Zwischenfragen kommen, oft nachdenken muss, den Film vor- oder zurückspulen, um mir zu vergegenwärtigen, von welchem Abschnitt ich eigentlich gerade spreche. Denn ich verbeiße mich oft in Details … nun ja, da schneidet man auch ein wenig auf mit Winzigkeiten, als wäre man vom Fach oder gar Soldat und am Ende spielt man Szenen nach, als käme man gerade von so einer Schlacht zurück und müsse sich ausagieren. Ich merke dann natürlich, dass sich einige abwenden oder mich mit belanglosen Einwürfen unterbrechen oder – aber das ist eher selten – gelangweilt auf ihre Armbanduhr sehen und eine Busabfahrtszeit nennen oder so was. Sie haben gefragt, ob ich nicht manchmal träume von all den horriblen Geschichten oder mir wegen der Routine nicht alles zum Halse … Doch, geträumt habe ich schon, ich kenne ja schließlich auch die Verläufe der anderen Gemetzel, auf welche die Denkmäler und Bunker, Friedhöfe, Gräber und Kreuze in der weiteren Umgebung verweisen, da kommt schon einiges zusammen, was dann in der Nacht in einem rumort, klar und die Erzählungen der Alten hier, die zum Teil dabei waren, verwundet wurden oder heute noch krank sind, ja, da kommt, wie gesagt einiges … Und wissen Sie, wenn Sie zwei Zeitzeugen befragen, bekommen Sie drei Antworten zu derselben Sache, pro französisch, pro deutsch, einerseits, andererseits, die anderen seien ja in der Überzahl gewesen, kein Wunder, im Fußball könne man auch nicht mit fünf Mann gegen eine andere Mannschaft gewinnen und überhaupt, die hätten die moderneren Waffen gehabt, das sei alles ganz anders gewesen als es hier im Museumsführer steht und die Sieger schrieben immer anders als die Verlierer. Nun ja, sehen Sie, jetzt bin ich abgeschweift, das bringt mein Job so mit sich, eine bestimmte Geschwätzigkeit, tja. Ist ja auch ein einsames Geschäft und man teilt sich immer auch selbst mit, wenn man diese Geschichten wiederkäut, sonst würde man sich ja wie ein Automat fühlen und das wäre nicht zum Aushalten, aber kürzlich bin ich wohl zu weit gegangen und habe mich zu sehr mit den kämpfenden Soldaten einer Truppe identifiziert, als ein alter Deutscher mich stoppte und meinte, ja, ja, das kenne er nur zu gut, schließlich habe er drei Jahre in Russland gekämpft, er interessiere sich mehr für Zahlen und technische Daten, den Krieg kenne er , ich aber sicher nicht, meinte er, stellen Sie sich das vor. O lala, Sachen gibt's! Aber er war sehr freundlich, kam dann hinterher zu mir und meinte, er habe in seinem Leben nicht so viel über den Krieg gesprochen wie ich heute und das nehme ich ihm ab. Sie, ich kenn Leute hier in meinem Dorf, die weigern sich kategorisch, auch nur ein Wort über ihre Erlebnisse zu verlieren, das sehe man in zehn Jahren sowieso wieder alles anders und in zwanzig Jahren noch mal anders und sie hätten auch Angst vor Mitbürgern, von denen sie wüssten, dass die auf der anderen Seite gestanden hätten, das würde nur Dinge aufrühren und überhaupt, man solle das alles lassen, auch das mit dem Museum, es gelte in die Zukunft zu blicken, der Toten müsse man gedenken, ja das schon, aber sonst …

Im Gelände, wo die Schlachten tobten, wurden Denkmäler errichtet, von nachfolgenden Siegern wieder abgerissen, andere aufgestellt. Preußische, bayerische, französische.

Das mit den Denkmälern und dem Gedenken war und ist keine leichte Aufgabe in einer Region, deren nationale Zugehörigkeit innerhalb von rund 80 Jahren fünfmal gewechselt hat, wo Soldaten nacheinander in verschiedenen Armeen gedient haben oder Angehörige aus einer Familie in zwei Armeen engagiert waren, in kolonialen Kriegen für Frankreich gefallen sind oder als Zwangsrekrutierte gegen Frankreich mit der deutschen Wehrmacht gekämpft haben. Wie die Gräber gestalten von deutschen Soldaten, die im deutschen Elsass gefallen sind, aber im französischen Elsass begraben liegen? Wie die der Alliierten, die allein oder mit französischen Truppen bei der Befreiung des Elsass den Tod gefunden hatten? Kann man auf einem Grabmal für Elsässer, die mit deutscher Nationalität gefallen sind, die Skulptur oder das Relief eines Soldaten in feldgrauer Uniform akzeptieren? Wie unterscheidet man bei der Gestaltung der Gräber zwischen den verschiedenen Kriegen und Kriegsumständen? Zwischen im Kampf umgekommenen Soldaten, solchen, die in Gefangenenlagern gestorben sind, Bombenopfern, Opfern von Geheimpolizei und Lagern, Hingerichteten? Bei welchen Gräbern begnügt man sich mit der Nennung der Namen der Opfer, bei welchen lässt man Helden-Embleme zu? Wo stellt man die Monumente auf, wie beschriftet man sie, mit welchen Symbolen sollen

sie geschmückt werden, wer kommt für die Finanzierung auf? Wie verhält man sich gegenüber Denkmälern aus deutscher Zeit? Wie wird man der elsässischen Besonderheit gerecht? Eine Lösung ist die der Pietà von Michelangelo nachempfundene Darstellung der elsässischen Mutter mit ihren zwei Söhnen, von denen einer nach Osten, der andere nach Westen blickt, wie sie in Straßburg auf dem Platz der Republik zu sehen ist.
In einem Buch mit dem Titel *Boches ou Tricolore, die Gesellschaft und der Große Krieg in Elsass-Lothringen, Wirklichkeit, Darstellung, Gedächtnis* gelangt Marie-Noël Denis zu der Feststellung, dass die Elsässer, zumindest hinsichtlich der Toten-Gedenkkultur mit den ihnen durch die Geschichte auferlegten Mehrdeutigkeiten fertig geworden zu sein scheinen („les Alsaciens semblent avoir surmonté, au moins en ce qui concerne les monuments aux morts, les ambiguïtés imposées par l'histoire").
Bei uns in Deutschland ist die Gedächtnisarbeit gewiss nicht weniger komplex.

In **Hunspach**, *einem Dorf mit so vielen herausgeputzten Fachwerkhäusern, dass ich meinte, in einem Fachwerkhausmuseum zu wandeln, kam ich mit einem alten, nach vorn über seinen Spazierstock gebeugten Bauern ins Gespräch, und als er erfuhr, dass ich aus Baden kam und mir einige Gedenkstätten an der Maginot-Linie angeschaut hatte, erzählte er drauf los, an was vom Ende des Krieges er sich noch erinnere. „Die Szene, die mich am meisten beeindruckt hat", sagte er nach einer Weile, „diese Szene, ich werde sie mein Lebtag nicht vergessen, ist, wie in unserem Dorf, an einem Tag mit schrecklichen Gefechten in der Umgebung, wie also hier in Hunspach, ein großes Pferd mit wehender Mähne und laut wiehernd über den Hof eines in Brand geschossenen Bauernhauses davonjagte, Sie können es von hier aus sehen, schauen Sie, dort steht der Hof, wieder aufgebaut, wie also dieses kräftige, stolze Pferd aus dem Flammenmeer auf die Straße schoss und dann, so weit man von hier aus sehen kann, durch das ganze Dorf galoppierte und, Sie können es glauben oder nicht, erst am nächsten Tag, gegen Mittag, ich kann es bezeugen, dieselbe Straße wieder zurücktrabte. Ich versuchte es herzuwinken, aber es war nervös und scheu, blieb vor dem Hof stehen, wo sich ja sein Stall befunden hatte, das Haus war aber jetzt abgebrannt. Das scheue Tier* *traute sich nicht hinein und blieb über die Flanken zitternd mit hoch erhobenem Kopf, schielendem Blick und angelegten Ohren wie eine Statue stehen. Ich werde das nie vergessen!", wiederholte er, „ nichts hat sich mir so ins Gedächtnis eingebrannt wie dieses Pferd."*

Wissembourg (Weißenburg): Bilderbuchstädtchen mit Rathaus, Zehntscheuer, Salzhaus, Kirche St. Peter und Paul, Fachwerkhäuser und Stadtmauer. Ich gehe die Lauter entlang und fühle mich plötzlich beobachtet. Aber ich sehe niemanden. Beim Weitergehen schaue ich mich in alle Richtungen um, kann jedoch nichts ausmachen. Bis ich entdecke, dass sich im Flüsschen eine Nutria treiben lässt, die ihr Köpfchen in meine Richtung gedreht hat und den Blick auch nach hundert Metern nicht von mir abwendet. Man sieht und hört niemanden aber man fühlt Anwesenheit.

Im Kreuzgang der Klosterkirche wandeln deutsche Touristen und rezitieren Hotelpreise.

In den Vogesen

Die heilige **Odilia** ist die blindgeborene Tochter des Eticho. Erst bei der Taufe ist sie sehend geworden und heute Schutzpatronin der Blinden. Auf dem gleichnamigen Berg südwestlich von Obernai hat die Schutzpatronin des Elsasses ihre Grabstätte in der Grabkapelle (Odilienkapelle). In der Täuferkapelle, Kreuzkapelle, Tränenkapelle, Engelskapelle und auch an der Lourdes-Grotte im großen Felsen: überall beten Menschen an diesem Sonntag. Vom Felsplateau des alten Kultberges ein Panorama, von dem man sich nur schwer lösen kann. Vielleicht will die heilige Odilia deshalb, dass alle Menschen gut sehen.
Hier oben ist, auf Anregung der Äbtissin Relindis, der *Hortus Deliciarum* von Herrade von Landsberg entstanden, eine Art Weltchronik mit den Erfahrungen der Kreuzzüge in der Stauferzeit. Geschrieben mit Gänsekiel, Radiermesser, Silberstift, Pinsel aus Marder- und Eichhörnchenhaaren.

Über den Ursprung der imposanten Heidenmauer auf dem Odilienberg streiten die Gelehrten bis heute. Tumuli, Johannesbrunnen, Köberle-Tor, Stollhafenfelsen und Männelstein – alles Orte, die der Forschung trotzen und vermutlich noch lange ihr Geheimnis wahren, was sicherlich auch den Tourismus fördert. Druiden, Gallier, Römerkultstätte, Festung der Merowinger? Je weniger man über die Odilienmauer weiß, desto spannender ist es doch, sie zu erkunden.

Das kahle Geäst der Bäume im Klosterhof glänzt im Mondlicht. Aus der Rheinebene flimmern die Lichter der Dörfer, Städte und Straßen nach oben. Man hat den Eindruck, eine einzige Großstadt ziehe sich, nur durch Grünzonen unterbrochen, von Karlsruhe bis Basel die Ebene entlang. Für die ganze Fläche wird es in nicht allzu ferner Zukunft eine einzige Regio-Karte geben, gültig für alle öffentlichen Verkehrsmittel auf der deutschen und französischen Seite. Die Oberrheinautobahnen werden renaturiert sein, weil es das Auto dann in seiner herkömmlichen Form als individuelles Verkehrsmittel nicht mehr gibt. Im Minutentakt werden energiesparende Innerort-, Regio- und Fernbahnen nahezu lautlos durch durchsichtige Tunnels zum gewünschten Ziel gleiten.

Auf dem Marksteinmassiv stolpert ein älteres Ehepaar über den Schotter eines steilen Weges, der parallel zu einer stillgelegten Ski-Lift Anlage verläuft. Bergauf. Mit sich ziehen sie ein Pudelchen, das sich in einem Pariser Hundesalon sicher wohler gefühlt hätte als hier oben, wo es zittert und friert, immer wieder stehen bleibt und winselt, sich gegen das Weitergehen sträubt, an der Leine nachgezogen wird, sich hechelnd gegen den Zug der Leine stemmt, bis der Mann das Tier schließlich packt und unter Flüchen auf dem Rest des Weges trägt.
Grand Ballon: auf dem Gipfel das Denkmal für die Alpenjäger, der Turm und das Observatorium. In dessen Satelliten-Antennen bringt der Sturm das metallene Gestänge zum Klingen. Nach allen Seiten stürzen Wolken die Hänge hinab. Nur mit Mühe gelange ich zum Alpenjägermonument.

Im Städtle isch …

Illquelle im Sundgau

„Denen, die dazu beigetragen haben, das Elsass und Lothringen wieder an Frankreich zurückzuführen“, lese ich dort. Auf dem Rückweg komme ich vorbei am spärlichen Ruinenrest des alten Belchen-Hotels, das in den wilhelminischen Jahren vom Vogesen-Club der Sektion Gebweiler errichtet worden war. Sic transit …

Im heutigen Belchen-Hotel über dem Parkplatz esse ich einen Heidelbeerkuchen. Den besten Heidelbeerkuchen der Welt. Ich bestelle noch einen. Am Nebentisch zwei alte Männer vor ihrem Milchkaffee. Sie sprechen kein Wort, bleiben selbst dann stumm, als die Bedienung fragt, ob sie noch einen Wunsch hätten. Ohne ein Wort zu sagen, legen sie Geld auf den Tisch und verlassen den Gastraum. Die Kellnerin lächelt mich an und schüttelt den Kopf.

Am Ufer des Lac de La Lauch (See der Lauch) geht ein kleines Mädchen mit seiner Mutter spazieren, deutet auf den kleinen See und ruft: „Maman, Le Lac de La La!“ „Non, chérie, Le Lac de La Lauch!“, verbessert die Mutter. „Non!“, beharrt das Kind, „Le Lac de La La!“ „Wenn du meinst“, sagt die Mutter, „dann eben ‚La La‘! Komm jetzt!“
Ich fahre ins Tal, vorbei an der *Ferme Auberge du Gustiberg* und an der *Domaine Schmelzrunz*. Was für seltsame Namen! Seltsamer noch als „lacdelala“.

Im Wald vor **Murbach**: Das Geräusch des Windes in den Zweigen und das Rieseln eines Baches unterm Laub konnte ich nur schwer auseinanderhalten.

Murbach

Aus der Enge des Tals
wächst
rötlich steinern
die alte Abtei.
Aus der Tiefe des Schweigens
einer Erdgottheit gleich.
Hoch ins steile Gebirg
zum Mondgewölk
unterm Flutlicht
ruhig und warm.
Fassade und Türme
gelassen,
verlassen.

*

„Besuchen Sie uns!"

Von der Vogesenhochstraße zweige ich ab zum Hohneck, wo ich nach drei Stunden Fußmarsch am Hotel oben ankomme. Ich genieße das weiter unten auf einem Werbeplakat versprochene Panorama vom Kleinen Belchen bis zum Ballon de Servance. Ich erkenne auf dem Großen Belchen die zum Observatorium führende Rampe, sehe den Schnepfenriedkopf, Rimbachkopf und den Elsässischen Belchen. Im Hintergrund, mehr zu erahnen als zu sehen, der Chasseral im Schweizer Jura und ganz hinten die weiße Wand der Alpen. „Sehen Sie den Mont Blanc?", fragt mich ein alter Mann, der mit seiner Ehefrau neben mir steht. „Sie müssen weiter nach rechts schwenken mit ihrem Fernglas", rät er mir, aber ich sehe keinen Mont Blanc.
„Diesen himmlischen Ausblick habe ich vor sechzig Jahren schon genossen, allerdings unter anderen Umständen", schwärmt er neben mir auf der Aussichtsterrasse des Berggasthauses, wohin das alte Paar mir gefolgt ist, nachdem wir ins Gespräch gekom-

men waren. Ich erfahre, dass er das letzte Kriegsjahr im Elsass verbracht hatte, jetzt hier ein Ferienhaus besitzt, aber meist in der Franche-Comté lebt. Sogleich frage ich: „In Dôle?“, das ich als Austauschschüler kennen gelernt habe. Nein, antwortet er, er wohne aber ganz in der Nähe, in einem kleinen Dorf. „Erzählen Sie!“, fordert er mich auf, „wie war das damals in Dôle, wen kennen Sie da? Aber, entschuldigen Sie, wenn ich schon so neugierig bin, wollen wir uns nicht auf die Hotelterrasse setzen, um uns zu unterhalten? Ich möchte Sie gerne einladen, wenn Sie erlauben.“ Wir setzten uns also auf die weite Terrasse und kamen vom Hundertsten ins Tausendste. Frankreich, Deutschland, das Elsass, der Krieg, die Jugend, die USA waren die Themen. Seine Frau mischte sich nur wenig ins Gespräch ein, schien sich aber keineswegs zu langweilen, sondern eher darüber erfreut zu sein, dass ihr Mann beim Sprechen immer lebendiger wurde und sich auf mich stürzte mit Geschichten, die er so engagiert, begeistert oder auch empört vortrug, als habe er sie Jahrzehnte lang nur für diesen einen Augenblick auf dem Hohneck aufbewahrt.

„Wenn es seine Gesundheit erlaubt und ihm das Wetter keinen Strich durch die Rechnung macht, Monsieur, kommt er jeden Monat zwei-, dreimal hier hoch, wenn wir in unserer Ferienwohnung in den Vogesen sind, und am liebsten würde er hier beerdigt werden“, sagte seine Frau nach einer längeren Pause. „Ich kann ihn gut verstehen, auch wenn ich ihn nicht jedes Mal begleite, denn, wenn wir hier oben sind, spricht er kein Wort mit mir, ist nur mit Schauen beschäftigt und ich vermute, er erinnert sich an Dinge aus Zeiten, wo ich ihn noch gar nicht kannte. Damit möchte er mich nicht langweilen, denn für mich sind das nur Namen, mit denen ich nichts anfangen kann, für meinen Mann aber sind es Momente, Zeitabschnitte, die sein Leben mitgeprägt haben.“

„Einiges habe ich dir durchaus erzählt“, wandte ihr Mann ein, „aber ich habe bald bemerkt, dass dir mein Leben vor unserer gemeinsamen Zeit fremd bleiben wird und das gilt ja auch umgekehrt. Auch was du erlebt hast vor unserer Ehe, bleibt allein deine Erinnerung und für mich kann es nicht mehr sein als irgendeine Erzählung. Manches haben wir nicht einmal wirklich erlebt, sondern nur erzählt bekommen von Eltern, Verwandten oder Freunden und erzählen es jetzt weiter als unsere eigene Geschichte. Die Vergangenheit ist ein Konglomerat aus selbst Erlebtem, aus Erzähltem, das wir uns einverleibten und aus Erlebnissen, die wir in immer wieder veränderter Form erinnern. Aus diesem Gemisch setzt sich unser Ich zusammen, nicht wahr?“

sagte er. „Es ist sogar so, dass ich vieles Erlebte gar nicht wahrhaben will, anderes, was ich gar nicht selbst erfahren habe, aber gerne in meine Biografie mit eingewoben hätte, ich also manches in die Veränderungsschneiderei meines Gedächtnisses bringe und es kürzen oder verlängern lasse, ich mir sozusagen eine jeweils aktuelle Biographie zurechtschneidere. Entschuldigen Sie mein ausschweifendes Gerede, aber manchmal galoppiere ich mir selbst davon, das kommt vor im Alter."
„Darf ich fragen, warum sie so oft auf den Hohneck hochkommen?", nahm ich das Gespräch wieder auf. Keine Antwort. Nur ein verlegenes Hüsteln.
„Das hängt mit dem Kriegerdenkmal zusammen da vorne neben dem Hotel", führte seine Frau das Gespräch fort, „aber das wird Ihnen mein Mann sicher nicht erzählen. Selbst mir hat er die Geschichte erst nach vielen Jahren unserer Ehe erzählt."
„Darf ich fragen, wie alt Sie sind?", fragte ich ihn nun. „Raten Sie mal!", forderte er mich auf. „Zwischen 75 und 80", schätzte ich. Seine Frau schmunzelte. „86 und kein bisschen weniger!", sagte er, nicht ohne Stolz. „Wissen Sie", fuhr seine Frau fort, „jetzt, wo Sie wissen, wie alt mein Mann ist, kann ich es Ihnen ja sagen, 1944 fand hier oben auf dem Hohneck" … „ im Dezember 44 eine erbitterte Schlacht statt", beendete er verärgert den Satz „und ich möchte jetzt in Ruhe meinen Kaffee zu Ende trinken! Aber", sagte er und drückte meine rechte Hand, „Sie sollten uns unbedingt zu Hause besuchen, da kann ich Ihnen hundert Geschichten über Ihre Partnerstadt Dôle erzählen, das ist für Sie viel interessanter, bitte, ich meine es ernst, besuchen Sie uns!" Er rief nach der Bedienung und zahlte für uns alle. Dann erhob sich das Ehepaar, bedankte sich für meine Gesellschaft und stapfte zum Auto. Dort angekommen, riefen sie mir zu: „Hallo, Monsieur, Sie haben ja gar keine Adresse von uns, kommen Sie bitte, damit wir sie Ihnen geben können." Ich holte mir die Adresse, sie stiegen ein, fuhren ab und ich winkte ihnen noch lange nach.

Am späten Nachmittag sehe ich von der Auberge des Trois Fours aus über die von Dunst bedeckte Rheinebene. Die Schwarzwaldkette rückt näher und scheint, jetzt wo die Ebene nicht mehr sichtbar ist, eine weitere Kette der Vogesen im Osten zu sein.

Auf einem Sträßchen hoch zum Petit Ballon komme ich an den Bergstraußen Rothenbrunnen, Hunleskritt und Landersen vorbei. Der Blick vom Gipfel übers Münstertal zum Hohneck und Kastelberg lässt mich erst los, als die Dunkelheit die Berge verschluckt. Ich sehe die Lichter von Guebwiller. Auf der gänzlich waldfreien Kuppe des Gipfels stürmt es unablässig. Es ist November. Die Marien-Statue mit der Inschrift „Regina pacis ora pro nos“ steht steinern gegen den Wind. Erst in fast völliger Dunkelheit steige ich auf dem steilen Weg am breiten Westhang ab zur Straße nach Münster.
Ende April bin ich wieder hier. Jetzt blühen Anemonen und Sumpfdotterblumen, Lerchen schweben im Aufwind, über den Osthang huschen Bachstelzen und unterhalb des Gipfels im Osten drehen Modellflugzeuge ihre Runden.

„Mama, schau, der Himmel brennt!“

Straßburg (Strasbourg)

Der 1880 als Sohn deutscher Eltern in Metz geborene spätere Schriftsteller Otto Flake ging in Colmar aufs Gymnasium, studierte in Straßburg und lernte dort die elsässischen Dichterbrüder Adolf und Albert Matthis kennen. Flake geht regelmäßig ins Wiener Café am Broglie-Platz und trifft dort den in Colmar geborenen Lyriker Ernst Stadler. Mit René Schickele zusammen gibt er in Straßburg eine literarische Zeitschrift heraus. Als Student wird er hin und wieder von einem Professor in die *Germania* eingeladen. Das Gebäude ist nach einer Schweriner Versicherung benannt. Zu Flakes Studentenzeit befindet sich darin auch ein Bierrestaurant. Er erinnert sich: „Bier trank ich, und kaum mehr als ein Glas, nur an den Abenden, zu denen Professor Leumann seine Handvoll Zuhörer in die Germania einlud. Den japanischen Herren schmeckte es sichtlich, sie leerten die Humpen mit Vergnügen und glucksend. Einer von ihnen war in Wahrheit Siamese. Ich erfuhr Wissenswertes über die Geschichte des Buddhismus und die östlichen Versuche, die Weltreligionen zu verschmelzen" (Otto Flake: *Es wird Abend*). Also auch damals schon gab es die Idee von einem Welt-Ethos à la Hans Küng. Als ich einige Semester in Straßburg verbrachte, ging ich meist in das Studentenrestaurant, das sich jetzt in diesem Gebäude befindet. Heute heißt es *Gallia*. Von der *Germania* zur *Gallia*. Dort lernte ich Peruaner und Tunesier kennen, die mich auf ihre renovierungsbedürftigen Buden in die Petite France einluden, für mich peruanisch und arabisch kochten und sich hitzige Debatten über amerikanischen Imperialismus in der Dritten Welt und die Lage in Palästina lieferten. Was hat sich verändert? Die Verschmelzung der Religionen lässt noch lange auf sich warten, der Imperialismus ist ein Chamäleon, das Palästinaproblem ist geblieben und das Bier schmeckt den Japanern noch immer, aber: Zigarrenrauchen ist in den meisten Restaurants untersagt, La Petite France ist renoviert und man kann digital darin spazieren gehen.

An den Straßburger Orangeriepark schließt sich das Europa-Viertel an mit seinen kastenförmigen, zylindrischen, kubischen Gebäudekomplexen an der Ill. Am Tag ist das Gebiet bevölkert mit Juristen, Verwaltungsangestellten,

Politikern und Beamten, die Gesetze vorbereiten und prüfen, Paragraphen formulieren, Resolutionen erarbeiten und Gutachten erstellen. Nachts herrscht Totenstille. Niemand wohnt hier. Eine Tagesstadt, ähnlich einem Industrie-Gebiet. Das Europäische Parlament mit den zugehörigen Gebäuden, die Baueinheiten des Europarates und der Europäische Gerichtshof für Menschenrechte sind in ihrer wuchtigen Architektur eher einschüchternd als einladend. Hinter verschlossenen Toren und Türen in streng überwachten Sitzungssälen und zahllosen Büros versteckt sich ein bürokratisches Babylon, das ängstigt. Wenn man mit einem der kleinen Touristenboote auf der Ill an diesen Gebäude-Konglomeraten vorbeischippert, bemerkt man das kaum. Aber wenn man zu Fuß durchpilgert, fühlt man sich schnell erdrückt und flicht bald in den freien Raum des weiten Orangerieparks.

*

Nackte Äste von Platanen greifen am Quai au Sable in der Nähe des Rohan-Palastes mit großer Geste nach oben ins Leere. Die Ill hat hier Tempo an diesem Tag und viele Schwäne lassen sich Richtung St. Wilhelms-Brücke den Quai des Bâteliers, den Schifflitstade, entlangtreiben. Die nahe St. Wilhelms-Kirche mit einem Anker auf der Kirchenspitze war einst die Kirche der Flussschiffer. Will man die Kirche besuchen, muss man sich einen Schlüssel besorgen oder am Sonntag zum Gottesdienst gehen. Kirchenkunsträuber beschränken die Öffnungszeiten.

Ein Schwan lässt sich mit hochgezogenen, angewinkelten Flügeln in Richtung St.Paulus-Kirche treiben, der ehmaligen evangelisch-preußischen Garnisonskirche. Fünf Enten als Begleitschiffchen schwimmen mit und eine Schar Möwen, die ihn als Schutzstaffel überfliegt. Wie ein Triumphator erreicht er die von Ill und Aar umflossene Halbinselzunge, wo die Kirche verlassen steht. Auf dem Wasser ein schwerer, glänzender Goldteppich in der Nachmittagssonne.

Die Kirche hat genauso viele Türen am Gebäude, wie es Dienstgrade beim deutschen Militär gab, steht in einem Stadtführer. Enger können Militär und Kirche architektonisch kaum verbunden sein. Der kleine, bepflasterte Vorplatz ist von Moos überwachsen. Und hier traten einmal preußische Militärangehörige im Sonntagsputz aus der Kirche?

Der Zusammenfluss von Ill und Fossé du Faux Rempart am Quai Saint Étienne ist wohl ein Szenetreffpunkt von Straßburger Wasservögeln, Schwänen, Möwen und Enten. Kinder zerstampfen am Uferweg trockene Baguettes und kicken die Brotstücke ins Wasser, wo alles Gefieder laut losflattert und sich darüber hermacht. Geschnatter, Geflatter, Gequake, Geschrei. Aufpicken, streiten, wegpicken, mit der erschnabelten Beute steil nach oben wegziehen und dann im Sturzflug wieder zurückschießen ins abgesteckte Brosamen-Jagdrevier. Tauben holen sich, aufgeregt gurrend, mit täppelnden Schaukelschritten und schnellen Bewegungen von Köpfchen und Hals die Reste auf dem Weg. Als das Brot alle ist, amüsieren sich die Kinder damit, so zu tun, als würden sie weiter zerbrochenes Brot über die Wasseroberfläche streuen. Lange lassen sich die Flugkünstler aber nicht am Schnabel herumführen und drehen ab.

„Vögel sind blöd“, sagt da ein Junge mit violett-rot-blauem Irokesen-Haarschnitt. Dann zieht die Vogelfutterkolonne gelangweilt weiter. Im Gehen spucken zwei Jungen abwechselnd in kurzen Abständen kraftvolle Salven seitwärts ins Gras, als gelte es, vorher ausgemachte Ziele punktgenau zu treffen. Die Zeit-Intervalle scheinen sich dabei nach der Menge des neu gebildeten Speichelflusses zu richten, der für neue Attacken zur Verfügung stehen muss. Ein Mädchen mit höchsthackigen, silberfarbenen Stöckelschuhen, in denen es immer wieder seitlich wegkippt, nie ohne zu fluchen, „blöde Kacke!!“, kaut auf einem Kaugummi, wobei das Hauptvergnügen offensichtlich darin besteht, die Kaugummimasse im Mund so weit wie möglich auseinander zu ziehen. Und in der späten Abendsonne blinken dann jedes Mal zwei kaugummiverklebte Zahnspangen auf.

An nicht wenigen Häusern Straßburgs entdecke ich Ecksteine, in die der elsässische Name der Gasse, Straße oder des Platzes eingemeißelt ist. *Kalbsgaß* steht auf einem solchen Eckstein zu lesen, ins Französische wurde das mit *Rue des Veaux*, also *Gasse der Kälber*, übersetzt, obgleich die Gasse einst nach einer Familie Kalb benannt wurde. Eine Straßennamen-Stilblüte also, wie es sie im Elsass zu verschiedenen Zeiten in deutscher oder in französischer Variante gab. Die elsässischen Namen sind nur noch stumme Zeugen der kulturellen Vergangenheit einer Region, die dabei ist, sich von der Burgundischen Pforte bis ins Pfälzische hinein in ein riesiges Sprachmuseum zu verwandeln: *Räjeböjegass (rue de l'arc en ciel), Brandgass (rue brulée), Murergässel (impasse des maçons), Kapaunegass, Madlenebruck, Kuttelplatz.* Welcher Elsässer kann das in zwanzig Jahren noch lesen? Und verstehen?

Am Quai des Pêcheurs zwei Obdachlose, halb hockend, halb liegend, jeder eine Bierflasche in der Hand, mit hochroten Köpfen, lallend, mit verstümmelten Sätzen aufeinender einredend, auflistend, wer ein „Schwein" sei, wer ein guter Kumpel, in welchem Lebensmittelgeschäft die Kassiererin ein gutes Herz habe, wenn das Kleingeld mal wieder nicht reicht, und welche Pfarrer immer ein offenes Ohr hätten, wenn mal gar nichts mehr läuft. „Geh, zuzuzu den, zu den jungen Pfarrern, ja, weil, weißt du, weißt du, hör doch zu, weil die glauben uns noch, die alten sind doch mit dem reichen Pack uuuunter einer Decke, verstehst du, hörst du? Santé!"
Vor sich ausgebreitet ihre Habseligkeiten, halbvolle Plastiktüten, ein paar Dosen, zwei große Taschenmesser, mehrere Blechnäpfe, eine Tafel Schokolade und ein Päcken Zigarettenpapier. Alles weit auseinander gelegt, als wären sie dabei, einen kleinen Flohmarkt vorzubereiten. Quer über alles schlängelt sich eine lange Hundeleine. Wo ist der Hund?
Als ich wenig später auf dem Rückweg wieder vorbeikomme, liegt nur ein langhaariger, gutmütig dreinblickender Köter zwischen den Plastiktüten und kaut mit weißem, kräftigem Gebiss auf der langen Leine herum.Wo sind die Männer?

1870/71: Nach sieben Wochen Belagerung sind in Straßburg ganze Straßenzüge dem Erdboden gleich. Die in diesem Krieg eingesetzte Waffentechnik lässt schon erahnen, mit welcher Zerstörungsgewalt in späteren Kriegen zu rechnen sein wird. In Straßburg wird Zerstörtes schnell wieder aufgebaut. Die Stadt wächst im Zeitraffer um das Doppelte. Ein imperialer Baurausch soll den Zorn der Bevölkerung über Krieg und Zerstörung beruhigen.
Die Nationalbibliothek war durch Sprenggranaten zerstört, die Oper, Teile des Münsters, die in der Klosterkirche der Dominikaner untergebrachte Bibliothek mit ihren 400 000 Bänden, darunter 24 000 Handschriften und 9 000 Inkunabeln (Frühdrucke) und darunter der *Hortus Deliciarum* der Herrad von Hohenberg. Ein Schock für die Kulturwelt, auch in Deutschland.

Die Avenue de La Liberté führt in gerader Achse vom Universitätspalais zum Platz der Republik, dem Kaiserplatz der wilhelminischen Zeit. Hier hat sich Berlin nach dem Deutsch-Französischen Krieg im „Reichsland Elsass-Lothringen“ auf 380 Hektar Fläche mit Kulturtempeln, Ministerien, Verwaltungsbauten und herrschaftlichen Wohnhäusern architektonisch festgekrallt und sein Zentrum geschaffen. „Politik durch Bauen.“ Die imperiale Geste dieser raumgreifenden Urbanisierung in den südwestlichen Rheinauen ist beeindruckend, gewiss. Sollte es auch sein, denn man wollte die Bevölkerung für sich einnehmen. Bedrückend wirkt diese Reichsimponiergehabe-Architektur zuweilen aber auch. Machtausübung und Staatspräsenz schon allein durch bloße Baumasse. Ein Festival der Baustile jedenfalls. Neo-hellenistisch der Justizpalast, neo-romanisch die daneben gelegene Kirche St. Pierre-le-Jeune Catholique, neo-klassizistisch die Nationalbibliothek.
Welche deutsche Stadt hat so viele steinerne Zeugen der wilhelminischen Ära wie die französische Stadt Straßburg?
Eines der wohl schönsten Jugendstil-Häuser der Stadt, von den Architekten Lütke und Backes geplant, steht in der Rue du Général de Castelnau

(Nummer 22). Das Palais des Fêtes in der Rue Sellnick von Kuder und Müller als Architekten, das „Ägyptische Haus“ in der Rue du Général Rapp, wo sich sich Jugendstil und Orientalismus mischen, sind andere Beispiele dieser eklektizistischen Gründerzeit-Architektur. Ein Juwel für mich unter den Häusern ist die alte Villa Schützenberger in der Allée de la Robertsau (Nummer 76). Die Architekten Berninger und Kraft haben hier italienische Villenform und Jugendstildekor in Einklang gebracht. In über hundert Jahren Geschichte wurde diese Architektur von den Bewohnern der Stadt und der Region unterschiedlich und wechselnd wahrgenommen und interpretiert, bewundert, abgelehnt, war umstritten, vergessen, wurde wiederentdeckt, neu bewertet. Der zeitliche Abstand und der Aufbruch nach Europa lassen wieder andere Sichtweisen zu. Die Namen der Architekten jener Zeit stehen wieder in Straßburger Reiseführern. Nach nun bald hundert Jahren haben diese reichsdeutschen Wohnburgen, Villen und öffentlichen Gebäude ihren preußischen Geist ausgehaucht und gehen mit ihren Erkern, Balkonen, Säulen, Skulpturen, Giebeln, Atlanten und schmiedeeisernen Balustraden einer ungewissen Zukunft entgegen. Wer will diese Baumassen instand halten und heutigen Bedürfnissen gemäß restaurieren? Wie lange werden die Gebäude noch stehen? Die meisten sind nicht geschützt, aber die „Gesellschaft der Freunde des alten Straßburg“ will das gesamte Viertel zur Schutzzone erklären.

Der Platz der Republik setzt sich in südwestlicher Richtung fort zum Broglieplatz, dem Platz mit dem meisten französischen Flair in Straßburg, wie ich meine, mit Opernhaus, Rathaus, Banque de France, Marseillaise-Denkmal (das Lied soll ja im Hause des zur Zeit der französischen Revolution an diesem Platz wohnenden Maire Dietrich geschrieben worden sein). Es befinden sich dort ebenso die General Christoph Kellermann-Statue für den Sieger von Valmy im Ersten Koalitionskrieg, das Ehrenmal für General Leclerc, Befreier Straßburgs im Zweiten Weltkrieg, und eine Gedenktafel für den Kabarettisten Germain Müller, der hier am Platz sein

Kabarett „Parapluie“ führte. Allein mit Büchern, die sich mit der Geschichte der Gebäude und Monumente nur dieses Platzes beschäftigen, ließe sich eine ganze Bibliothek füllen.

Am Quai Jacques Sturm, am unteren Ende des Platzes der Republik sitzt ein rötlich-blonder, kraushaariger junger Mann in T-Shirt und kurzer Hose an der Ill und kühlt seine Füße im Wasser. Neben sich eine umgedrehte Stoffkappe, in welcher ein Kassettengerät liegt. Er hat ein Bündel von mit Handschrift beschriebenen Papieren auf den Knien liegen und ist dabei, Wörter, Satzteile und Sätze durchzustreichen, etwas Neues darüberzuschreiben oder sich am Seitenrand Notizen zu machen.
„Sieht aus wie eine Doktorarbeit“, rufe ich ihm zu, als er bemerkt, dass ich ihn beobachte.
„Sie haben richtig geraten!“, kommt prompt seine Antwort.
„Worüber schreiben Sie denn?“, hake ich nach.
„Oh!“, seufzt er, „wenn ich das wüsste!“

Oben am Quai sitzt eine vielleicht fünfzehnjährige Schülerin auf einer Bank rittlings auf ihrem Freund und hört nicht auf, ihn zu schnäbeln. Jedesmal, wenn er zurückküssen will, packt sie ihn an den Schultern, lehnt sich weit zurück, schüttelt den Kopf und macht „Hey, werd' ja nicht frech!“, lacht, nähert sich wieder seinem Mund und schnäbelt weiter.

Schwarze Jahre

Am 19. Juni 1940 rückt die Wehrmacht in Straßburg ein. Auf dem Straßburger Münster wird die Hakenkreuzfahne gehisst. Nichts passt weniger auf dieses Gebäude. Selbst die viele Meter hohe „phrygische Mütze“, die ein pfiffiger Straßburger während der französischen Revolution als jakobinisches Symbol hatte anbringen lassen, um den Turm vor dem Abriss zu retten – die Revolutionäre störten sich daran, dass ein christliches Symbol wie der Münsterturm so hervorstach – war eher ein dadaistisches Happening im Vergleich zu diesem Nazi-Frevel. Die Straße des 22. November wird in Straße des 19. Juni umbenannt. Es existiert ein Foto vom Auswechseln des Straßenschildes. Nur wenige Tage, nachdem sich die Nazis in Straßburg eingerichtet hatten, brannte dort die Synagoge. Auch der ideologische Krieg war ein Blitz-Krieg.

Über dem Portal der neuen Synagoge in der Avenue de la Paix steht über dem Portal:
„Plus fort que la glaive est mon esprit"(Stärker als das Schwert ist mein Geist).

In der 65. Ausgabe der Zeitschrift *Saisons D'Alsace* sind mehrere Fotos, die während der Annexion des Elsass durch Hitlerdeutschland aufgenommen wurden. Auf dem Kleberplatz, dessen Kleberdenkmal die Nazis entfernt haben, findet eine Kundgebung statt. Dicht gedrängt, den Platz zur Gänze ausfüllend, stehen uniformierte Männer starr ausgerichtet wie von einer gigantischen Maschine ausgestanzt. Dazu Hakenkreuzfahnen rund um den Platz. Alles Leben scheint erloschen. Hier herrscht nur noch Ordnung, makellose Gleichförmigkeit. Genau diese Gleichförmigkeit aber ist der Makel. Auf dem zweiten Foto sieht man Soldaten in einer langen Kolonne mit einstudierter Akkuratesse auf einer Avenue an einer Militärkapelle vorbeimarschieren. Die Straße ist zum Zeitpunkt der Aufnahme schon in Hermann-Göring-Straße umbenannt. Ich frage mich, was Hermann Göring für Straßburg geleistet hatte, dass eine Straße plötzlich seinen Namen trug.

Straßburger Alptraum

Hitler, Adolf, schritt mit einigen treudeutschen Getreuen ins Straßburger Münster. Stampfte mehrfach mit dem rechten Fuß auf den Münsterboden auf und stieß dabei

Mama, schau …

Der Meiselocker in Straßburg

den rechten Arm mit ausholendem Schwung zur Geste des Triumphators himmelwärts. Tief hinten im Kirchenschiff erschreckte dies ein Mäuslein. „Heil, heil!", fiepte es und versuchte sich zwischen die Kirchenbänke zu retten. Da aber saß lauernd eine Katze, die mit dem Siegertross hereingeschlichen war. Mit einem lustvollen Satz stürzte sich das Raubtier auf das arme Mäusegeschöpf und biss ihm den Nacken durch. Einige der Herrenmenschlein im Führerpulk ergötzten sich an diesem Schauspiel. „Seht! Seht!", hallte es durchs Kirchenschiff, „die Natur! Die Natur!"
Die Herren Generäle und der Gauleiter ließen sich unterdessen von einem übereifrig haspelnden Begleiter die germanischen Wurzeln des Christentums erklären. Aber die Zeit drängte die Welteroberer und so traten die gestiefelten Übermenschen aus dem ihrer Meinung nach ururdeutschen Bauwerk, das sie allerdings anschließend für einige Jahre hermetisch verschließen ließen. Da saß schon die Katze vor dem Hauptportal und hob mit halbgeschlossenen Augen die linke Pfote katzenhaft lässig zum Hitlergruß. Als nun die eitlen Männer in ihren Uniformen laut lachend, von sich selbst berauscht, über den vollkommen menschenleeren Münsterplatz weiter zogen, sahen ihnen die Propheten Israels in den Laibungen des Westportals entsetzt nach. Der Verführer bei den törichten Jungfrauen ließ beim Anblick der Haupt- und Obergermanen vor Schreck seinen Apfel fallen und die Evangelisten und Engel am Pfeiler des Jüngsten Gerichts starrten fassungslos durch den Kirchenraum. Der Tod an der astronomischen Uhr schlug mit dem Knochen an die Glocke und drehte sein Sandglas um.

Am 23. November 1944 rückte die 2. Panzerdivision unter General Leclerc in der Stadt ein. Am 17. Dezember dann wurde im Münster in Gegenwart des Bischofs und im Beisein von Persönlichkeiten von Kirche, Stadt und Militär die erste Messe seit der Befreiung abgehalten. Doch nur wenige Tage später jagte die Nachricht durch die Stadt, dass die Deutschen die amerikanische Frontlinie in Luxemburg durchbrochen hätten und gegen Belgien vorrückten. Der Krieg ging also unvermindert weiter.
Ein ehemaliger Landser, der bei den Kämpfen im Elsass dabei war, erzählte mir von einem der schönsten Augenblicke seines Lebens – er habe nur wenige Tage nach dem Krieg eine Zigarette ergattert, sich an einem sonnenhellen Tag an einen Baum gelehnt und genüsslich Zug für Zug geraucht.

Da erst, bei dieser Zigarette, sei ihm richtig bewusst geworden: Der Krieg ist aus. Noch Jahre später, so beteuerte er mir, habe er sich an den Geschmack dieser Zigarette erinnert.

*

„L'Alsacien, c'est du chinois pour moi", „Elsässisch ist chinesisch für mich", sagte ein junger Franzose, der plötzlich lächelnd neben mir stand, als ich auf dem kleinen St. Etienne-Platz im verwitterten Stein des Brunnens mit der Vogelfängerskulptur, dem „Meisenlocker", halblaut vor mich hin sprechend versuchte, den elsässischen Vers hinten an der Brunnensäule zu entziffern.

„Ja, ja, „chinesisch" simmer (sind wir), so witt isches kumme mit unsrem aarrme Alsassisch, excusez!", sagte ein zittriger Alter, der vor dem Brunnen stand und uns zugehört hatte. „Mini Muettersproch isch numme noch du fólklore, Folklore, vrschtenna? Awwer s isch nit zum Lache, s isch zum Hiile, was kammr mache degeje, nix, gaar nix kammr mache, voilà! Sogaar mini Enkili lamentiere, se welle nix heere vun dere ewige Elsass-Nostalschii. ‚Opa, dü sottsch Chinesisch lehre', sage si ze mir un meine des noch halwwer im Äärnscht. Awwer Chineesch, des brüch ich gar nim lehre, denn het nit grad der Monsieur do gsait, ‚das Elsässische ist Chinesisch für mich'? Pardon, nix fer unguet!" Sprach's und trottete an uns vorbei in die Rue des Pucelles (Flohgasse). Und ich war wieder allein mit meinem Meisenlockerbrunnen. Es gelang mir nicht, die in den Stein gehauenen alemannischen Wörter zu einem zusammenhängenden Text zusammenzufügen. Ich fragte rund um den Platz herum an zwei verschiedenen Tagen in Geschäften und Restaurants, Schüler und Studenten. Aber niemand konnte mir weiterhelfen. Erst in der Buchhandlung Gangloff am Münsterplatz fand eine ruhige, freundliche Dame die richtige Spur – sie setzte sich an den Computer und ging ins Internet. Nach wenigen Minuten druckte sie mir ein Foto vom Vogelfänger und den Text aus:

Juhe! Ihr Buewe, der Morje isch scheen;
Dhuen m'r denn hitt nit uf's Meiselocke gehen?
Drüsse im Rhinwâldel oder im Lerchefeldel gibt's Zisele (Zeisig)
Blejele(Blaumeise), Brandle (Kohlmeise) genue
Wer jo kân Meise lockt isch au kân Bue!

Der Stephans-Platz mit dem Meisenlockerbrunnen ist mein Lieblingsplatz in Straßburg.

Am frühen Morgen und am späten Nachmittag ist im Orangerie-Park Jogging-time. In Straßburg sind die Bewegungsjünger längst nicht so markengedresst und science-fiction-gestylt wie die Anti-Bauch-Bewegten und Gesundheitsjäger beiderlei Geschlechts hier bei uns, wo man als gewöhnlicher Spaziergänger, wenn einem solch ein Pulk dampfender, buntscheckig isoprenverpackter Kurzatmer entgegenprustet, leicht das Gefühl hat, als Urzeitwesen klassifiziert zu werden. Als eine Art Rest-Dino, der sich ins Revier der hochentwickelten Spezies der Schlank-, Rank- und Fitmenschen verirrt hat. Sie kommen mir vor, als trainierten sie alle für den nächsten Flug zum Mars. Also: In Straßburg sieht man noch Menschen mit ganz gewöhnlichen Turnschuhen, Turnhosen und Bauchansatz. Sehr sympathisch.

Als ich aus dem Café Broglie trete, geht mein Blick in die Rue des Étudiants. Über die Dächer der Häuser sehe ich einen glühenden Wolkenstrom nach Osten ziehen. „Maman, regarde!", ruft ein Kind, „le ciel brûle!". „Mama, schau der Himmel brennt!". Und weiter fragt das Kind: „Was machen wir, wenn er auf die Dächer fällt?"
„Dann rufen wir die Feuerwehr!", sagt die Mutter lachend, hebt ihr Kind hoch und küsst es innig.

In der Passage de la Pomme de Pins saß ein gut gekleideter, gepflegt wirkender, vielleicht siebzig Jahre alter Herr mit Krawatte auf einer Schaufensterbank. Neben ihm stand eine noch volle Bierflasche mit Kapselverschluss und ein volles Glas Bier daneben. Er musste sich also bereits aus einer anderen Flasche eingeschenkt haben, die er schon wieder weggeräumt hatte. Die Schaufensterbank als Sitzgelegenheit, seine Kleidung, das gepflegte Aussehen, die Bierflasche passten für mich nicht zusammen. Andererseits aber trank er nicht aus der Flasche, sondern aus einem Glas. Ich hätte ihn gerne angesprochen, wusste aber nicht, wie ich das Gespräch hätte beginnen sollen, ohne indiskret zu wirken.

Eine junge Frau kommt über die Rabenbrücke (Pont du Corbeau) gerannt. Barfuß, in einem Sackleinenrock, weißer Baumwollbluse und mit einem leeren Benzinkanister in der rechten Hand. Ganz außer Atem stoppt sie vor mir und bittet mich in zerhackten Sätzen, ob ich nicht „zufällig" zwei Euro hätte, sie habe eine Autopanne, kein Geld dabei für Benzin, zwei Euro, nur zwei Euro, das wäre genug, bitte! Ein älterer Passant eilt vorbei und ruft ihr zu, sie solle doch endlich aufhören mit dieser Benzinkanister-Masche. „Hau ab!", schreit er und reißt dabei drohend einen Arm hoch. Unter der Brücke über die Ill tuckert ein leeres Rundfahrtenboot vorbei. Es beginnt in Strömen zu regnen. „Verdammte Sch…!", flucht die Frau mit dem Benzinkanister, rennt im Zick-Zack über die Brücke zurück und tritt dabei einem Köter auf die Pfoten. Der jagt laut jaulend zwischen bremsenden und hupenden Autos über den Quai St. Nicolas davon.

Wo immer man geht in dieser Stadt – das Münster geht mit, ist vor, hinter oder neben einem. Wenn es mir nicht gelingt, das Münster zu vergessen, beschleicht mich das Gefühl, es würde mir folgen. Hat es nicht gerade gelacht, als ich mich wegdrehte?

Wenn ich am Straßburger Münster vorbeigehe, kann ich nicht „nicht" hinschauen.

Das scheppernde Geräusch der hektisch geschlagenen Gitarre eines Straßenmusikers ertrinkt im vollen Geläut der Münsterglocken.

Die Julisonne macht aus den Steinfiguren an der Münsterfassade lebendige Wesen. Die törichten Jungfrauen sehen aus, als warteten sie darauf, dass ihnen Roger Siffer aufspielt mit „Maidele, Maidele hoppsassa!"

Mich rührt die Schönheit der Skulptur der trauernden Synagoge am Südportal des Münsters. Ihr in sanften Wellen fallendes Haar wird von der Augenbinde zusammengehalten, schmiegt sich auf beiden Seiten an den Hals. Diese junge, melancholische Frau mit dem wehmütig weichen Mund soll verblendet sein? Die zerbrochene Lanze schmiegt sich in die Armbeuge, vom Tuch des Kleides umschlungen. Die Gestalt ist müde, aber nicht niedergeworfen durch die triumphierende Ecclesia. Nur in tiefer Trauer darüber, ausgestoßen zu sein. Kein Zweifel, der Schöpfer hat zärtliche Zuneigung empfunden für dieses Wesen, das er aus Stein ins Leben formte. Wer möchte ihr nicht die Augenbinde lösen und ihr dankbares Lächeln ernten?

In seinen Reiseberichten beschreibt Victor Hugo eine Szene im Straßburger Münster: „Ich war seit einer guten Stunde tief in Gedanken versunken beim großen Erwin von Steinbach als mich jemand aufschreckte. Es war der Küster der Kirche, der mir, um dreißig Sous zu verdienen, anbot, mir die Kathedrale zu erklären. Stellen Sie sich einen abstoßenden Küster vor, halb deutsch, halb elsässisch, der sich erdreistete, mich führen zu wollen: – *Monsir, fous afre pas fu lé champelle?* (Mein Herr, haben Sie noch nicht die Kapelle besichtigt?). Ich habe diesen Kauderwelschhändler ziemlich barsch abgewiesen." Victor Hugo schien nicht gerade zu den Bewunderern des elsässischen Akzentes zu gehören. Auch über die Küster in der Sankt-Thomas Kirche, wo er sich zunächst herablassend über das von Pigalle geschaffene Grabmal des Marschall Moritz von Sachsen äußert, urteilt Hugo: „Die Küster verstecken alles, was sie verstecken können und lassen sich zuerst bezahlen, ehe sie einem etwas zeigen" (Übersetzung vom Autor).

Johann Georg Schneider, alias Eulogius (aus dem Griechischen „schön" und „Wort"), deutscher Franziskaner, Pater, Professor, Kanzelredner,

Kanzelprediger, später Präsident des Straßburger Jakobiner-Clubs, Ankläger eines Revolutionsgerichtes, eilt, eine zusammenklappbare Guillotine unterm Arm über den Gutenbergplatz (hieß der schon damals so?). Er wird den Maire Dietrich denunzieren, in dessen Wohnhaus die Marseillaise entstanden ist. Dietrich wird als Konter-Revolutionär hingerichtet. Sogar Roger de Lisle, der als Komponist der Marseillaise gilt, wird festgesetzt und verdankt sein Leben nur dem früheren Tod Robespierres. Schneider soll 33 Personen aufs Schafott geschickt haben, wird aber, wie viele Revolutionsbegeisterte, selbst Opfer dieser todeswütigen Zeit, wird verhaftet und auf dem Straßburger Paradeplatz (heute Kleberplatz) an eine Guillotine gekettet und einen halben Tag zur Schau gestellt, um die „den Sitten der entstehenden Republik angetane Schmach zu büßen". Wenige Monate später endet er in Paris unter dem Fallbeil. Von Schneider stammt das Kirchenlied „Sei gelobt und hoch gepriesen" und eine deutsche Übersetzung der Marseillaise. Es gab Menschen, die in ihm einen Beschützer und Wohltäter sahen, wie Kommentare aus der Zeit belegen. Aber für die meisten war er der Inbegriff eines Scheusals und sie feierten seinen Tod und das Ende seines Terrors. Das Straßburg der Revolutionszeit hatte eine schillernde Persönlichkeit weniger.

Ludwig XIV., der Straßburg zur französischen Stadt erklärte, Mozart, der sich dort um eine Stelle bemüht haben soll, der verliebte Goethe als Student, Herder, der sich wegen eines Augenleidens in Straßburg medizinisch behandeln ließ, der aus Darmstadt geflohene und mit der Straßburgerin Wilhelmine Jaeglé verlobte Büchner, der im Labor experimentierende Louis Pasteur, der Reichsdeutsche Conrad Röntgen, der Flugschüler St. Exupéry – alle gingen durch die Straßburger Straßen und Gassen. Auch der Buchdrucker Gutenberg eilte durch die Stadt und rief: „Ich hab' es, ich hab' es!", und niemand wusste, dass er damit seine die Welt verändernde Erfindung meinte. Ob sich diese Szene wirklich zugetragen hat, weiß ich nicht, aber denkbar ist es.

Der elsässische Reformator Martin Bucer und der Straßburger Magistrat

Jakob Sturm von Sturmeck beriefen den Humanisten Johann Sturm (mit Jakob Sturm nicht verwandt) an das neu gegründete *Gymnasium* im alten Dominikanerkloster in Straßburg. Er sollte dort Rhetorik und Dialektik unterrichten. 1538 ist das Gründungsdatum. 1566 wird es zur Akademie und 1621 zur Straßburger Universität. Johann Sturm schrieb einen Bericht über die Neuordnung der Straßburger Schulen – *De literarum ludis recte aperiendis*, führte fortschrittliche Unterrichtspläne und Lehrmethoden ein, war bald berühmt als herausragender Gelehrter und Pädagoge und seine Schulreform machte das Gymnasium zu einem in ganz Europa bekannten Bildungstempel. Das *Gymnasium* sollte das protestantische Ausbildungszentrum werden. 43 Jahre war Johann Sturm dessen Rektor. Schon acht Jahre nach der Gründung besuchten 624 Schüler die Einrichtung. Sturm setzte sich für die Ausbildung auch armer Schüler ein und für eine angemessene Bezahlung der Lehrer, legte großen Wert auf eine gute Beziehung zwischen Lehrern und Schülern und förderte den Wettbewerb. Die spätere Universität galt „als eine wissenschaftliche Hochburg des Luthertums" (Ernst Anrich). Sie war das „direkte Erbe der humanistischen Schule – dem durch Johann Sturm geschaffenen Gymnasium" (Benoît Jordan: *Histoire de Strasbourg*). Zu den Schülern zählte der zukünftige General von Karl V., Lazarus von Schwendi, ebenso der spätere Schriftsteller Johann Fischart, der Mystiker Angelus Silesius und der Schriftsteller Johann Michael Moscherosch aus Willstätt bei Kehl. Dieser schrieb die 1640 in Straßburg erschienenen *Wunderlichen und Wahrhaftigen Gesichte Philanders von Sittewalt*. Er fungierte in Straßburg auch als „Frevelvogt" für das Polizei- und Steuerwesen, als Ankläger also vor dem Zuchtgericht. Allerdings musste er die Stadt verlassen, weil er seine Haushälterin geschwängert hatte. In Willstätt errichtete man ihm ein Denkmal. 1701 wurde im Zuge der Gegenreformation „die Molsheimer Jesuitenhochschule als … rein katholische Konkurrenz nach Straßburg verlegt" (Hermann Schreiber: *Straßburg*). Religion als Wettbewerb.

*

In der ehemaligen Villa Greiner in der Avenue de la Marseillaise ist das neue Tomi Ungerer-Museum untergebracht. Das erste Museum in Frankreich, das einem noch lebenden Künstler gewidmet wurde. In seiner Biographie *Die Gedanken sind frei* zitiert Ungerer die „Verordnung über das Tragen der Franzosenmützen im Elsass vom 13. Dezember 1941". In der Verordnung stand: „Das Tragen von Franzosenmützen (Baskenmützen) im Elsaß ist verboten; unter das Verbot fallen auch solche Mützen, die den Franzosenmützen nach Zuschnitt und Aussehen ähnlich sind." Ungerer schreibt, fraglos habe er die Deutschen mit Inbrunst gehasst, die Nazis voller Abscheu. Man solle sich die Bilder anschauen. „In der ‚besten aller Welten' passte ich mich an", schreibt Ungerer. „Hier findet sich der Ursprung dessen, was ich später meine Chamäleon-Fähigkeit genannt habe." Seine Biographie widmet er seinem Freund „André Bord, Widerstandskämpfer, von den Nazis zum Tod verurteilt, der Gestapo entwischt, Verfechter der deutsch-französischen Versöhnung".

Bei einem Abend der Deutsch-Französischen Gesellschaft in Colmar saß Tomi Ungerer in einer Diskussionsrunde mit auf der Bühne und wollte nicht anfangen zu diskutieren, ehe man ihm nicht eine Zigarette gebracht hätte. Nach der Veranstaltung bat mich ein Buchhändler, der im Gang außerhalb des Saales einen langen Tisch mit Büchern des Künstlers aufgestellt hatte, ich möge Ungerer ausrichten, er solle möglichst bald kommen, denn es warteten schon Schlangen von Käufern, die signiert haben wollten. Ich überbrachte Ungerer diese Bitte, der aber lächelte nur freundlich, bedankte sich und meinte, er habe sehr viel Durst und müsse erst unten im Restaurant ein Bier trinken, er käme etwas später. Ich ging mit meiner Botschaft auf der Stelle zum Buchhändler und Tomi Ungerer ging mit seinem Durst zum Bier. Der Buchhändler aber war damit beschäftigt die Kunden zu beruhigen. Als ich mich dann schließlich mit einem unsignierten Buch auf den Heimweg machte und die Treppe zum Ausgang hinunterstieg, sah ich Ungerer rauchend und Bier trinkend im Restaurant sitzen und mit Gästen plaudern. „Das ist unser Tomi", sagte lachend ein älterer Herr neben mir auf der Treppe, „der kann sich das eben leisten!"

Ungerers Monument zur Zweitausendjahrfeier von Straßburg, das er neben der Oper an der Schnittstelle zwischen dem Platz der Republik (dem früheren Kaiserplatz) und dem Place Broglie hat errichten lassen, besteht aus einem gemauerten, wassergefüllten Becken in dem sich ein Januskopf, bis zum Mund im Wasser, befindet. Darüber wölben sich zwei römische Viadukt-Bögen. Der Januskopf lässt sich vielfach interpretieren. Aber das Relikt eines römischen Viaduktes? Es gab nämlich in Straßburg nie eines. Jedenfalls ist es Ungerer mit diesem ironischen Verweis auf die Geschichte wieder gelungen die Gemüter zu erregen und die falsche Ruine stand „im Mittelpunkt des Klatsches“, wie ein neuerer Straßburgführer anmerkt.

Die Marseillaise, die eigentlich la Strasbourgeoise heißen müsste, weil sie in Straßburg komponiert und gedichtet wurde, entstand an der Stelle, wo sich heute das Gebäude der Banque de France am Broglie-Platz befindet. Hier soll das Wohnhaus des damaligen, aus einer reichen Unternehmerfamilie stammenden Straßburger Bürgermeisters Philippe Friedrich von Dietrich gestanden haben. Dieser habe bei einer der häufig in der Residenz stattfindenden Soirées mit Persönlichkeiten des öffentlichen Lebens und mit Künstlern den zufällig anwesenden Heereskapitän und Dichter Rouget de Lisle gebeten, ein Lied für die Rhein-Armee zu schreiben. Ein Kriegslied, denn schließlich wollte man gegen den König von Böhmen und Ungarn zu Felde ziehen und war voll revolutionärer Begeisterung. Es konnte auch nicht schaden, diese Begeisterung durch Musik psychologisch weiter anzufeuern, denn man lebte ja unmittelbar an der Grenze zu den deutschen Ländern. Schon am nächsten Morgen war das Lied, das Chant de Guerre pour l'Armée du Rhin, geschrieben und bald hörte man es in den Straßen von Straßburg. Es wurde dem im oberpfälzischen Cham geborenen Graf Luckner, Gouverneur von Straßburg, gewidmet und in der kleinen Stadt Cham erklingt diese Melodie heute noch täglich mit dem Glockenspiel am Marktplatz. Das Lied heißt „La Marseillaise“, weil Truppenteile aus Marseille es bei ihrem Einmarsch in Paris und dem Sturm auf die Tuilerien gesungen haben. Bonaparte verbot die Hymne bald wieder und sie wurde erst 1879 in der Dritten Republik endgültig französische Nationalhymne.

Hatte das Lied tatsächlich am Place Broglie seine Erstaufführung? Dafür fehlt der Beweis. Der Bürgermeister könnte auch in der Rue de Charpentiers gewohnt und seinen Salon dort geführt haben. Ebenso wird in Frage gestellt, ob, wie auf dem berühmten Bild von Isidor Pils dargestellt – es hängt heute im Historischen Museum der Stadt – Rouget de Lisle das Lied als Erster gesungen hat. Ja, es geht sogar das Gerücht, dass der Komponist nicht er, sondern ein pfälzischer Hofkapellmeister namens Ignaz Jakob Holzbauer gewesen sei. Aber, so meint der Autor, von dem ich diese Version habe (Guy Trendel, *Racontez moi Strasbourg*), auch der Beweis dafür müsse erst noch geliefert werden. In seinem *Dictionnaire impertinent* bringt Daniel Ehret noch zwei weitere mögliche Komponisten ins Spiel – den Österreich-Elsässer Ignaz Josef Pleyel, Kapellmeister am Straßburger Münster und uns bekannt durch die Klaviermarke Pleyel und den berühmten Konzertsaal mit diesem Namen in Paris. Sogar der Dirigent eines Straßburger Artillerie-Regiments wird als möglicher Urheber der Revolutionshymne ins Spiel gebracht. Alle Hypothesen sollten nur mit einem Augenzwinkern weitergegeben werden. Nur Gerüchte? Wer weiß! Jedenfalls eine elsässische Geschichte.

In der *Straße zum grünen Sumpf* – Rue du Marais vert – ist nichts Grünes zu entdecken. Die alten Namen verleugnen den gegenwärtigen Zustand. Und das sind Parking-Kästen, Betonlandschaften. Aus dem Hauptbahnhof gegenüber kriecht ein TGV über eine Brücke Richtung Paris-Ost. Am Place des Halles Balkonkäfige an eine Hauswand des Einkaufskomplexes getackert. Ein Quick-Hamburger-Restaurant, Parking Wilson, Lieferwageneinfahrten, Busparkplätze, Werbetafeln. Der Name „Halles" (Hallen), so heißt das Einkaufszentrum, hat mit Markthallen nicht mehr zu tun als Plastikschnee mit Winter.

Drei in weiße Arbeitskluft gekleidete Bäckereiangestellte rauchen vor

einem laut brummenden Abluftgebläse ihre Pausenzigarette. Zwei schwarzafrikanische Sicherheitskräfte in schwarzer Lederkluft mit dicken Pistolentaschen am breiten Hosengürtel spazieren gelangweilt über den Hof und rufen zwei Bäckerinnen lachend etwas zu, aber der Lärm der Abluftmaschine frisst jedes Wort. Im Hauptgang des Waren-Kolosses ein Karussell, wo junge Väter ihre kleinen Süßen beaufsichtigen, bis die Mütter mit vollen Einkaufswägen zurückkommen. Dann lange Diskussionen darüber, ob man dies oder jenes in einer der endlosen Passagen nicht auch noch kaufen sollte. Meist aber sind die Männer zu bequem mitzukommen oder weiter den Kinderbetreuer am Karussell zu spielen. Um das Karussell: Häagen-Dazs Eisstand, Feinschmecker Galerie, Heineken Bar, Tele-Club-Corner, Coffee Shop. Und Geldautomaten-Nischen. Warum die Warenhausbetreiber nicht längst Sexy-Look-Euro-Hostessen mit Dauer-Smiling auf den Gängen zirkulieren lassen, die in den Armbeugen Körbchen voller Umschläge mit abgezählten Geldbeträgen tragen?
Für Kinder sind die Prozessionen in solchen Shopping Malls eine Tortur. Kein Wunder, dass sie auf das Gerenne durch die Gänge, das Geschiebe vor den Theken, das Anstehen an den Kassen und die Dauerbeschallung mit Musik- und Werbebrei nur mit Quengeln und Weinen reagieren. Kinder werden zu Quälgeistern, weil man sie quält. Manche Kinder erleiden Panik-Anfälle, sodass den gereizten und erschöpften Eltern nur bleibt, das Monstergebäude mit den geplagten Blagen fluchtartig zu verlassen.
Unter französischen, englischen, türkischen, arabischen, indischen, chinesischen, japanischen Bezeichnungen entdecke ich auch elsässische: „Tarte au Quetsch“ und „La Bierstub“. Unsere Nachfahren werden ein Wort wie „Quetsch“ nur noch in Museen für untergegangene Sprachen auf Info-Bildschirmen abrufen können und dann Erklärungen bekommen wie: „Quetsch, dialektale Variante für das Wort *Zwetschge* aus der deutsche Sprache, die Mitte des 22. Jahrhunderts noch existierte und der germanischen Sprachfamilie zugehörte.“

Am Isernemannplatz (Place de l’Homme de Fer) schlängelt sich katzenhaft

geschmeidig eine Karibikschönheit, halb genießerisch, halb verächtlich lächelnd mit so provozierender Körperlichkeit durch die Menschentrauben an den Straßenbahnhaltestellen, dass gut die Hälfte aller Männer vergisst, in die ankommenden Straßenbahnzüge einzusteigen.
Kurz darauf am Kleberplatz: Zwei Afrikaner mit schwarzen Designer-Sonnenbrillen, kahl rasierten Schädeln, auf denen je eine hoch gezwirbelte Haartolle sprießt, und schmalem Bartkranz von den Schläfen unters Kinn gezogen, starren einer schwarzen Kollegin, die sie grüßt und auf sie zuläuft, so ungeniert in den tiefen Blusenausschnitt, dass diese laut prustet: „He! Jungs, braucht ihr Milch oder was?", dann lachend abdreht zu den Einkaufsgalerien in der Aubette und dort in einer Parfümerie verschwindet.

Vor dem Slowakischen Konsulat in der Avenue de la Paix steht auf dem Bürgersteig ein Audi. Jemand hat ein Blatt Papier unter den linken Scheibenwischer geklemmt: „Ce trottoire n'est pas réservé à la république slovaque", steht darauf („dieser Platz ist nicht für die slowakische Republik reserviert").

Am Sonntag holt sich die Natur in einer Stadt den Luftraum zurück. Man hört überall Vögel singen. Gebäude, Straßen und Flächen rücken neu ins Licht. Hausfassaden, Durchgänge, Brücken, Brunnen, Plätze buhlen um Aufmerksamkeit. Nichts davon hatte ich im Lärm und Gewimmel des Alltags wahrgenommen. Die Sonntagsstadt und die Werktagsstadt sind zwei verschiedene Städte.

Montag, halb fünf Uhr morgens: Die Stadt erwacht leise, zögerlich. Noch hat sie ihre Ruhe und die Häuserfronten an den leeren Straßen bestimmen das Bild. Zwei, drei sich öffnende Fensterläden, Jalousien, die hochgezogen werden, hinter wenigen Fenstern schon Licht. Eine Kehrmaschine, die auf den Straßen ruhig die Bordsteine entlangfährt. Eine alte Frau am Stock. Sie geht wohl zum Bäcker. Ein junger Mann eilt zur nahen Bushaltestelle, steigt ein. Der Bus fährt ab, biegt um die nächste Kurve und es herrscht wieder Stille. Nur eine halbe Stunde später findet man kaum

Platz auf den Bürgersteigen, an den Kreuzungen drängen sich Autoschlangen, ein Junge rennt bei Rot auf die andere Straßenseite. Ein Autofahrer flucht, seine Beifahrerin legt beruhigend ihre linke Hand auf seine Schulter. Jetzt haben Menschen und Maschinen die Stadt für die nächsten zwanzig Stunden zurückerobert.

Zu den bestimmenden Elementen im Straßburger Stadtgebiet gehören Gewässer. Die Ill, die Breusch, der Rhein mit seinen Hafenbecken, Wassergräben, Kanäle. Nicht nur die Innenstadt, das alte Straßburg, wird vom Wasser begrenzt. Westlich des Hauptbahnhofs erstreckt sich der Wasserlauf des Wallgrabens, an den sich beim Hagenau-Platz ein Entlastungskanal anschließt, der wiederum in die Aar einmündet, einer Verzweigung der Ill bei der Kirche St. Paul. Ab hier umfließen Aar und Ill eine Halbinsel. Ein weiterer Kanal, der Mühlwasserkanal, wird nördlich des großen Sportareals am Europäischen Viertel aus der Ill abgeleitet und am Westufer des großen Vogelau-Teiches der Ill wieder zugeführt. Von Norden kommt der Marne-Rhein-Kanal, quert nördlich des Messegeländes Wacken die Stelle, wo die Aar sich wieder mit der Ill vereinigt, fließt dann den Park der Orangerie entlang und gelangt über den großen Vorhafen zum Rhein. Im Süd-Westen beim Grünen Berg (Montagne Verte) mündet die Bruche und wenig nördlich davon der Canal de la Bruche in die Ill. Von Süd-Westen, an Illkirch-Grafenstaden vorbei nach Norden, zieht sich wie mit dem Lineal gezogen der Rhône-Rhein-Kanal bis zur Brücke Louis Pasteur, wo sich die Ill zu einem der vielen Hafenbecken öffnet, die sich nach Osten zum Rhein hin verzweigen. So muss man Straßburg eine Stadt am Wasser nennen. Die großen Teiche in den weitflächigen Grünanlagen der Stadt verstärken diesen Eindruck noch. Am Zusammenfluss des Wasserarmes von Faux Remparts und Ill sind im Sommer am Schifferkai Liegestühle aufgestellt, Tische und Stühle. Ein Schiff ist als Restaurant eingerichtet. An heißen Sommerabenden bleibt hier kein Stuhl leer. Man wohnt nicht nur, man lebt am Wasser. Die Magie des Wassers ist Teil der Magie der Stadt. Und mit dem Wasser prägen Brücken und Stege das Bild der Stadt.

„Strasbourg, qu'il n'est pas besoin de décrire, car grace au chemin de fer, c'est maintenant un faubourg de Paris …" („Straßburg muss man dem Leser nicht mehr groß beschreiben, denn dank der Eisenbahn ist es heute ein Vorort von Paris"), schreibt Théophile Gautier in *Loin de Paris* – 1865 (!).

Straßburg ist von endlosschleifigen Umgehungsstraßen, Brücken, Unterführungen, Zufahrten, Ausfahrten eingekreist. Wehe, man schaut eine Sekunde zu spät auf die Abfahrtsschilder. Eine 24 km lange Autobahnumgehung im Straßburger Westen soll die A 35, die durch die Stadt führt, entlasten. Eine Autobahnumgehung also für eine Autobahn. Die Gegner des Projektes argumentieren, man könne den Bau dieser Umgehung umgehen, indem man in den öffentlichen Nahverkehr investiere. Wann kommt die nächste Umgehung? Die Umgehung der Umgehung, der Umgehung, der Umgehung …?

Vor einem Bistro in der Rue Thiergarten sind nur fünf Tische aufgestellt. An einem sitzt eine üppige Marokkanerin um die dreißig und redet auf Französisch ohne Ende ins Handy. Der neben ihr sitzende Ehemann bedeutete ihr immer wieder, sie solle doch endlich aufhören mit dem Palaver. Schließlich schreit er: „Jetzt reicht es aber, du hast doch noch dein ganzes Leben vor dir zum Labern!" Sie stößt noch schnell aus: „Ich ruf dich morgen wieder an!", packt ihr Handy in die Handtasche, steht wutentbrannt auf und macht sich wortlos davon. Erst einige Meter weiter grummelt sie auf Arabisch etwas vor sich hin, was dem Gesichtsausdruck und den Handbewegungen nach für Jugendliche unter fünfundzwanzig sicher nicht geeignet war.

Am Place du Vieux Marché aux Vins (Alter Weinmarkt) befindet sich das „Stoewer-Plätzel" mit dem Denkmal für die drei elsässischen Dichter Ehrenfried, August und Adolf Stöber. Vor dem Monument ein Brunnen. Auf dem Rand der zwei vorderen Wasserbecken haben es sich zwei Obdachlose gemütlich gemacht, mehrere übervoll gepackte Rucksäcke vor sich. Im ersten Becken tummeln sich zwei Köter, springen heraus und schütteln sich das Brunnenwasser aus dem Fell. Auf einem großen Schild an der Steinumgrenzung steht: „Baignade interdite!" Können die Hunde denn nicht lesen!?

Unter einem Bogen der Straße der Großen Arkaden sitzen in eine Bierwolke gehüllt drei russische Männer. Sie glotzen reglos einer mit strenger Eleganz gekleideten, vorbeieilenden Japanerin nach. Auch dann noch, als diese längst nicht mehr zu sehen ist.

„Wie komme ich zum Friedhof St. Gall?", frage ich eine alte Frau an der Straßenbahnhaltestelle Montagne Verte. „Des isch dert, wo ich bal bin!" , antwortete sie lachend und weist mir den Weg.

Das Cinéma St. Exupéry in der Avenue du 22. Novembre (Datum der Befreiung Straßburgs im Ersten Weltkrieg) erinnert daran, dass St. Exupéry in Straßburg in dieser Straße gewohnt hat. Bei einer Familie, deren Liebenswürdigkeit er preist. Er beklagt nur, dass die Vermieter kein Wort französisch, sondern nur elsässisch hätten sprechen können.

St. Exupéry tat im Range eines Soldaten zweiter Klasse Dienst beim Straßburger Fliegergeschwader. Er wollte – gegen den anfänglichen Widerstand seiner Eltern – unbedingt das Fliegen lernen, durfte aber als einfacher Soldat nicht auf Militärflugzeugen fliegen. Sein Kommandant schlug ihm vor, er könne auf einem Zivilflugzeug und auf eigene Kosten Flugstunden nehmen und mit einer zivilen Fluglizenz dürfe er dann auch beim Militär am Flugtraining teilnehmen. So bemühte er sich bei der zivilen Fluggesellschaft Transaérienne de l'Est um einen Fluglehrer. Er wurde dann von Robert Aéby, einem ehemaligen Piloten der deutschen Luftwaffe, der zuvor noch nie einen Flugschüler hatte, unterrichtet. St. Exupéry verpflichtete Aéby zu völligem Stillschweigen über die Sache. Dass Exupéry sofort mit einem Alleinflug begonnen habe, wie er selbst später

behauptete, wird durch eine Kopie des Bordbuches widerlegt. Aber, so Paul Webster in seiner Biographie über den späteren Fliegerhelden, sein erster Fluglehrer habe Exupéry's fliegerische Fähigkeiten hoch eingeschätzt, von „schnellen Reaktionen und sicherem Urteilsvermögen" gesprochen.
Dass sich St. Exupéry in Straßburg als Soldat ein eigenes Zimmer leisten konnte und auch die elf Flugstunden bezahlen, verdankte er den finanziellen Zuwendungen seiner Mutter, die das Geld aber, so Paul Webster, nur „widerwillig" überwies, da sie ganz und gar dagegen war, dass ihr Sohn flog. Nach dem ersten Alleinflug wurde St. Exupéry nach Marokko versetzt. Im Zweiten Weltkrieg wurde er abgeschossen. Auch von einem Piloten der deutschen Luftwaffe.

An einem Tisch im Café Winter sitzen zwei Mütter, jede mit zwei Kindern. Je ein Söhnchen und ein Töchterchen. Die Mütter sind sportlich elegant gekleidet. Sind kaum geschminkt, sprechen mit verhaltener Lautstärke, in sanft freundlichem Ton, lächeln sich zu. Sobald ein Kind zu laut wird, nennt die Mutter nur zärtlich seinen Vornamen und schon spricht es leiser. „Marie-Claire!" – „Pardon Maman!". Eine äußerst angenehme Atmosphäre, wenn man Zeitung lesend am Nebentisch sitzt. Als sie gehen, verabschieden sie sich durch eine kaum merkliche, kurze Verbeugung. „Pardon, Monsieur!", sagt Marie Claire, als sie beim Aufstehen leicht an meinen Stuhl stößt.

In der ganzen Welt sind es die Ehemänner und Väter, die ihren Frauen und Kindern die Funktionsweise eines Apparates, einer Maschine, einer technischen Anlage erklären. Übrigens auch dann, wenn sie gar nichts davon verstehen. So auch an den Straßburger Schleusen. Als gebe es da viel zu erklären. Man braucht doch nur hinzusehen, wenn ein Schiff kommt. „Hör schon auf, Hans-Peter, bat eine Frau ihren Mann, der sich mit technischen Details abmühte, „ich habe doch längst alles kapiert und andere haben mir das früher schon viel besser erklärt als du". Genau in diesem Augenblick war das Schiff gehoben, die vorderen Schleusentore öffneten sich und das Schiff fuhr weiter.

Im Kreuzgang der Kirche *St. Pierre Le Jeune Protestant* eine Amsel. Sie ist mit einem Wurm beschäftigt und ich mit einem Faltblatt zur Geschichte dieser Kirche. Es ist so still, dass ich die Amsel auf dem Rasen im Hof des Kreuzganges hüpfen höre.

Vor dem Gebäude der Bains Publiques in der Avenue de la Victoire winkt mich ein junger Mann mit dunklem Teint freundlich lächelnd zu sich, gibt mir die Hand, stellt sich vor als Julien, zeigt auf einen in der linken Hand liegenden Euro und fragt, ob ich noch einen dazulegen könnte, er wolle in den Bains Publique eine Dusche nehmen, die koste 2 Euro. „Monsieur, il va se soûler la gueule, c'est tout", rief ein auf der Treppe vor dem Eingang zu den Bädern sitzender Mann mit nassen Haaren und stark elsässischem Akzent. „Wissen Sie, er wird sich betrinken, sonst nichts. Er erzählt diese Geschichte nämlich jedem, der vorbeikommt und wenn er genug zusammen hat, nimmt er eine Dusche, stimmt, aber eine Bierdusche!"

Von der Rabenbrücke aus schaue ich auf ein mit Touristen vollgestopftes Boot und sehe hundert Köpfe zwischen nach oben gestreckten Händen mit Fotoapparaten. Keiner wird sich zu Hause an das erinnern, was er gesehen hat, sondern jeder wird diese Fahrt mit dem Schiff anhand der Fotos rekonstruieren. Die Leute nehmen keine Eindrücke mehr mit nach Hause sondern digitale Fotos.

Auf dem kleinen Platz vor der Kirche *St. Guillaume* (St. Wilhelms-Kirche) ist eine kleine Bäckerei, die den besten Gugelhupf in Straßburg backen soll. Das Geschäft ist voll mit Kunden. Nebenan ein Schreibwaren- und Zeitschriftenladen. Über der Straße die Ill. Bei sommerlichen Temperaturen schlendern am Nachmittag Schüler, Studenten und Touristen den Fluss entlang. Ein Rentnerpaar kommt vorbei, einen zotteligen Hund an der Leine, eine Mutter mit einem Zweier-Kinderwagen, ein Taxi hält an, um drei Fahrgäste aussteigen zu lassen, Tauben picken Brosamen auf, die auf den Boden fallen, wenn Kunden der Bäckerei beim Heraustreten aus dem Geschäft mit Heißhunger die noch warmen Baguettes anbrechen. In der nahen Rue St. Guillaume Nr. 8, dem Pfarrhaus der St. Wilhelms-Kirche, wohnte die Familie des Pfarrers Johann Jakob Jaeglé. Ein liberaler Gottesmann, der an der Französischen Revolution schätzte, dass sie dem Aberglauben den Kampf ansagte. In diesem Hause, das zu Beginn des 20. Jahrhunderts abgerissen wurde, war Georg Büchner Gast. Er wollte in Straßburg Medizin studieren und deshalb Französisch lernen. 1831 trug er sich an der Medizinischen Fakultät als Student ein, verkehrte im Zirkel „Casino théologique et littéraire“, nahm in verschiedenen Gruppen an politischen Diskussionen teil, traf sich mit den elsässischen Dichtern Ehrenfried, August und Adolphe Stöber, die wiederum mit Jacob Grimm, Ludwig Uhland und Ludwig Tieck in Verbindung standen. In den Salons, Gaststätten und Cafés wurde über revolutionäre Ideen und Utopien gestritten. Büchner wird als „Dauergast“ in den protestantischen Studentenbund „Eugenia“ aufgenommen. Dreimal hat sich der deutsche Dichter in der lebendigen Stadt aufgehalten. Zum Studium, gewiss, aber auch als geduldeter politischer Flüchtling, der in Darmstadt steckbrieflich gesucht wurde. „Dantons Tod“ ist schon erschienen. Er wird Zeuge der Ankunft von 4000 aus Polen geflüchteten Emigranten, die an der Brücke in Kehl begeistert empfangen werden. 1836 schließt er seine wissenschaftliche Arbeit „Sur le système nerveux du barbeau“ (Über das Nervensystem der Barbe) ab, arbeitet an „Leonce und Lena“ und am „Woyzeck“. Schon 1835 hatte er in Straßburg die Lenznovelle geplant. Die Vorlage dazu war ein Bericht, den Pfarrer Oberlin in Waldersbach in den Nordvogesen über den Aufenthalt des wahnkranken Lenz im Pfarrhaus geschrieben hatte – Lenz war zu Oberlin gezogen, in der Hoffnung, dieser könne ihm helfen. Der Bericht wurde nach Oberlins Tod vom Straßburger Ehrenfried Stöber aufgefunden und kopiert. Auf diesen Text muss Büchner gestoßen sein. Oberlins Aufzeichnungen über den Dichter Lenz beginnen mit dem

Satz: „Den 20. Januar 1778 kam er hierher." Und in Büchners Novelle ist der erste Satz: „Den 20. (Jänner) ging Lenz durch's Gebirg." Diese Stelle gehört zu den berühmtesten Anfängen in der deutschen Literatur.

Gelassen zieht unten im Rheinhafenbecken Vauban ein Schwan durchs Wasser, während sich oben auf einer Brücke Last- und Personenkraftwagen in Lärm und Abgasen von Ampel zu Ampel Richtung Innenstadt oder Grenze vorwärtskämpfen. Drei Roma-Frauen drücken sich auf der Straße durch die Autoreihen und zu dritt beginnen sie mit Lappen, die sie immer wieder in einem Eimer mit Wasser ausdrücken, Autoscheiben zu waschen. Bis die Ampel auf Grün springt. Schnell halten sie dann jedes Mal ihre Hand ans Fenster auf der Fahrerseite des abgefertigten Wagens. Ich habe aber nie gesehen, dass jemand Münzen herausgereicht hätte. Keine Frage, der Schwan hat das bessere Los gezogen.

Das Gelände hinter den Geleisen am Straßburger Hauptbahnhof heißt Festungspark (Parc du Glacis). Hier besteht noch eine Anlage (die einzige in ihrer Art) mit zwei Bastionen und zwei mit Schießscharten versehenen Türmen, welche 1878 von den Deutschen errichtet wurde. Mit einem unterirdischen Gang und einer Ausfallspforte. Der Haupteingang heißt Kriegstor. Der Gebäudekomplex aus rotem Sandstein wirkt auch heute noch unheimlich und bedrohlich. Durch das Gelände führen ein Pfad, ein Wassergraben und die Autobahn A35. Sie mündet bei Schiltigheim in die A4 Richtung Metz. Ein Spaziergang im Festungspark ist also nur etwas für Liebhaber von Autobahnlärm.
Ich frage auf dem Rückweg zum Tunnel, der zum Boulevard du Président Wilson führt, fünf mir entgegenkommende Straßburger, ob sie wüssten, was sich in der Festungsanlage früher befunden habe. Keiner kann mir Antwort geben. Drei sagen, sie hätten keine Ahnung, ein Mann meint, er vermute, es seien Überreste aus der Römerzeit und eine Frau schätzt, dass es von den Deutschen stammen könnte, die seien ja vor zweihundert Jahren oder so einmal hier gewesen.

In Straßburg heißt eine Straßenzeitung *Sans Abris* (Obdachlose). Sie ist das monatliche Zusatzmagazin zur Zeitung *L'Itinérant* („der / die Fahrende"). Im Untertitel von *Sans Abris* heißt es: „Pour lutter contre la précarité" („um gegen die Unsicherheit, bedenkliche soziale Situation" zu kämpfen). Für „prekär" wird im deutschen Fremdwörterlexikon angegeben „durch Bitten erlangt; widerruflich, unsicher, heikel". Benützt man den Begriff „précarité", weil man den Begriff „Armut" scheut? Auch bei uns spricht man ja seit einiger Zeit von Prekariat. Die soziale Zuordnung bleibt so in der Schwebe, der Absturz in die Armut ist noch nicht geschehen. Der Zustand der Armut könnte aber eintreten, wenn nicht eingegriffen wird. So bleibt es noch beim Bitten, muss man (noch) nicht betteln. Die Vertreiber der Zeitung kämpfen also gegen drohende Armut. Aber ist nicht auch schon arm, wer gegen die drohende Armut kämpfen muss? Vielleicht wäre das einmal ein Konferenz-Thema für Bank-Boni-Empfänger.

„Wenn das Münster nur nicht so groß wäre!“

Freiburg

Freiburg,
viel gepriesene
Zähringer-
Habsburger-,
Münster- und
Bächlestadt.
„Breisgauperle",
in der dreisamen,
berggerahmten Bucht.
Selbsternannte
Sonnenkönigin
unter Deutschlands Städten,
umweltgekrönte,
lobverwöhnte.
Ich sehe deine Krone
nicht
unter der
feinstaubverhängten Sonne
und höre
die Dreisam
nicht fließen
an den staugeplagten Ufern.

In Korea soll eine „Grüne Stadt" entstehen. „Sejong soll die erste Green City der Welt werden mit Solarthermie, Dachbegrünung und fahrerlosen Elektrobussen. Siedlungsfläche: 75 Quadratkilometer", steht in der *Badischen Zeitung* zu lesen. Da muss sich Freiburg in Zukunft ganz schön strecken.

Mein Freiburg ist nicht die Stadt, die diese für andere Menschen ist. Mein Freiburg ist nur mein Freiburg. Wenn Sie fragen, ob Freiburg eine Identität hat, antworte ich: „Ja." Das würde ich nicht bei jeder Stadt tun. Freiburg

hat etwas, was es ganz und gar unverwechselbar mit anderen Städten macht. Was die Menschen, die Freiburg kennen, in anderen Teilen Deutschlands, Europas oder in anderen Kontinenten sagen lässt: „Oh, Sie wohnen in Freiburg? Da können sie sich glücklich schätzen!“ Warum sagen diese Menschen das, und was also ist das Typische an Freiburg? Die Antwort kann nur sein: Vieles. Ist eine Stadt identisch mit einem Fluss, einem Münster, ihren Menschen, ihrer Geschichte, ihren Produkten? Wenn das so ist – und das kommt vor – dann ist eben genau dies, die Identifikation mit nur einem Phänomen, typisch für diese Stadt. Das aber ist eher die Ausnahme und gilt vielleicht für Hiroshima und die Atombombe, Pamplona und das berühmte Stierfest, oder Wolfsburg und das Volkswagenwerk.
Was aber ist Freiburg?

Nach der Auswertung vieler ausländischer Reiseführer durch die FWT (Freiburg, Wirtschaft und Touristik) wird Freiburg als „Schönwetterstadt, Studentenstadt (Offenheit und Jugend), Schwarzwaldstadt, europäische Stadt (Nähe zur Schweiz und zu Straßburg) und als überschaubare Stadt wahrgenommen“.

Es gibt Zweihundertundfünfzehntausend Freiburgerinnen und Freiburger. Also gibt es ebenso viele Vorstellungen von dieser Stadt. Und auch all die Vorstellungen von Menschen, die nicht in Freiburg leben, aber für eine bestimmte Zeit hier waren, vielleicht nur einmal, eine Stunde. Und die derjenigen, die Freiburg nur vom Hörensagen, aus den Medien kennen. Freiburg ist all das, was diesen Menschen von dieser Stadt in Erinnerung geblieben ist. Jedes Freiburgbild in unserem Kopf ist nur ein Fragment. Wir kennen, was wir von Freiburg kennen, nur auf unsere Weise. Die Stadt ist auch ein Spiegel von uns selbst, dessen, was wir an Vorstellungen mitbringen und so in die Stadt hineinsehen, hineininterpretieren. Gibt es Grundvorstellungen von Freiburg, die bei allen Menschen bis zu einem bestimmten Grad übereinstimmen? Wird eine

Mehrheit zustimmen, wenn ich behaupte, Freiburg sei eine besondere, besonders schöne, lebens- und liebenswerte Stadt? Gewiss würden sie das auch über Straßburg und Basel sagen. Die Nähe dieser Städte wird sogar zum Mitargument beim Lobpreis von Freiburg, was wiederum beweist, wie glücklich wir uns schätzen können, in diesem oberrheinischen Landstrich zu leben.

Freiburg gehört zu den Städten, die nur zusammen mit ihrer Umgebung gedacht werden können. Ich kenne keine Stadt, die gleich Freiburg mit der sie umgebenden Landschaft eine solch enge Einheit bildet. Das Stadtgebiet zieht sich tief in die Täler, in die Ebene hinaus, schmiegt sich um die Vorberge und wächst an deren Hängen hoch. Umgekehrt ist Landschaft noch überall im Stadtgebiet da. Sei es, dass bewaldete Berghänge oder weite Wiesen bis in die Stadt hineinreichen oder sei es, dass man „Natur" von vielen Orten der Stadt aus zu sehen bekommt, selbst vom Stadtzentrum aus. Das gibt Freiburg seinen dörflichen Charakter. Das Gefühl, in wenigen Minuten „draußen" zu sein. Die Stadt ist auch ihre Umgebung. Noch. Was auch daher rührt, dass die meisten Straßen von Bäumen gesäumt sind. Dies wiederum verstärkt den Eindruck, das Umland werde in die Stadt hinein verlängert. Auch bringt der Dreisam-Fluss mit dem Dreisamtal die Berge, den Hochschwarzwald, an die Stadt heran. Im Westen öffnet die Dreisam der Stadt die Ebene. Freiburg ist nicht das Münster, der Münsterplatz, die Altstadt, sondern immer auch der Schlossberg, der Rosskopf und der Schauinsland, Sternwald, Schönberg, Lorettoberg, Sonnhalde, Zähringer Burgberg, das Dreisamtal im Osten, der Mooswald im Westen. Selbst Tuniberg und Kaiserstuhl in der Rheinebene müssen dazugedacht werden. Man kann die Stadt nicht aus diesen geographischen Koordinaten herauslösen. Für die meisten Städte gilt, dass die Stadt aufhört und das Land beginnt. Oder die nächste Stadt. In Freiburg aber ist die Verbindung zwischen Landschaft und Stadt so stark, dass vielleicht sogar die polemische Frage erlaubt ist: „Was bleibt von Freiburg, sollte diese Symbiose eines Tages aufgelöst sein? Und vielleicht ist ja aus

dem Wissen um diese Zusammenhänge die Sorge um deren Erhalt in Freiburg besonders ausgeprägt. Von der Stadtmitte Freiburgs aus sind Berge, Täler und Ebene immer in Fahrradentfernung. Das ganz und gar unverwechselbare von Freiburg ist also das Hineinwachsen der Stadt in ihre Umgebung. Wie lange noch?
Aber: Die wieder aufgebaute mittelalterliche Innenstadt ist in verkehrsbelastete Straßenringe eingeschlossen. Schwabentor, Greiffenegg, Schwabentorbrücke und die Dreisam verschwinden unter Lärm- und Abgasglocken. Am Schwabentor steht zu lesen: „… in schweren Kriegszeiten arg verwüstet …". Am Schwabentorplatz müsste ein Schild stehen mit der Aufschrift: „In Friedenszeiten arg missraten!" Das arme Flüsschen Dreisam flüchtet zwischen Staus, stockendem Verkehr oder endlosem Motorengebrause aus dem Stadtgebiet nach Westen in die Ebene. Flüchtet aus der Umweltstadt. Wann gibt man diesem Gewässer in der Stadt und den Menschen, die an ihm wohnen, endlich wieder seine ruhigen Ufer zurück?

War mit der Stühlinger Brücke und der schönen blauen Brücke über die Bahnlinie eine Anbindung an den Stadtteil Stühlinger gelungen, wurde nun durch den langen Gebäuderiegel entlang der Schnewlinstraße die Abtrennung vom Altstadtkern noch akzentuiert. Jetzt kann man nicht einmal mehr auf die andere Seite sehen! Auch so kann man Stadtteile zerreißen.

Umweltstadt ist Freiburg wohl überwiegend in Bezug auf seine großartige Umgebung. Die Stadt selbst scheint mir vom Verkehr mehr zerschnitten und die Bewohner davon vielleicht sogar mehr geplagt, als dies in anderen Städten der Fall ist.

In Freiburg dient das gebetsmühlenartige Aufzählen der Anzahl an Solardächern und Windkrafttürmen dazu, die Straßenverkehrssituation vergessen zu machen.

„Hochfreiburg“

„Der Krieg hat die Ameisenlebendigkeit dieser Stadt nie ernstlich gelähmt“, schrieb der Freiburger Hebelpreisträger von 1947, Franz Schneller, in seinem *Brevier einer Landschaft* zwischen 1930 und 1940. Diese Zeitangabe ist in der Ausgabe des gleichnamigen Buches vermerkt. Und weiter lesen wir: „Es hat uns immer wieder gewundert, junge Mädchen, fast ohne Ziel, nur im Bewusstsein schön zu sein und der Luft etwas vom Glück ihrer Jugend mitzuteilen, selbst in bangen Tagen mit der Frische und Lebhaftigkeit der hellen Bächlein der Altstadt die Gassen durcheilen zu sehen.“ Der Autor, Franz Schneller, hat diesen Satz geschrieben, noch bevor der Bombenangriff, die Operation *tiger-fish*, im November 1944 eben diese Altstadtgassen mit ihren Bächlein in ein Flammenmeer verwandelte. Die Anmerkung „selbst in bangen Tagen“ liest sich im Nachhinein wie eine Vorahnung des kommenden Unheils. Mit *Freiburg im Breisgau* und *Blick vom Münsterturm* sind die beiden Texte überschrieben, die Franz Schneller in seinem ‚Brevier‘ der Stadt Freiburg widmet. Der elsässische Germanist Robert Minder nannte es „das wahre Brevier Badens“. Schneller schreibt auch von der Straße, die „sich durchs Martinstor zwängt, … durch Wiesen Günterstal und dem Schauinsland zustrebt, wo sie auf Höhe 1286 in Hochfreiburg endet“. „Hochfreiburg“, diesem Ausdruck begegne ich zum ersten Mal. Er gefällt mir, denn mit ihm ist ja eine jener Besonderheiten benannt, die Freiburg prägen: ein Berg, der zur Stadt gehört wie das Münster und die Bächle. Franz Schneller hat damit zu Recht ins Stadtbild miteinbezogen, was man sonst gemeinhin der Umgebung zuschlägt. Er hat die Peripherie der Stadt hochgezogen zu den Gipfeln des Schwarzwaldes, von wo aus man so oft nach Frankreich und in die Schweiz hinein sehen kann. Und schwingen das Französische und das Schweizerische nicht immer mit, wenn man von Freiburg spricht?

Der Schriftsteller Eberhard Meckel schreibt über Franz Schneller, dass man „ihn … vormittags lässig-hellwach durch Freiburg bummeln sieht, sein Freiburg, beide identisch miteinander … Denn er und die Stadt, die ihn aufwachsen und etwas werden sah, sind Eins …" Der Sohn Eberhard Meckels, Christoph Meckel, ebenfalls Schriftsteller, beschreibt in einem Text mit dem Titel „Brand", wie am 27. November 1944 (sein Vater Eberhard war zu jener Zeit noch vermisst) über Freiburg die Sirenen heulten und er vom Eichberg in Littenweiler aus die Stadt in einer „gewaltigen Flamme" abbrennen sah. Der Krieg hatte die „Ameisenlebendigkeit dieser Stadt" in Ruinenstarre verwandelt.

Freiburg hat seit einigen Jahren eine Städtepartnerschaft mit der iranischen Stadt Isfahan. Regelmäßig finden Bürgerreisen statt. Mittlerweile gibt es unter den zweihunderttausend Bewohnern Freiburgs etwa eine Million Orientkenner und Islamspezialisten.

In der Werbung für Freiburg wird das südliche Flair der Stadt so überbetont, dass man meinen könnte, Freiburg wäre, läge nicht dummerweise die Schweiz mit ihrem klobigen Alpenmassiv dazwischen, ein Vorort Roms.

In einer Freiburger Weinstube zackte ein forscher Neunzigjähriger an meinem Tisch: „Als ich geboren wurde, war Straßburg noch deutsch!"
„Freibuag den Östareichern, meine Herrn!", näselte ein Student aus dem fernen Wien dazwischen.
„Ja, vun wääge! Altbadisch sunsch nix!", fistelte ein Zigarren schmauchender Behäb.
Aber es ist ja alles, alles ganz anders gekommen.

*

Vor dem Völkerkundemuseum auf dem Augustinerplatz trainieren vier Hundebesitzer ihre Herzallerliebsten: zwei Pudel, einen Dackel, einen Husky.
„Sitz! Komm!" – „Nein, Sitz!" – „Kooom! Langsam! Niiicht springen!"
Andere Fußgänger mit Hunden kommen mit den Lehrern der widerspenstigen Vierbeiner ins Gespräch. Freiburg hundelt.

Im oberen Drittel des Platzes hocken die Augustiner-Piazza-Besetzer eng beieinander auf Rucksäcken oder Decken und starren hinunter, als erwarteten sie jeden Augenblick einen Heilsbringer. An einer Ecke der Szenerie findet eine Imponierrangelei zwischen angetrunkenen Szenehelden statt. Die lautstärksten schwingen sich zu „Führern" auf, tragen ihre Schimpftiraden und Gröl-Soli vor und bestimmen die Hackordnung bei dem wie aus dem Nichts entstandenen Zoff.
Eine Lichtsäule, „Säule der Toleranz" soll ab 23 Uhr rot leuchten und damit kundtun, dass ab jetzt Ruhe auf dem Augustiner-Platz einkehren soll. Schon kurz nachdem die Säule installiert war, sollen sich drei Jungs von der Szene vor die Säule niedergekniet und sie angebetet haben. Auch Opfergaben wurden schon abgelegt.

In einem Teil der Innenstadt, dem so genannten „Bermudadreieck" gab es ein „begrenztes nächtliches Alkoholverbot" im Freien auf Flächen, die nicht einem Lokal zugeordnet werden konnten. Alkohol führe zu größerer Gewaltbereitschaft, hieß es. Andere bestreiten diesen Zusammenhang. Auch gebe es keine Kriterien dafür, ab wann Alkoholgenuss zur Belästigung anderer führe. Jemandem zu verbieten, in der Stadtmitte „herumzulungern" und Alkohol zu konsumieren, nur um das Touristenbild vom heilen Freiburg nicht zu gefährden, sei unverhältnismäßig. Öffentlicher Alkoholgenuss gehöre zum Freiheitsgebrauch. Mit solchen Argumenten klagte ein Freiburger Jura-Student gegen das Urteil, das zu dem Verbot geführt hatte. Mit Erfolg. Der Mannheimer Verwaltungsgerichtshof hat die Freiburger „Verordnung zum Alkoholkonsum im öffentlichen Raum" für rechtswidrig erklärt. Jetzt wird weiter getrunken und weitergeklagt. Auch ein Randgruppentrink-Paragraph wurde gekippt, der besonders Obdachlose, Alkoholiker und Punks im Visier hatte, „die sich dauerhaft an einem öffentlichen Ort aufhalten, um dort Alkohol zu konsumieren und als Folge davon Dritte erheblich belästigen könnten". Das Verb „kippen" passt ja ideal zu Alkohol-Delikten.

Markthalle: In der Freiburger Markthalle begrüßt man sich mit „Hi!" und verabschiedet sich mit „Tschaule!" Ich warte sehnsüchtig auf den Tag, wo ich das erste „Hi-le" zu hören bekomme.

Fünf junge Türkinnen vor einer Vitrine in der Gerberau. Zwei mit smaragdgrünem, zwei mit grellgelbem und eine mit einem roten Kopftuch. Kopftuchschickeria.

An der Buchhandlung der Evangelischen Stadtmission hängt ein Plakat, das wirbt für „Bücher mit Sinn". Was sind Bücher mit Sinn?

Der Gewerbekanal fließt kraftvoll zur Reuse am Ende der Fischerau, wo er unter die Kaiser-Josephstraße verschwindet. Im Reusengitter: Herbstblätter, Baumzweige, eine Aubergine, ein Apfelbutzen, Bonbonpapier, zwei Holzscheite und eine Plastik-Box. Hier in der Fischerau wird der Kanal durch einen eisernen Kanalteiler in zwei Runzen (Wasserläufe) getrennt. Der Obere Runz fließt bis zum Stadtteil Lehen, wo er in die Dreisam mündet, der untere Runz biegt nach Norden ab, um schließlich im Schobbach zu münden. Der geht in die Glotter und diese wieder in die Elz. Die Kanäle führen im Stadtgebiet ihr eigenes, oft unterirdisches Leben und wir nehmen sie nur für Augenblicke überhaupt wahr.

Die Pläne für die Korrektion, die Kanalisierung der Dreisam stammen vom Rheinbegradiger Johann Gottfried Tulla, der auch an Plänen für die Korrektionen von Birs und Wiese beteiligt war. Trotz aller menschlichen Eingriffe leben in der Dreisam immer noch Barsch, Barbe, Schleie und Aal, fischt sich der Graureiher sein Futter aus dem Wasser, fühlen sich Wasseramsel und Bachstelze wohl auf den Felsen im Bach, Fischotter leben in ihr, Krebse und Muscheln. „Bis zu 70 000 mit dem bloßen Auge noch erkennbare Organismen können in einem Quadratmeter Flussbett gefunden werden", schreibt Jörg Lange in seinem Buch *Die Dreisam*. Die Dreisam gehört zu Freiburg wie Münster, Schlossberg, Sternwaldeck, Lorettoberg und

Schauinsland, oder die Bächle. Aber man sollte das keltisch „Trigisama" genannte Gewässer, zu Teilen wenigstens, wieder aus dem Straßenkorsett, in das es eingezwängt ist, befreien. Es wäre doch schön, man könnte nicht nur schreiben Freiburg im Breisgau, sondern auch Freiburg an der Dreisam.

Von der Stühlinger Brücke aus mit Blick Richtung Nordwesten über die Bahnhofgleise hinweg zum Intercity Hotel, zur Volksbank, Allianz- und Zürichversicherung macht Freiburg einen großstädtischen Eindruck. Wer ahnt, dass sich hinter diesen wenigen Hochhausfassaden eine Kleinstadt versteckt?

Die auf dem Konrad-Adenauer-Platz vor dem Konzerthaus auf der Spitze stehenden Kegel scheinen jeden Augenblick aus der Schräge zu kippen. Aber auch dieses künstlerische Spiel mit dem Gleichgewicht macht den Platz nicht attraktiver. Ein Platz muss mehr sein als eine bestückte Fläche. Genau eine solche droht wohl in der Zukunft auch am Rotteck-Ring.

Freiburg ist die Hochburg der deutschen Fahrradritter, gegliedert in Rennradler, Mountainbiker, Klappradfahrer, Tandemradfahrer, Liegeradfahrer, Neurad- und Gebrauchtradradfahrer. Zweitens die, welche grundsätzlich ohne Licht durch die Nächte huschen und jeden Autofahrer zu Tode erschrecken, wenn sie plötzlich in der Art läufiger Katzen mitten auf der Fahrbahn nur wenige Zentimeter vor der Kühlerhaube auftauchen, drittens alle, die für das große Freiburger Bürgersteig-Sechstagerennen trainieren, viertens diejenigen, welche den Dreisam-Uferweg mit der Tour-de-France Strecke verwechseln, fünftens die Einbahnstraßen-Spezialisten, sechstens die Auto- und Fußgängerhasser, die Fundis also, für die jeder Fußgänger ein Spießer und jeder Autofahrer ein Faschist ist, siebtens alle Radfahrer mit fähnchengeschmücktem Kinderwägelchenanhänger, achtens die Ampelgegner, neuntens die Zurechtweiser und zehntens die Fahrraddiebe.

Auf dem Bürgersteig in der Bertoldstraße gegenüber dem Theater fährt ein Radfahrer in Schlangenlinien zwischen den Leuten und ruft laut und bestens gelaunt: „Ich habe keine Bremse, Achtung, Platz bitte!“ Von weitem hört man: „Und ich habe keine Lust, dir auszuweichen!“ Schon kommt es zum Zusammenstoß. „Kannst du nicht auf der Straße fahren wie alle anderen?“ – „Ich bin nicht alle anderen!“, entgegnet der Rad-Rabauke, steigt mit Siegerlächeln auf und fährt frech pfeifend davon. Freiburg ist schließlich eine Radfahrer- und keine Fußgänger-Stadt.

„Am wenigsten rücksichtsvoll sind Radfahrer gegenüber Radfahrern“, sagte ein Freiburger Radfahrer zu einem Radfahrer über Radfahrer.

*

Der Freiburger Weihnachtsmarkt wächst und wächst. Zum Schlossberg und an die Dreisam-Ufer. Im Osten Nikolaus-Lifte über den Schlossberghang zum Aussichtsturm. Auf dessen Plattform ein holzgeschnitztes Christuskind im Licht von Flutlichtstrahlern. Bratwürste- und Kartoffelpuffer knistern unten im heißen Fett. Durch den Wald säuselt der immergleiche Weihnachtslieder-Mix. Im Westen auf den Dreisam-Uferwegen weit in die Ebene hinein Stände und Glitzertannen. Kilometer von Lichtgirlanden ausgespannt. Menschentrauben vor den Ständen. Für die Fische im eisigen Fluss ist dies kein Fest. Weinachten lässt sie kalt. Eine Pop-Band spielt den Weihnachts-Song: „Don't Cry, Baby! Buy!“ Je weniger Chisten es gibt, desto größer werden die Weihnachtsmärkte.

In Freiburg, einer Stadt im alemannischen Sprachraum, fand ich in kaum zwanzig Minuten eine Liste mit Geschäftsnamen wie: *The Body Shop, Hairkillers, living & more, living & clothing, Color Style & Image, come & go, skinnyshop, hair killer, Reflex Shoes, Life Style, Zeiss Relaxed Vision Centre, McCafé, McDonald's, Subway, Starbuck, teapot (Salon de thé), Hotline, Forever 18, Cheers, Jeans-Land, Jack & Jones* und *Last Minute, Foot Locker* und *Game Shop*. Es gibt aber auch noch die so wunderschön einfachen, aufrichtigen, gediegenen Namen *Der Bequemschuhladen, Saft Lädele, Spielbrett, Sport Bohny, Wein-*

fachgeschäft Daiber, Juwelier Seilnacht Feinuhrmacher und *Großer Meyerhof*. Was muss ein Feinuhrmacher für herrliche Dinge fertigen! Und aus einem Bequemschuhladen schwebt man unmittelbar ins Lauf-Paradies. Auch schaffen solche Namen Vertrauen, eine Art Einkaufs-Zuhause.

Die einzelnen Figuren der Skulpturengruppe „Die Musen" im Kollegiengebäude III der Universität scheinen wie Schokolade in der Sonne zu zerfließen. Wie abgestellt und vergessen, auf später vertröstet, sind die von Bettina Eichin aus der Schweiz geschaffenen neun weiblichen Gestalten unter dem Treppenaufgang des Kollegiengebäudes versteckt. Wollte die Künstlerin, dass sich Klio, Melpomene, Terpsichore, Thalia, Euterpe, Erato, Urania, Polyhymnia und Kalliope ungestört ausruhen können vom Streit und Getriebe der Welt? Nur ihre sorgfältig in Faltenbahnen geordneten Umhänge haben sie an, keine Attribute dabei. Keine Papierrolle, keine Leier, keine Theatermaske. Wie soll man sie erkennen? Also keine Musen mehr, einfach nur neun erschöpfte Frauen. Wovon, wessen sind sie müde? Alle scheinen zu schlafen, auch die stehende Frauengestalt. Nur eine schaut einen an. Was hat alle zum Schweigen gebracht? Woher die tiefe Trauer, der tränenlose Schmerz, Fassungslosigkeit, die sich ihrer bemächtigt hat? Ihre Reglosigkeit, Weltabgewandtheit? Ich würde mich gerne zu ihnen setzen, möchte aber nicht stören. So gehe ich lieber leise davon.

*

Wann darf der Freiburger Solar-Architekt Rolf Disch ein Sonnendach über die Blaue Brücke spannen? Wir hätten neben dem ins Jenseits verweisenden Symbol des Münsters dann auch ein zukunftsweisendes in unserer Stadt. Den Gewinn aus der erzeugten Sonnenenergie könnte man wiederum in die Dauerrenovierung des Gotteshauses fließen lassen. So hätten wir hier einen einzigartigen Kreislauf vom Jetzt in die Ewigkeit. Rolf Disch ist einer von den Freiburger Machern. Die Sonne und ihre Energie: Das ist sein Ding. Alle erneuerbaren Energien. Solardächer, Wind- und

Wasserkraftanlagen, Biomasse-Nutzung, neue Verkehrskonzepte. Energieeffizienz. Nachhaltigkeit. Nullemission, Plusenergie. Er baute das erste Plusenergiehaus und die erste Siedlung mit positiver Energiebilanz weltweit, bewohnt einen sich um die eigene Achse drehenden Solarturm. Ökologie, Ökonomie, Ästhetik und soziale Bedürfnisse, energiesparendes Bauen und Wohnen, entsprechende Geschäfte und Produzenten sowie ethisch-ökologisch arbeitende Banken, alles hat er zusammengebracht: eine Art solartechnisches Gesamtkunstwerk. „Einfache Konstruktion, kompaktes, luftdichtes, sonnenbezogenes Bauen, gedämmte Außenhülle, isoliertes Glas, kontrollierte Lüftung, nachwachsende Rohstoffe" sind Begriffe, die zu seinem immer wiederkehrenden Vokabular gehören. Eine Solartankstelle hat er errichtet und ein Solarmobil gebaut. In ganz Deutschland hat der ruhelose Planer und Tüftler Sonnenenergie-Projekte verwirklicht und die Ideen gehen ihm nicht aus. „Wir diskutieren zu viel, wir sollten mehr handeln", sagt er. Klimaschutz, Energiesparen, saubere Umwelt, umweltbezogene Finanzierungsmodelle. sind seine Themen. „In die Zukunft investieren", „Vorreiter spielen", „Umdenken". „Nicht lamentieren, agieren, reagieren", sagt der so jugendlich und ungestüm wirkende, sympathische Mann. Nicht dass er nicht auch bedrückt wäre über vieles, was um ihn herum geschieht, er glaube aber an die Lernfähigkeit der Menschen. „Man kann, ja man muss die Menschen immer wieder aufrütteln, nicht alles, aber einiges ist machbar, ich habe es ja erlebt!" Oh ja, seine Ideen seien in den ersten Jahren oft belächelt worden, heute aber gehöre das meiste zum Standard. „Das macht Mut", sagt er und lacht verschmitzt. Jetzt will der Sonnenkönig unter den Architekten das Solarportal verwirklichen, eine Überdachung der Stadtbahnbrücke am Bahnhof, 100 Meter lang und 40 Meter breit. Zehn Stützen aus einheimischem Holz sollen das Tragwerk bilden. Alles finanziert über den Verkauf erzeugten Stromes und durch Sponsoren. Die Anlage könnte 500 000 Kilowattstunden pro Jahr erbringen. Und ein ästhetisches Kleinod für die Stadt wäre das Dach obendrein. Wann darf Rolf Disch sein Solardach über die Blaue Brücke spannen?

Vor dem Kornhauscafé am Münsterplatz werden die Sitzkissen von den Stühlen genommen. Ein älterer südamerikanischer Tourist bringt vor dem Münster sein Stativ in Stellung, seine Frau, ihrem jugendlichen Alter nach seine dritte, fotografiert ihn dabei. Am nördlichen Münsterplatzbrunnen lehnen drei Schülerinnen. Alle drei in Schwarz. Alle drei rauchen, lächeln den Südamerikaner an, wollen von ihm fotografiert werden. Der fotografiert sie. Seine junge Frau fotografiert ihn dabei, wie er die drei Mädchen fotografiert.

In der renovierten Turmvorhalle des Münsters mit seinen Archivolten, Wand-Arkaturen, Gewändefiguren und dem Tympanon mit dem betenden Teufelchen sitzt unter Verkündigungsengel und Verkündigungsmaria an der südlichen Wand ein Junge mit kahl geschorenem Kopf, lila nachgezogenen Augenbrauen, schwarz gefleckten Wangen. Er ist an Nase, Mund und Ohren gepierct. Die Arme sind von den Händen bis zu den Ellenbogen, die Beine von den Füßen bis zu den Knien tätowiert und dazu mit Dutzenden von Ringen behängt. Er spricht auf Spanisch mit einem vor ihm sitzenden Hündchen im Handtaschenformat. Der Bonsai-Wauwau mit seinem länglichen, spitzen Schnäuzchen schaut schläfrig zur Seite. Der sentimentale Wortschwall seines jungen Besitzers findet ganz offensichtlich kein Hundegehör. Auch die Streichelorgie seines Herrchens scheint ihm nicht zu behagen, denn er macht sich auf die Pfoten und setzt sich erst mehrere Meter entfernt wieder. Die winzigen Ohren der Miniaturzüchtung sind mit goldenen Kügelchen gepierct. So kommt der Hund auf den Menschen. Jetzt flucht das Herrchen dem Hündchen hinterher. Als ein Münsterbesucher den Jungen anherrscht, er solle sich gefälligst benehmen und nicht so herumschreien, er befinde sich hier schließlich in einer Kirche, erschrickt der Junge, steht prompt auf und macht sich samt seinem Pinscher zum Marktplatz davon. Vielleicht ist man dort draußen freundlicher zu ihm.

„Inmitten von Tod und Verwüstung überdauerte das Münster“ steht als Hinweis unter einem großen Foto, auf dem links vom Hauptportal der

Kirche auf einer Bildtafel das zerstörte, skelettierte Zentrum von Freiburg zu sehen ist. „Du wirst nicht fallen, mein geliebter Turm / steh unerschüttert herrlich im Gemüte“ lauten zwei Zeilen aus dem Gedicht „An den Turm des Freiburger Münsters“. Geschrieben hat dies der in Freiburg verstorbene Schriftsteller Reinhold Schneider. „Regarde cette photo!“, „schau dir dieses Foto an!“, sagt ein französischer Tourist zu seiner Frau und schüttelt den Kopf. Die zieht die Schultern hoch und meint: „C'est comme ça, la guerre!“, „so ist nun mal der Krieg!“

*

Allmächtig wummert Orgelmusik durchs Kirchenschiff. Gepresst, gejagt, gehetzt überschlagen sich die Töne. Nach einem bombastischen Akkordgewitter erzittern Leib und Seele. Dann plötzlich reißt die Urgewalt des Pfeifensturms ab und nur wenige, gehauchte, helle Töne huschen durch den Raum. Das Spiel geht über in leises Schluchzen, dann lauter werdend in schmerzhaftes Seufzen, um dann wieder anzuschwellen zu ungestümer Flut, alles mitreißend in ein neuerliches Beben aus aufbrausenden Tonwellen, die im Kirchenschiff von Seitenkapellen und Gemäuer zurückbranden, sich hochstemmen, brechen, tosen, sich erneut aufbäumen und wieder einstürzend sich donnernd ausbreiten, verebben, schweigen. Das Schweigen wird wiederum abgelöst von tanzenden Tonfiguren, die sich zu jubelnden Tremoli und exaltierten Kaskaden steigern und sich anschließend hüpfend, menuettartig tänzelnd auflösen. Dann wieder hört es sich an, als brächte ein einziger dunkler, langer Ton die ganze Orgel zum Vibrieren; volle, schmerzhaft laute Akkorde kommen hinzu, drängen vorwärts und zugleich rollen mit dem Fußpedal gespielte Tonfolgen heran, die Akkordfolgen wechseln ab mit wild rasenden Läufen, in der Tiefe, in der Höhe, alles ineinander fließend, der Organist scheint die Manuale zu kneten, um ein tönernes Chaos aus dem Höllengrund zu reißen. Die Orgel poltert, winselt, brüllt. Dann Abbruch, Stille. Kaum hörbar entfaltet sich jetzt eine klare, ruhige Melodie, steigt langsam auf in plätschernden Triolen, verspielt, verträumt, immer langsamer werdend, immer seltener die Töne. Die Melodie vertröpfelt und erstirbt.
Beim Verlassen des Münsters bin ich mir fast sicher ein Stück von Reger gehört zu haben.

„Wenn das Münster nur nicht so groß wäre!", sagte ein junges Mädchen aus Südamerika, „ich würde es so gerne umarmen!"

Ich stelle mir vor, Jesus fährt in einem Jesu-Mobil durch die Kaiser-Joseph-Straße.

Das **Vauban-Viertel**: Passt der Name des berühmtesten französischen Militärbaumeisters zu einem Stadtviertel, in dem die Zahl der Menschen, die Militärischem gegenüber ablehnend sind, landesweit wahrscheinlich am höchsten ist?
Mütter ziehen Leiterwägen mit Kindern hinter sich her, Fahrradfahrer Anhänger für ein oder zwei Kinder. Bewohner des Quartiers sind mit Einkaufskörben und Rucksäcken unterwegs. In der Marie-Curie-Straße, Clara-Schumann-Straße, Georg-Elser-Straße … Man hört viel Mutter-Vater-Kind-Sprache und Kindersprache: „Matthias, lass das bitte!" – „Pappi, hast du mich noch lieb?" – „Ja, natürlich, aber der Struppi mag's halt nicht, wenn man ihn zu fest krault. Das weißt du ganz genau!"
Zwischen allen Häusern befinden sich Fahrrad-Schuppen. Der Fahrradladen heißt „Radieschen & Co". Es gibt eine Fahrradschlauch-Tankstelle, eine Öko-Tankstelle und einen Quartierladen. Trotz dichter Bebauung ist alles wohltuend begrünt zwischen den bunten Häusern. Dass keine Autos fahren macht Spaziergänge durch die Siedlung zu einem Inselerlebnis. Belassene Gärten mit altem Baumbestand. Alleen und Feldwege im Wohngelände. Passivhäuser in bunten Farben, Balkonlandschaften mit Blumen, Sträuchern und Gartenmöbeln. Bei schönem Wetter überall Stimmen von spielenden Kindern. Ein Wohnbus fährt als Eis-Café die Straßen ab.
Das Mütterzentrum der Familieninitiative Lindenblüte e.V. ist da, ein Kinderabenteuerhof mit Kleintierversorgung und ein Waldkindergarten, Kinderkino und Ideenwerkstatt. Pädagogisches Reiten, Heilendes Singen, Mädchentage und Mädchenaktionen, Selbstverteidigungskurse, Mutter-Tochter-Waldseilgarten. Im Haus Nr. 037 befindet sich ein Raum der Stille. Ein Papieraushang ermahnt zu „Schritttempo, auf einem anderen

steht: „Vorsicht kleine Kätzchen Tag und Nacht auf der Straße!" Am Mittwoch gibt es einen Bauernmarkt, für den Werbung gemacht wird mit dem Slogan: „Nette Leute treffen und genießen." Weiter heißt es: „Trommeln nicht verboten!" Eine Werbung auf dem Vauban-Gelände hat den Text: „Getragen sein.de – Für Vater, Mutter, Kind. Harmonisieren Sie Ihren Körper." Kurse für gewaltfreie Kommunikation werden angeboten, Schmerztherapien, Klangmassage und Lichttherapie. Gemeinschaftsräume, Selbsthilfebüros – alles ist da.
Mehrere französische Familien, die einen Fahrradausflug unternehmen, sehen sich im Vauban-Viertel um. „Schaut euch das an!", ruft ein Mann aus der Gruppe begeistert, „das ist Deutschland. Das Paradies! Am liebsten bliebe ich hier!" Sie sind acht Erwachsene und 17 Kinder. Das würde passen.

Der Basler Hof, ehemals Sitz der vorderösterreichischen Regierung, heute das Regierungspräsidium. In diesem – nach dem Zweiten Weltkrieg wieder aufgebauten – Gebäude fand der erste Schwurgerichtsprozess in Baden statt. Öffentlich: gegen den Revolutionär Gustav Struve. Er hatte in Lörrach 1848 die Republik ausgerufen. Sein Ziel: der Sturz des Großherzogs in Karlsruhe. Die Zuhörer im Gerichtsaal waren den Angeklagten gewogen. Nach der Verurteilung kam Struve ins Bruchsaler Gefängnis, wurde aber bald darauf befreit. Er floh vor den Preußen in die Schweiz und dann nach Amerika, wo er gegen die Sklaverei kämpfte. Preußens Aufstieg zur Weltmacht musste er nicht mehr miterleben, da er zuvor in Wien starb.

Der Hecker und der Struve,
die zogen zum Behufe
einer Revolution
mit Spott und Hohn
auf Adel und Thron
und mit Gewehr
durchs Badner Land.
Doch siegten bei Mannheim,
Gernsbach und Kandern
leider die andern.

Am 27. November 1944 warfen britische Bomber rund 14 000 Brand- und Sprengbomben über Freiburg ab. In einer Wohnung in der Stadtmitte übte ein Großvater mit seinem Enkelkind am Klavier gerade das „Jägerliedchen“ aus Schumanns Album für die Jugend, op 68. Zwanzig Minuten später war das Notenbuch verbrannt – erzählte mir der Enkel.

Gegenüber dem Anna-Kirchlein, in der Kirchstraße 49, wohnte Walter Benjamin, der sich am 26. September 1940 in einem kleinen Hotel in Port Bou an der spanischen Grenze aus Angst vor der Auslieferung an die Gestapo das Leben nahm. Zweieinhalb Monate zuvor hatte der Karlsruher Schriftsteller und Kunsttheoretiker Carl Einstein, ebenfalls auf der Flucht vor den Nationalsozialisten, in Pau in Südfrankreich seinem Leben ein Ende gesetzt.
Geschah Benjamins Selbstmord aus eigenem Entschluss? Wurde er dazu gedrängt? Oder gar ermordet? In den Sommersemestern 1912 und 1913 studierte er in Freiburg, wohnte in dieser Zeit zuerst in der Konradstraße 7 und dann in der Kirchstraße. Der Sozialphilosoph Willem van Reijen schreibt von Benjamins Ausflügen auf den Kandel, nach Badenweiler, auf die Luisenhöhe, wo er sich mit dem Begründer der Reformpädagogik, Wyneken im dortigen Gasthaus traf, von seinen regelmäßigen Besuchen des Freiburger Marienbades und einem Besuch in Colmar zur Besichtigung des Isenheimer Altars. Der Anna-Kirchplatz mit seinen kleinen Häuschen erinnert ihn an das „goethesche Weimar“. Wer hätte diesem Platz mehr Ehre antun können?

Am Kollegiengebäude II ist eine Tafel zur Erinnerung an die Geschwister Sophie und Hans Scholl angebracht, die 1943 hingerichtet wurden. Die Freiburger Heinz Bollinger und Helmut Bauer wurden zu hohen Zuchthausstrafen verurteilt.

Wie in bald 200 deutschen Städten findet man auch in Freiburg „Stolpersteine“ wider das Vergessen von Naziverbrechen. Gunter Demnig, ein

Kölner Künstler, macht diese Arbeit. Manche lehnen das ab, weil sie der Gedanke schockiert, dass man auf die Steine tritt.
In der Salzstraße lese ich auf zweien dieser Stolpersteine. „Hier wohnte Sophie Bloch / geb. Wachenheimer / Jg. 1898 / Deportiert 1940 /Gurs / ermordet 1942 in Auschwitz." Und: „Hier wohnte Max Liebers / Jg. 1856 / 1938 Pflegeanstalt / ermordet in Geislingen."

Der weltweit geschätzte Philosoph Edmund Husserl, der in der Lorettostraße wohnte, muss auf seinen regelmäßigen Spaziergängen oft sehr einsam gewesen sein, nachdem ihm 1936 die Lehrbefugnis entzogen worden war (nach einer schon 1933 verfügten und bald darauf wieder zurückgenommenen Beurlaubung). Wie Hugo Ott schreibt, „empfand der greise Philosoph diese Beurlaubung als größte Kränkung seines Lebens" (in: *Alemannisches Judentum*, Edition Isele).
Auf einem Foto von 1921 stehen sich Husserl und Heidegger auf einer Wiese bei St. Märgen gegenüber. Beide in Kniebundhosen. Husserl auf seinen Spazierstock gestützt, mit umgehängtem Fernglas und einem Hut mit Gamsbart auf dem Kopf. Sechs Jahre vor Heideggers „Sein und Zeit" ist das Foto aufgenommen. Was das Schicksal für beide vorgesehen hatte, war in diesem Augenblick noch nicht auch nur zu ahnen. Wenn es überhaupt „Vorhergesehenes" gibt. 17 Jahre später, im April 38, stirbt der Philosoph verbittert. Im selben Jahr zieht Reinhold Schneider in der Mercystraße 2 gegenüber Husserls Wohnung in der Lorettostraße ein. Der Philosoph und der Dichter hätten sich auf Spaziergängen auf dem Bergleweg viel zu erzählen gehabt. Aber ein Buch mit dem Titel *Edmund Husserl und Reinhold Schneider. Gespräche.* war von der Geschichte nicht vorgesehen.

Geschichte und Tragik, menschliches Leben und Leiden, Dichter und Krankheit sind bei Reinhold Schneider zusammenzudenken. Leben hieß für ihn das Aushalten der eigenen Widersprüche und jener in Gesellschaft und Geschichte. Das Aushalten von Zweifel und Schwermut. Letztere hat er vom evangelischen Vater, Direktor im eigenen Hotel Messmer in

Baden-Baden. Kaiser Wilhelm und Gattin Augusta waren dort regelmäßig Gäste. Die Welt des Geistes und der Politik traf sich an diesem Ort. Dann plötzlich, nach dem Ersten Weltkrieg, gehen die Geschäfte schlecht. Das Hotel muss verkauft werden. Reinhold Schneiders Mutter, eine geborene Messmer, Frohnatur, katholisch, verlässt ihren Mann. Beim Eintreffen der Scheidungsurkunde bringt dieser sich um. Der 19-jährige Reinhold erlebt den Zerfall einer Familie und spürt zugleich, dass eine ganze Epoche zu Ende geht. Er unternimmt einen Selbstmordversuch. Ab 1938 lebt er – mit Unterbrechungen – in Freiburg. Der 2,04 m große Schriftsteller sieht in Hitlers Germanenwahn das Heraufziehen des Bösen „aus dem Reich der Finsternis". Von Beginn an steht er dieser Bewegung scharf ablehnend gegenüber, lange vor Hitlers Machtantritt sieht er eine Katastrophe heraufziehen. Das Leid der Verfolgten in diesem Regime erschüttert ihn. Und die Gleichgültigkeit seiner Umgebung. Er schreibt: „Am Tage des Synagogensturmes hätte die Kirche schwesterlich neben der Synagoge erscheinen müssen", wirft sich vor, sich nicht selbst dagegengestellt zu haben. Ist aber Mitglied im „Freiburger Kreis", einer Widerstandsgruppe gegen den Nationalsozialismus und hält Kontakt zu anderen Widerstandskämpfern in Deutschland. Das Leiden an der Unlösbarkeit der Verhältnisse verstärken seine Magen- und Darmbeschwerden, 1943 und Dezember 44 bis Februar 45 muss er für jeweils zwei Monate ins Lorettokrankenhaus. Anfang der 50er Jahre wird seine kompromisslose Haltung gegenüber Widerbewaffnung und Atombombe, sein Kontakt mit Kommunisten in der Ostzone und Veröffentlichungen in der Ostberliner Monatszeitschrift „Der Aufbau" zum „Fall Reinhold Schneider". Er hat heftige Angriffe in der Presse zu erdulden. Man hält ihn für geistig umnachtet. Das katholische „Petrusblatt" in Berlin droht ihm sogar mit Exkommunikation. 1956 erklärt der Pazifist Reinhold Schneider bei der Verleihung des Friedenspreises des deutschen Buchhandels, es sei „besser auf einem Narrenschiff zu reisen als auf einem Flugzeugträger". Die Welt scheint ihm zunehmend unheilbar. Er vereinsamt. Allein seine Lebensfreundin Anna Maria Baumgarten ist um ihn. Er habe nur noch

Heimat in seiner Kirche und an seiner Schreibmaschine, die auf einem Kachelofen steht, sagt er. In „Winter in Wien“ formuliert er ein letztes Mal Grundpositionen und Grundfragen aus. „Kann *der* nur Gott lieben aus ganzer Seele, der das ewige Leben will: Liebt er Gott um dieses Lebens willen? Kann nur der den Nächsten lieben wie sich selbst, der Gott liebt? – Ist nicht eine Existenz möglich, die diese Beziehungen nicht zu leisten vermag, wenigstens nicht zugleich, die Gott liebt, aber das Leben nicht sucht, die den Nächsten liebt, aber vielleicht nicht Gott und nicht das Leben?“

Reinhold Schneider wird körperlich zunehmend schwächer, nimmt fast nur noch Flüssigkeiten zu sich, auch Wein. Anfang März kehrt er mit Anna Maria Baumgarten aus Wien zurück. Am Karsamstag stürzt er auf dem Heimweg vom Kirchlein St. Cyriak in der Kirchstraße und erleidet einen Schädelbasisbruch. Am Ostersonntagnachmittag erliegt er im oberhalb seines Wohnhauses liegenden Lorettokrankenhaus seinen Verletzungen. „Das Schicksal der Wahrheit ist der Tod“, hatte er in „Verhüllter Tag“ geschrieben.

Heute gehört der Reinhold-Schneider-Preis zu den renommiertesten Preisen, die Freiburg zu vergeben hat.

*

Für ein Freiburger Traditionsgeschäft, das in der Freiburger Innenstadt aufgibt, bekommt die Stadt zwei Handy-Läden. Weit über zwanzig inzwischen. Vodafon, O-2, T-Mobile, alle sind da. In Toplagen ermöglichen hohe Gewinnspannen das Bezahlen hoher Mieten.

Freiburg scheint eine Hochburg für esoterische Erlösungs- und Heilangebote zu sein. Allein bei einem Steinheilkunde Symposium im Seepark wurden neben einer Mineralienbörse und einem Rahmenprogramm mit Künstlern einhundertundzwanzig Einzelveranstaltungen präsentiert – Klangkonzerte / Klangbäder / Klangsitzungen / Tantra-Schnupperabend / Chakren- und Auradiagnose / schamanische Seelenreise / autopoetische Aufstellungsarbeit / Quantensprungseminar / Arbeit im Lichtraum / Kraftorte erleben / Erzengel Michael wird gechannelt / Aktivierung von Heilungsfrequenzen / Frauenheiltag / Kultische Steinheilkunde / Edelsteinmassagen / geomantische Exkursion zu den Belchen-Lichtbergen / Einweihung in tibetisches Kristall-Mandala / Arbeit mit Harmonie-Quarzen / Wildes Tanzen / Seelentherapie für Tiere / Sexualität und kosmische Liebe / Ahnenaufstellung / und schließlich: Immobilienverkäufe mit spiritueller Begleitung. Wer möchte sich da nicht in einer so erworbenen, spirituell schwingenden Wohnung auf der mit Heil-Turmalinen gefliesten Feng Shui-Terrasse aus der Umarmung einer tibetischen Feuerschamanin in kosmische Lichterlösung katapultieren?!

Vor einem Schaufenster von Brillen-Fielmann in der Kaiser-Josephstraße musizieren zwei Gitarristen, eine Frau mit Schlaginstrument und zwei vielleicht vier Jahre alte Mädchen aus Südamerika vor einer kleinen Gruppe von Zuhörern. Alle fünf Musikanten wiederholen schier endlos den Refrain „amigo, amore, amore!“, bis die Stimmen der Mädchen vor Erschöpfung langsam ersterben, sie nur noch keuchend mit den Erwachsenen mithalten können. Als sie aufhören, steht kein Mensch mehr vor ihnen, aber die Musiker verbeugen sich dankbar lächelnd vor abwesenden Zuhörern.

Ein Iraner aus Teheran äußerte sein Erstaunen darüber, wie schmal die Freiburger Bächle seien. Denn in der iranischen Hauptstadt sind die Bächle, die von der bis über 5000 Meter hohen Alburskette ins Tal stürzen und dann 15 km die große Pahlavi-Straße (heute Vali-Asr) hinab in die Südstadt eilen, so breit, dass große Bäume gut darin Platz finden. Hunderte von Freiburgern haben sich auf ihren Reisen in die Partnerstadt Isfahan, die immer über Teheran führt, inzwischen davon überzeugen können.

An der Stelle des heutigen Kollegiengebäudes III der Universität stand einmal das Haus „Zum Hechtkopf", das Elternhaus von Martin Waldseemüller, Buchdrucker, Humanist und bedeutendster Kosmograph seiner Zeit. Martin Waldseemüller gab dem Kontinent Amerika seinen Namen, da er von der Annahme ausging, der Florentiner Amerigo Vespucci habe den Kontinent entdeckt. Also hat man am Kollegiengebäude III eine Gedenktafel für Waldseemüller angebracht. In Schallstadt bei Freiburg soll er geboren sein und man will sogar das Geburtshaus dingfest gemacht haben. Ob es stimmt oder nicht, jedenfalls hat man in dem Dorf eine Straße nach ihm benannt. Kein Zweifel, irgendwann wird eine amerikanische Delegation hierher kommen und ein Waldseemüller-Denkmal enthüllen. Damit spätestens wird dann der Beweis erbracht sein, dass Schallstadt der Geburtsort des Namengebers von Amerika ist. Es sei denn, irgendein Spielverderber findet vorher noch einen anderen Geburtsort heraus.

Ein Foto aus dem Jahre 1905 zeigt die Kaiser-Joseph-Straße mit dem Martinstor vom Bertoldsbrunnen aus gesehen. Eine Straßenbahn fährt durch den Torbogen, Fußgänger spazieren auf dem Bürgersteig und links im Vordergrund fährt ein Radfahrer das stadteinwärts führende Straßenbahngleis entlang. Ich habe nicht den Eindruck, als seien diese Menschen 104 Jahre von mir entfernt. Beim längeren Betrachten des Fotos empfinde ich sie eher als Zeitgenossen.

Ruhig sitzen

Während einer Vorstellung im Wallgrabentheater beschwerte sich ein Mann in der vierten Reihe laut bei einer vor ihm und direkt hinter mir in der dritten Reihe sitzenden Frau, sie solle sich nicht ständig mit ihrem Oberkörper nach rechts oder nach links bewegen, sonst sei er gezwungen, ihre Bewegungen im Gegensinn mitzumachen, um freie Sicht auf die Bühne zu haben. Es war mir sofort klar, dass die arme Frau unschuldig war, denn auch ich veränderte immer wieder die Position meines Oberkörpers wegen einer anderen Frau vor mir in der ersten Reihe, die ebenfalls unablässig hin und her schaukelte. Allerdings erkannte ich für deren unruhiges Sitzverhalten keinerlei Grund, denn sie saß ja unmittelbar vor der Bühne. Ich bat sie also höflich darum, doch ruhiger zu sitzen, was sie auch prompt tat. Auch ich konnte jetzt meine Position beibehalten. Und fortan vernahm ich aus Reihe vier keinerlei Beschwerden mehr über die Theaterbesucherin in Reihe drei. Die Schauspieler bekamen von diesem Geschehen nichts mit. Sie waren gerade in einen heftigen Streit auf der Bühne verwickelt. Der aber hatte mit uns Theatergästen gar nichts zu tun, sondern war von Drehbuch und Regie vorgegeben.

Ist es möglich an der Buchhandlung *Zum Wetzstein* in der Salzstraße vorbeizugehen, ohne einen Blick ins Schaufenster zu werfen? Antwort: Nein. Peter Wapnewski, Rolf Böhme, und Nike Wagner haben sich ins Gästebuch der Buchhandlung eingetragen. Alfred Brendel, Hans Dieter Hüsch, Carl Djerassi und Hans Magnus Enzensberger. Der nennt die Buchhandlung im Mai 2005 eine „Heilstätte der Seele". Tomi Ungerer trägt ein: „Es gibt kein Paradies ohne Bücher" und Louis Begley: „Surely zum Wetzstein is one of the world's most beautiful bookstores. I am deeply grateful to Herr Thomas Bader and Frau Susanne Bader fort his love of books and kindness to authors!" Ein Kunde schreibt: „Jedenfalls ist es die schönste Buchhandlung, die ich kenne."
Der Inhaber der Buchhandlung, Herr Bader, bekennt, Bücher und Buchkultur seien sein Leben. Dazu gehört, dass er die Schaufenster seines Geschäftes seit Jahr und Tag auf eine sehr individuelle, liebevolle, abwechslungsreiche Weise dekoriert. Bücher und Kunstgegenstände zu kleinen Themeninseln und Autorenlandschaften arrangiert, mit Lämpchen, Schemelchen, Tischchen, Blumen, Gläsern, Skulpturen, Grafiken und Zeichnungen. Eine Besonderheit in Baders Literatur-Oase: Gedichte und Prosa-Auszüge von Autoren, die er mit kräftigem Strich angenehm lesbar abschreibt. Baders Handschrift gehört zum „Zum Wetzstein" wie die Autoren und ihre Bücher. Wer bleibt nicht alles stehen, um die kunstvoll geschriebenen Texte zu lesen! Das Schaufenster sei eine Einladung für den Kunden. Sei das Gesicht des Geschäftes. Solle Neugierde wecken.
Ich bin sicher, die Bücher bei „Wetzstein" spüren, dass sie hier in einem

kleinen Paradies leben und der Buchhändler, genauer Buchbewahrer, wird sicherlich leiden, wenn er das Gefühl hat, ein Kunde könnte einem gekauften Buch vielleicht nicht die gebotene Ehrfurcht entgegenbringen. Es kommen Kunden aus Hamburg, nur um hier Bücher zu kaufen. „Ein Hamburger kam, schaute sich um, kaufte Bücher und fuhr noch am selben Tag wieder zurück!“ Seit 1978 gibt es den Bücherladen – man scheut sich, Geschäft zu sagen – ein Kleinod in der Stadt. „Wir machen wenig, aber das Wenige soll so vollständig wie möglich sein.“ Winkler. Insel-Bücherei, Manesse. Schon der kleine Raum zwinge zu einem Qualitätskorsett. Neuerscheinungen sollten mit den Klassikern ins Gespräch kommen können. Aber er will Kunden nicht erziehen. „Das macht das Buch durch die Freude des Lesers am Buch doch selbst!“ Jedenfalls freue er sich jeden Tag auf seinen Laden und jeden Montag sei er gar gespannt wie ein „Heftlemacher“, das Geschäft zu betreten. Ja, Bader fühlt sich wohl mit Lesern und Büchern. Er ist stolz darauf, zu einer Branche zu gehören, „die mit einer Ware handelt, die sich seit Gutenberg nicht verändert hat“. Seine Arbeit sei ein lustvolles Selbstausbeuten. Dafür erlebe er große Begegnungen. So mit Luigi Nono, Bruno Ganz, Cees Nooteboom. Und er lerne Menschen kennen, für die das Buch nicht weniger wichtig sei als für ihn. Lesen, lesen, lesen müsse ein Buchhändler. Wie anders könne er Bücher empfehlen? Empfehlen sei eine große Verantwortung. „Einmal im Jahr lese ich Stifters *Nachsommer*, um auf dem Hintergrund seines Textes meinen Blick für die Sprache der Gegenwart zu schärfen“, sagt er. Seit Kurzem ist „Zum Wetzstein“ Mitglied der Gemeinschaft *5plus*. Sie will den Geist festhalten, der „den Beruf des Buchhändlers ausmacht: Die Lektüre, die Empfehlung des Gelesenen, der Dialog mit den Lesern und Leserinnen. In einer Atmosphäre“, die dem Leser, dem Buch und dem Buchhändler angemessen ist. Bader schaut zufrieden auf seine Bücherregale. „Das hier ist mein eigentliches Wohnzimmer“, sagt er, „die Bücher sind hier Gast, bis Sie zu ihrem Besitzer gehen.“ Baders Büchern könnte man neidisch sein.

Ein hoch gewachsener Mann in einer hellgrauen Mönchskutte tritt mit Mönchskapuze und Kordel um die Hüfte vor dem Freiburger Theater auf mich zu: „Christus ging barfuß übers Wasser und seine Füße wurden nicht nass!“, fängt er an zu predigen. „Woher weißt du das?“, frage ich ihn. „Dir fehlt der Glaube, mein Freund“, antwortet er mir.

Zwischen McDonald's und Martinsgässle (auch Fressgässle genannt) steht das Martinstor. Über seinem großen Torbogen auf der dem Bertoldsbrunnen zugewandten Seite steht zu lesen: „Allen Waffenbrüdern des oesterreichischen Breisgaues, die sich durch Treu und Tapferkeit den VII. Jul. MDCCXCVI (1796) für Kaiser und Vaterland kämpfend auszeichneten, gewidmet.“ Freiburg und Österreich. Bis heute rühmt sich Freiburg, jahrhundertelang vorderösterreichische Hauptstadt gewesen zu sein. Nicht ohne Wehmut wird darüber gesprochen und geschrieben. Sind wir nicht alle immer noch ein wenig Habsburg?

*

Aus dem Fenster geschaut auf diesen Platz.

Ich bin für zwei Tage als Gast im Hotel Oberkirch eingeladen, um mir meine Stadt, genauer, die Umgebung meiner Unterkunft, einmal als Tourist zu betrachten.
Um es gleich zu sagen: Ich fühlte mich bestens untergebracht im 1738 zum ersten Mal erwähnten „Oberkirch“, das die Zerstörung Freiburgs 1944 unversehrt überstand, ein kleines Wunder, wenn man weiß, wie es den anderen Häusern am Platz erging, neben dem großen „Wunder“, dass das Münster stehen blieb. Freiburg gehört zu den Städten, wo in wenigen Minuten eine viele Jahrhunderte alte Geschichte ausgelöscht wurde. Es fällt den Nachkriegsgenerationen schwer, sich das Ausmaß „systematischer Zerstörungsarbeit zu vergegenwärtigen, … Städtesterben, Städtetod, Städteliquidierung, Urbizid“. Wie auch, wo die Städte heute doch eher überfrachtet sind mit Gebäuden, Straßen, Büros, Geschäften, Schulen, Universitäten, Kliniken, Instituten, Produktionsstätten? „Wie war es möglich, dass dort, wo vor 50 Jahren noch Ruinen, Schuttberge,

Bombentrichter, Kellerwohnungen, verwüstete Parks, Brachen, Gebirge von Schutt waren, dass an dieser Stelle heute Leben tost und blüht?" (Karl Schlögel: Marjampole oder Europas Wiederkehr aus dem Geist der Städte, *Hanser). Ich schaue aus meinem Hotelfenster auf die belebte, beliebte Kulisse eines regionalen Touristenzentrums.*

Franz Keller alias Fridolin Schlemmer schreibt 1976 in seinem Büchlein „Alemannisch angerichtet": „Eine einzige Weinstube hat sich die angenehme Freiburger Weinbeizen-Atmosphäre bis in die heutige Zeit bewahrt: ‚Oberkirchs Weinstube' am Münsterplatz." Dies gilt heute noch. Hier sitzen Honoratioren, Handwerker und Studenten Tisch an Tisch. Freiburger sind „Beizehocker" und „Vierteleschlotzer".

Durch ein Fenster meines Zimmers im dritten Stock schaue ich auf den Münsterplatz. Er gehört zu Freiburg wie die Luft zum Atmen. Morgens spielen Wolken und Sonne im lichten Gestein des Münsters, huschen Schatten über Türme und Dach. Habe ich das Münster schon einmal ohne Einrüstung gesehen? Wie viele Steine am Münster sind noch original? In der Nacht habe ich den Eindruck, dass Sterne und Mond über dem Münster vom Baumeister mit entworfen sind.

Morgens der Markt: Bürewecke, Chlöpfer (Würste), Drübl (Trauben) un Rahne (Rote Beete). Apfelschnitz, Schunke (Schinken) un Sunnewirbili (Feldsalat), Ämeli (Sauerkirschen), Blunze (Blutwust), Zibeginkes (Basilikum). Die ersten Kunden kommen.

„Schatzl, warum hesch s denn so eilig?", ruft ein Mann seiner Frau hinterher, die wohl als erste an einem ganz bestimmten Stand sein will, „renn doch nitte äso, Schatzl, mach langsam!" Worauf Schatzl sich umdreht und keift: „Hör doch uff mit dinem blöde ‚Schatzl', lauf lieber ä weng schneller!"

Wind fegt plötzlich über den Platz. Die Standinhaber müssen ihre Waren beschweren. Plastikplanen im Baugerüst des Münsters flattern. Die Tauben in der Luft haben gegen immer wieder aufkommende Böen zu kämpfen. Ein Fahrrad fällt um. Ein leerer Obstkorb schleift über den Boden. Wie soll man hier eine Bratwurst, „ä Wissi oder ä Roti" essen? Man muss sich wegdrehen vom Wind. Sich hinter den Stand retten. Aber auch dort packt der Wind das Pergamentpapier mit der Wurst. Jetzt fängt es auch noch heftig zu regnen an und die Leute flüchten nach allen Seiten in die Eingänge von Restaurants, Cafés und Geschäften. Ein Mann will seinen Schirm aufspannen und wirft dafür einen halben Wecken mit Bratwurst auf den Boden. Auf dem Münsterplatz in Freiburg ein Sakrileg.

Wenn das Münster nur nicht …

Buchhandlung *Zum Wetzstein*, Freiburg

Wer ist nicht schon alles über diesen Platz spaziert! Ich fantasiere mir ein menschliches Panoptikum unter meinem Fenster zusammen und sehe den Barockbildhauer und Maler Christian Wentzinger vorbeispazieren, dann den Kalendermann Alban Stolz, der seinem ersten Kalender 1843 einen uns heute seltsam anmutenden Titel gab: „Mixtur gegen Todesangst. Für das gemeine Volk und nebenher für geistliche und weltliche Herrenleute." Ich erkenne die an Schlaflosigkeit leidenden Heinrich Hansjakob und Emil Gött. Der in Haslach im Kinzigtal geborene Hansjakob war in St. Peter zum Priester geweiht worden und hatte 1901 Aus dem Leben eines mißliebigen Pfarrers. Ein Notschrei *geschrieben. Emil Gött aus Jechtingen im Kaiserstuhl galt als Sonderling und hatte sich vorgenommen Nietzsches Werk zu vollenden. Er schrieb in einem seiner Aphorismen: „Von zwei Narren hält der größere den kleineren für den größeren." Jetzt eilt die russische Dichterin Marina Zwetajewa herbei, die sich später nur sehr ungern an ihre kurze Schulzeit im Pensionat der Schwestern Brink in der Wallstraße 10 erinnert, aber den Schwarzwald liebt („Der dunkle Schwarzwald ist an Märchen so reich"). Und ist da nicht Maxim Gorki, der sich vom Aufenthalt in St. Blasien die Besserung seiner Lungentuberkulose erhofft? Dann kommt Alfred Döblin, der in Freiburg, wo er Medizin studierte, unter „qualvoller Einsamkeit" litt. Walter Jens, alias Walter Freiburger – dieses Pseudonym hatte er sich hier während seiner Studienzeit zugelegt – erscheint. Er erlebte den Bombenangriff im November 44. Martin Heidegger und seine Schülerin Hannah Arendt – sie hatten sich in Marburg kennen gelernt – kommen auf den Platz. Arendt studierte im Wintersemester 1926/1927 in Freiburg, um Husserl zu hören. Erst 1950 kam sie wieder nach Deutschland, nach Freiburg, um sich mit Heidegger zu treffen. Dazwischen Weltkrieg, Völkermord, Millionen Tragödien, Grauen und Schuld! In einer anderen Szene kommt Paul Celan mit Heidegger vorbei. Der Philosoph bat den Dichter 1967 nach einer Lesung Celans in der Freiburger Universität auf seine Hütte in Todtnauberg. Celan schrieb ihm am 25. Juli ins Hüttenbuch: „mit einer Hoffnung auf ein kommendes Wort im Herzen." Die Wendung erschien wieder in einem Gedicht vom 1.8. 67, das Celan aus Frankfurt an Heidegger geschickt hatte. Dieser antwortete am 30. Januar 1968: „Seitdem haben wir Vieles einander zugeschwiegen. Ich denke, dass einiges noch eines Tages im Gespräch aus dem Ungesprochenen gelöst wird" (zitiert in: Axel Gellhaus,* Spuren 60*). Es sollte nichts mehr gelöst werden. Celan nahm sich*

1970 mit fünfzig Jahren in Paris das Leben. Ich sehe Karl Rahner, den Theologen, der sich selbst meinte, wenn er von der „skeptischen Melancholie des Schwarzwälder Temperaments“ sprach. Marie Luise Kaschnitz, die den Winter 45/46 wieder im Familienschloss in Bollschweil verbrachte, einem Dorf, dem sie in „Beschreibung eines Dorfes“ ein literarisches Denkmal gesetzt hat. Und da erscheint Peter Huchel, der mit einer lange ersehnten Ausreiseerlaubnis mit seiner Frau Monica und Sohn Stephan aus der DDR nach Rom gereist war, sich von Erhart Kästner, der in Staufen wohnte, und dem Freiburger Kunstsammler Franz Armin Morat dazu überreden ließ, nach Staufen zu kommen und später dort sogar ein kleines Häuschen kaufen konnte. Schließlich stapft noch Erasmus von Rotterdam mürrisch über den Platz. Hat er sich wieder einmal über seine Haushälterin Margarete Büsslin geärgert oder ist er noch böse, weil ihm Ulrich Zasius zur Fastenzeit ein Hühnchen serviert hat?
Ich verlasse mein Freiburger Phantasia, schaue auf den Markt zu den Marktfrauen, die ihre Hände in einem Bächle waschen.
Nahezu 10 km dieser Wasserläufe geben Freiburg ein eigenes Gepräge. Jedes Bächle hat sein eigenes Geräusch. In der Münsterstraße und in der Münzgasse rieslets, in der Schoferstraße lieslets, im Präsenzgäßle klinglets, in der Schusterstraße und der Buttergasse plätscherets, unter dem Stern vor der Synagoge und in der Herrenstraße, in der Konviktstraße flüschterets, im Kaufhausgässle gluckerets, um das Münster herum murmelets und nuschelets. Unter den Dolen, wenn die Bächle im Boden verschwinden, blubberts, gurgelts und sürpflets. Bei jedem Regeneinlauf, jeder Zumündung, unter jeder Sandsteinüberdeckung, in jeder Einfassung eine andere Musik. Es sei nicht verschwiegen, dass die Bächle in früheren Zeiten wegen ihres Gestanks in Verruf waren, weil sie dazu dienten organische Abfälle aufzusammeln und zu transportiern.

Swamp Poetry – Poetry Swamp im Café Atlantik. Das Restaurant ist bis auf den letzten Platz gefüllt. Überwiegend studentisches Publikum drängt sich an den Tischen. Der Profi-Swamp-Wettbewerb beginnt mit der Auslosung der Jury. Dann werden die Modalitäten für den Wortwettkampf bekannt gegeben. Zehn Teilnehmer dürfen mitmachen, jeder hat maximal sieben Minuten für seine Performance. Die höchste und die niedrigste Wertung werden gestrichen. Der erste Teilnehmer wird lauthals mit reißerischen Sprüchen angekündigt. Dann folgt es Schlag auf Schlag. Lyrisch-versonnen gesäuselt, gerappt, im Staccato heruntergestampft, pathetisch deklamiert, geblödelt, geschrieen, philosophiert und gekalauert, was das Zeug hält. „Liebe ist nicht, wenn einer den Müll rausbringt", heißt es da. „Ich suche jemanden, der mit mir eine Tankstelle überfällt", „ein schlechter Mensch freut sich, wenn er ein totes Kücken im Frühstücksei findet". Ein Titel war „Kochen mit Kant", ein anderer „Platon faselt vom Mundhöhlengleichnis". Am Ende gab es Whisky für die Sieger, endlosen Applaus und die Ankündigung des nächsten Swamps.

Das Freiburger Uniseum – eine spannende Übersicht über die Geschichte der Freiburger Universität von den Anfängen bis heute. Das kleine Museum ist ein wahres Raritäten- und Kuriositäten-Kabinett. So findet man unter den Resten der im Zweiten Weltkrieg fast vollständig untergegangenen alten, wissenschaftlichen Sammlungen ein Glas mit Kopf und Speiseröhre eines Schopfhuhnes aus Brasilien, einen Insektenkasten aus der Sammlung des Juristen Erik Wolf und Mumienköpfe. An anderer Stelle eine Totenmaske Napoleons. Oder die Nobelpreismedaille des Chemikers Hermann Staudinger. Auch kuriose Geschichten werden erzählt. So die über das angebliche Wunder der Maria Monika Mutschler, die mehrere Jahre sitzend und liegend, ohne zu essen und zu trinken gelebt haben soll. Alles wissenschaftlich untersucht und überwacht, später dann dennoch als Betrug aufgedeckt. Die Frau landete zusammen mit ihren der Beihilfe bezichtigten Töchtern in Rottweil am Pranger.
Tritt man nach dreistündigem Schwelgen in der Vergangenheit aus dem Uniseum hinaus auf die Bertoldstraße, dauert es eine Weile, bis man sich wieder aus der Vergangenheit gelöst hat.

Bist über allen …

Schwarzwald

Schwarzwald

wiesenbegrünt
bächedurchrauscht
strauchdickichten
baumbestanden
kräuterduftgetränkt
blütenverzaubert
wegemarkiert
sitzbankbestückt
lehrpfaddurchzogen
hinweisbeschildert
tourismusgetrimmt
durchkalkuliert

Auf diese Berge schauten unsere Urgroßväter. Und wieder deren Urgroßväter. Und wieder … Diese Berge sind unverrückbar wie der Mond. Jenseits der Zeit. In dieser Zeit-Enthobenheit liegt ihre Wirkung. Ihre Anziehungskraft. Dass wir hinauf müssen. Sie hereinholen in unsere Zeit. Doch wenn wir wieder unten sind und hinaufsehen, starren sie uns wie eh und je mit der gleichen ewigen Ungerührtheit an. Wir haben mit ihnen, aber sie nichts mit uns zu tun.

Die Alpen sind zwar nicht Teil unserer Mittelgebirgslandschaften, gehören aber dennoch untrennbar zu Vogesen und Schwarzwald. Denn viele Gipfel und auch Orte hier definieren sich in ihren Werbebroschüren eben durch den Alpenblick, den sie ermöglichen! Das Hauptmotiv auf Postkarten vom Feldberg, Grand Ballon, Belchen oder Le Hohneck ist das Alpenpanorama.Wir fahren auf die Schwarzwald- und Vogesenhöhen nicht nur zum Wandern, sondern auch um die Alpen zu sehen. An manchen Föhntagen im Schwarzwald erschrecken Wanderer aus – sagen wir mal Husum – wenn sie aus dem Wald treten und plötzlich vor den Schweizer Alpen stehen.

Eiger, Mönch und Jungfrau, Feldberg und Grand Ballon haben nicht die Schneeflocke einer Ahnung davon, was eine schöne Aussicht ist.

Januar, ganz weit oben

Ringsum schweigen Schnee
und Nacht
um die Wette.
Tief im Dorf
die Kirche still,
als hätte
ein müder Gott
das Schweigen
einst befohlen.

Stumm im starren Geäst
ein alter Mond.
Firn
knirscht
wie gewohnt
unter den Sohlen.

Starr ein stummer Mond
im alten Geäst.

Wer jetzt die Spur verlässt,
den wird der Teufel
holen.

Vom Elsass her schleppen sich leuchtende Wolkenbäusche am Mond vorbei über den Blauen. Mond und Blauen sehen das aber nicht.
Aus der Werbung: „Naturpark Schwarzwald. Aufregend echt. Von wilder Schönheit. Von ursprünglicher Anziehungskraft. Mit grünem Erlebnisprogramm. Mit Arboreten und Kräuterseminar. Erlebnispauschale und Schnupperwoche. Urigen Ecken und Genusskult(o)ur." Der Schwarzwald als Warenkorb.

Schwarzwald: Ein Top-Produkt mit Top-Betreibern in einer Top-Urlaubsdestination. Tourist-Office, Call-Center, Internetauftritte. Qualitätsoffensiven, Managementstrukturen, Vermarktungsstrategien. Corporate Identity, Corporate Design, was auch immer das bedeutet. Wohlfühldienstleister neben Natur-Ranger. Naturfreundehaus neben Gipfel-Party-Zelt. Landschaftsverträgliche Parkhäuser am Bannwald. (Was eine Landschaft so alles verträgt!) Ausgediente Modelle – „Schwarzwaldmädel", „Forellenhof", „Schwarzwaldklinik", „Schwarzwaldhaus". Neue Modelle – Erlebnisbäder, Wellness-Inseln, Streichelzoos, Vergnügungsparks. Und irgendwo ein paar Bäume, Wiesen und Sträucher, scheue Rehe und richtig wilde Wildschweine, die das alles unerklärlicherweise überleben.

Vice versa

Jeden Abend stürzt
der Markgräfler Blauen ab
in die nördliche Schweiz.

Jeden Morgen steigt
die nördliche Schweiz auf
zum Markgräfler Blauen.

Ich habe so lange auf den Belchen gestarrt, bis er endlich anfing mit mir zu sprechen.

Belchen I

Im Winter 2080
strömten tausende von Menschen
zu Dankgottesdiensten
in die wenigen Kirchen,
die es noch gab,
weil der Belchengipfel
nach zwanzig Jahren
zum ersten mal wieder,
wenn auch nur für wenige Stunden,
mit Schnee
bedeckt war.

Belchen II

An manchen Alpenblicktagen
hier oben
möchte man keine Gedichte mehr schreiben
und alles Tun,
auch das nutzloseste,
dem frühen Mond
am blaublauen Himmel
überlassen.

Belchen III

Hinterm schwarzen Gebirg
feuerleuchtet
allein
der Belchen
im Schnee.

Der Schnee-Belchen
im Belchen-Schnee.

Belchen IV

Ende April
stehen Belchen und
Grand Ballon
als einzige noch
einzigartig
mit Schneekappen,
weißen Kappen,
auf der Kippe
zum Frühling.

Belchen V

Bist über allen,
doch nicht übermächtig,
mehr wie die wache Glucke
in der Brut
mit weitem Blick ins Ferne
und bedächtig
überm Gebirge,
das da vor dir ruht.

Belchen VI

Der Schwarzwald
vom Belchen
blau-grau dunsten
südwärts zerfließend

hinein in die Basler Bucht.
Nur der Blauen wehrt sich
noch
über der milchigen Höhe.

Dank so genannter Snowboxen kann man mit Hilfe von Wasser, das bei minus 11 Grad schockgefroren wird, in Zelten auf dem Ski- oder Skisprunggelände Schnee herstellen und diesen dann durch Kühlgebläse und Schläuche an jeden Ort transportieren. Dieses Verfahren lasse sich sogar bei einer Außentemperatur von plus 35 Grad Celsius anwenden, sagen die Hersteller. Im Schwarzwald soll diese Technik zum Einsatz kommen. Warum nicht, bevor Dubai oder Katar die nächsten Schwarzwald-Ski-Meisterschaften an Land zieht?

Er verdiene nichts mehr an seinen Kühen, sagte ein Bauer im Hochschwarzwald, aber die Touristen kämen wegen der Kühe und so halte er sie eben weiter, er habe ja schließlich genug Weideland. Die Landwirtschaft in den Bergen sei Attrappe für Städter aus dem Norden. Bald werde nicht mehr die Milchproduktion sondern der Streichelstall subventioniert, meint der Landwirt.

Der Blick vom Bergkamm oberhalb des Kohlerhofes bei Ehrenstetten zum Schauinsland, Stohren, aufs Münstertal, zum Belchen und Blauen, in der Ebene über den Kaiserstuhl zu den Vogesen ist an einem Frühsommernachmittag wie vier Wochen Urlaub in der Provence.

Auf der Fahrt durch den Wald nach unten im Autoradio Schumannlieder, unterbrochen durch Verkehrsmitteilungen. Ein Verbrechen.

„Schau, Simone, das dort ist der Kaiserstuhl", sagte Franz Töppel an einem föhnigen Nachmittag zu seiner Frau, als sie beide, Hand in Hand auf dem Schauinslandkamm innehielten und ihre Blicke westwärts schweifen ließen.

„Herrlich! Wie herrlich! Nein, wie herrlich!", rief Simone entzückt aus.
„Ja", sagte Franz Töppel, „von Süden nach Norden misst der Kaiserstuhl genau 18,5 km, die Jahresdurchschnittstemperatur beträgt 7° C und die höchste Erhebung, der Totenkopf, hat 557 m."
Schon wenige Monate später war das junge Paar geschieden.

An windigen Tagen nehmen die Rotoren der Windkraftanlagen der Atomlobby für ein paar Stunden den Wind aus den Segeln.

Im Schwarzwald gibt es noch Gegenden, wo sich nicht einmal Fuchs und Hase „Gute Nacht" sagen. Geschweige denn „Guten Tag".

Ein gerade erlegtes Wildschwein lag hingestreckt, noch warm, am Rande des Ackers. Das Wildschwein war tot. Der Jäger stolz. Der Bauer froh. Als Jäger und Bauer mit der Beute abgezogen waren, machte sich das Wildschweinrudel, das im nahen Wald verharrt hatte, erneut auf den Weg zum Acker. Und während man im nahe gelegenen Hof den Abschuss mit Topinambur, Kirsch und Williams Christ begoss, waren viele kräftige Schnauzen schon wieder fröhlich am Wühlen.

Im Barbara-Stollen bei Oberried, einem alten Bergwerksstollen, lagern Edelstahlfässer. Ihr Inhalt: Mikrofilme mit Dokumenten der deutschen Kultur. Im Falle eines Krieges wäre so zumindest die Dokumentation einer untergegangenen Kultur gerettet. Der Stollen liegt rund 300 m tief im Massiv. In zwei Seitengängen von je 50 m stehen derzeit 1350 Edelstahlbehälter. Jeder birgt 800 000 Einzelaufnahmen. „Endgültig eingelagert und für mindestens 500 Jahre ohne Informationsverlust, wenn nicht gar für tausend Jahre", sagt mir Herr Porwich, der Sachbearbeiter für diesen „Bergungsstollen". Er zeigt mir das Beispiel einer Mikrofilmaufnahme von einer Urkunde aus dem Kloster Regensburg-St-Emmeran vom 22.2.794. Würde man alle Aufnahmen aneinanderreihen zu einer Filmrolle, hätte man bis jetzt rund 28 000 km Bilder, sagt Herr Porwich. Verantwortlich für die Lagerung ist das Landesarchiv in Berlin. In Oberried im Schwarzwald befindet sich der „Zentrale Bergungsort der Bundesrepublik". Also: Zumindest Abbilder der kulturellen Erzeugnisse der Menschen sind in Sicherheit. Für die Sicherheit der Menschen selbst müssen wir uns noch etwas einfallen lassen.

Im Buch „Istanbul" des türkischen Literaturnobelpreisträgers Orhan Pamuk kommt eine Schwarzwalduhr vor, „die mit ihrer Beständigkeit und Präzision einen Kanarienvogel, der in seinem Käfig schon darauf brannte, ihr jede halbe Stunde eine Antwort zu geben, in tiefe Verwirrung stürzte". Ein Schwarzwälder Uhrenkuckuck und ein Kanarienvogel in einer großbürgerlichen Wohnung am Bosporus – Integration ganz eigener Art. Man sollte ein Plakat aus diesem Bild entwerfen.

Die Wälder oben ab 600 Metern zugeschüttet mit Schnee. Die Bäume schneebeladen mit tief herabhängenden Ästen und Zweigen. Die Wälder wirken erschöpft. „Jetzt längt's dennoo au" („Jetzt reicht es dann auch"), sagen die Menschen am Ende eines langen Winters.

Der Frost steigt einem Vogel nach im Baum. Zitternd, mit eingezogenem Köpfchen krallt dieser sich ins Geäst.

Noch türmt sich der Schnee auf den Gipfeln, aber müde schon, und die schweren Wechten drängen ins Tal. Steht die Sonne jetzt im Zenit, schmilzt ein ganzer Winter weg.

Der Schwarzwald zerfließt im April. Aus allen Ecken quellen und schwellen die Wasser hinab zum Rhein. Der ist einfach da, lässt geschehen und nimmt alles mit.

Nach „Lothar": In den steilen Westhängen die Böen. Ächzend gaben die ersten Fichtenstämme nach, krachten ins Unterholz. Baumunter der ganze Bestand. Ein Specht in seiner Höhle mit zerzaustem Gefieder. Noch in derselben Nacht richten Holzfäller Motorsägen und Sicherheitshelm. Das Frühstück ist kurz. Kaffee und Hefezopf. Beim Sprung in den Geländewagen werden die ersten Arbeitsanweisungen gebrüllt.

Der **Kandel**: Von der Ebene aus gesehen ein Raubvogel mit weit ausgebreiteten Schwingen auf einer Beute hockend. Über seinen steil abfallenden Waldhängen im oktobernen Farbentaumel spielt das Sonnenlicht. Schatten von einzelnen Wolken wetteifern mit denen von Gleitschirmfliegern. Hochstauden, Borstgras, Arnika und Heidekraut. Pestwurz im April. „Cand" ist keltisch und bedeutet „weiß", „leuchtend".

Vor dem Bergrestaurant auf dem Kandel fragte ein deutscher Sonntagswanderer einen kurdischen Studenten aus Freiburg, der ein Glas Tee und einen Apfelkuchen vor sich stehen hatte: „Haben Sie kein Heimweh?" „Weh schon, Heim aber nicht", antwortete der und aß ohne ein weiteres Wort seinen Kuchen.

Allerheiligen: als wäre die Klosterruine einem Bildmotiv Caspar David Friedrichs nachempfunden. Grabplattenfragment, Wasserspeier, Rippenansätze am verbliebenen Gewölbe, Fenstermaßwerk. Hoch über dem Klostergemäuer eine Wolke am überblauen Himmel. Für zwei Minuten.

Beim Wandern in der Umgebung fallen mir immer wieder die bildreichen geographischen Bezeichnungen auf – Wolfsmatt, Herrenwies, Kirschbaumwasen, Hasenwald, Bergweide / Unterwasser, Heidenbach, Tannenteich, Eselsbrunnen / Hohritt, Großer Geißkopf, Eichhaldenfirst, Ameisenbühl, Eierkuchenberg, Hundsrücken, Engelskanzel, Eckenfels, Bärenstein, Heidelbeermauer / Heimwehhütte / Ochsenstall, Muckenloch, Edelfrauengrab, Biberkessel, Hohlengrund, Affental / Auerhahnweg / Winter-eck / Geißdörfle.

Ein Franzose, der mit seiner Frau am Ufer des **Mummelsees** steht, sagt zu ihr: „C'est quand même beau!". Ich versuche mir zu übersetzen, was er mit diesem „quand même" ausdrücken wollte. Vermutlich: „Hier ist es (trotz all dem Rummel) schön." Oder: „Man kann sagen, was man will, aber schön ist es hier." Oder auch, nachdem seine Frau die Menschenmassen beklagt hat: „Du kannst denken, was du willst, ich finde es hier schön!"
Überm schwarzen Wassergekräusel winzige Tretboote mit gelangweilten Kindern an Bord.

„Vom Berge was kommt dort um Mitternacht spät / mit Fackeln so prächtig herunter?", beginnt Mörikes Gedicht *Die Geister am Mummelsee.* Und es endet: „Sie wittern, sie haschen mich schon."
„Menschliche Profitgier hat sie vertrieben", steht auf einer Hinweistafel am See.

Ob Mummel- oder Titisee :
An Sonn- und Feiertagen ziehe ich die Stadtmitte einer jeden Großstadt dem Titisee und dem Mummelsee vor. Wegen der Ruhe.

Hornisgrinde: „grinte"= kahl; „mis"= moorig. Der Gipfel ein Hochflächenmoor. Bergheiden, Karseen. Flechten, Hochgras, Rasenbinse. „Das Pfeifengras führt Krieg gegen die Besenheide. Nur die Beweidung durch Schafe hilft", belehrt mich eine Tafel am Naturlehrpfad. Wanderfalke, Gartenschläfer, Gartenrotschwanz. Alpenspitzmaus.
Der Blick von hier über die Ebene zu den Vogesen macht den Mummel-Rummel schnell vergessen. Auf dem Weg zum Fürstenstein beobachte ich, dass auch hier wie überall auf der Welt die Ehemänner ihren Frauen mit weit ausholendem Bergschritt vorauseilen und mit dem Zeigefinger vor-, rück- und seitwärts deutend völlig überflüssige Erklärungen zu allem abgeben, was irgendwo sichtbar wird.

Bist über allen …

Belchen

Die entlang des mit Holzdielen ausgelegten Hochmoorpfades aufgestellten Hinweistafeln machen die Hochfläche zu einem Naturkundemuseum. Auerhuhn: Zuordnung, Vorkommen, Merkmale, Nahrung, Fortpflanzung, Lebensraum. Die Natur als Freiluft-Lexikon. „Der Auerhahn hat rote Balzrosen über den Augen." *Balz-Rose:* Welch wunderschönes Wort! Oder *rundblättriger Sonnentau.* Die Bergkieferlatsche, lese ich, ist Nistplatz der Zitronengirlitze. *Zitronengirlitze:* Ist nicht allein dieser Name schon ein kleines sprachliches Kunstwerk? Die Schöpfer des ungemein reichen, faszinierenden Wortschatzes zur Bezeichnung von Pflanzen, Tieren, Steinen, geographisch-geologischen Gegebenheiten, Naturphänomenen überhaupt, hätten längst einen Nobelpreis für Literatur verdient.

Bei der Fahrt hinab in die Ebene sehe ich oberhalb von Sasbachwalden eine Wohnsiedlung, die am Stadtrand von Stuttgart nicht fehl am Platz wäre. Aber hier? Im Dorf unten entdecke ich die Namen „Zum alde Gott", „Geißböckli" und „Geißhöll-Imbiß".

In der Spätsommerbrise
zwischen den Blättern in Akazienwipfeln
Septemberzärtlichkeiten

Zwischen Schwarzwald und Rhein

Baden, was für ein Land! Kurorte / deutsch-französisches Miteinander / Wirtschaftsstandorte mit hohem Freizeitwert / Landschaft mit reicher Geschichte / innovative, zukunftsträchtige Betriebe / die Region am Rhein europäisch positioniert / die Gemeinden gut aufgestellt / der Wein von höchster Qualität / Die Gastronomie gerühmt / das Klima südlich (genauer: mediterran, was sonst?) / Berge mit alpinem Charakter / liebliche Hügellandschaften / die weite Rheinebene. Mehr geht nicht!
Die „Fauststadt Staufen", die Römerstadt Badenweiler, die Europastadt Breisach, die Breisgau-Metropole Freiburg, Müllheim, Zentrum des Markgräflerlandes, Karlsruhe, die Fächerstadt. Arm dran das Dorf und die Stadt, die sich nicht mit einem ähnlichen Attribut schmücken kann.

Das *Rollwagenbüchlein* des um 1505 in Colmar geborenen Jörg Wickram, gilt als „erste unterhaltsame und belehrende Reiselektüre in Form von kurzen Geschichten" (Werner Witt). 111 kurze Geschichten sind es genau. Fahrten im Rollwagen waren „organisierte Kutschenfahrten". Wickrams Kurzgeschichten sollten auf diesen Reisen für Kurzweil sorgen. Anno 1555, als Wickram in Burkheim am Kaiserstuhl sein Amt als Stadtschreiber antrat, erschien sein „neus, / zuvor unerhörts Büchlein, / darin viel guter Schwänk und Historien begriffen werde …". In den Worterklärungen des von Werner Witt neu herausgegebenen Rollwagenbüchleins habe ich Wörter entdeckt, die sich bei uns hier in der alemannischen Mundart erhalten haben: „gächlingen" (plötzlich), „nienen" (nirgends), „Nestel" (Schuhbändel), „Gautsche" (Schaukel; Lotterbett), „Kastenholz" (Kastanienholz), „Hurst" (Hecke, Strauch), „mengen" (manchen), „Kensterlein" (Schränkchen), „Bresten" (Gebrechen). Ein Colmarer Autor als Stadtschreiber in Burkheim: Der Rhein war noch keine Grenze.

Auf dem Weg zur Burg **Rötteln** lese ich auf einem Info-Plakat die Ankündigung eines „Snow-Board-Bazars". Hier also haben sich Okzident und Orient schon vereinigt.

Die Burgschenke auf der Röttler Burg bietet mit Waldhonig gratinierten Ziegenkäse an, Parfait von der Bachforelle, Praline von der Entenleber im Walnussmantel, Joghurt-Limonencrème mit marinierter Ananas und Traubenchutney. Vermutlich hat im Mittelalter Rudolph von Rötteln, der das Pferd des in Basel zum Gegenpapst ernannten Herzogs von Savoyen über den Münsterplatz zur Krönung führen durfte, nicht weniger „fürstlich" gespeist.
Als ich durch den Burghof gehe, ist das Restaurant geschlossen und ich muss mit einem mitgebrachten, leicht verdrückten Käsebrötchen Vorlieb nehmen. Ohne Mantel, Marinade und Traubenchutney, versteht sich. Nur ein Stück Alufolie haftet noch dran, das sich aber kaum zu einer Haute-Cuisine-Creation uminterpretieren lässt.
Die Burg, die einst zum Schutz der Besitzungen des Basler Klosters St. Alban erbaut wurde, hat schon ruhigere Zeiten erlebt. Bis zur höchsten begehbaren Stelle der Ruine nämlich drängt sich Motoren- und Reifenabrieblärm von der Autobahn hoch ins Gemäuer. Auch wer aus der Stille des Röttler Kirchleins tritt, wird von Motorengeheul empfangen.

Bei der Einfahrt nach **Lörrach** flieht die „Wiese" unter Autobahnzufahrts- und Ausfahrtsbrücken Richtung Basel. „Kanalisiert mit zahllosen Wehren", wie es in einer Wanderkarte für Kanu- und Rudersport heißt, sucht sie ab Schopfheim ihren Weg bis zur Mündung im Basler Rhein.

Ötlingen: Im Herbst noch der Duft von Walnüssen. Vor manchem Scheunentor Körbe mit Äpfeln, Säcke mit Zwiebeln, Netze mit jungen Kartoffeln. In den meisten Ställen schon lange kein Vieh mehr. Die Hofeingänge sind blumengeschmückt. Durch die Dorfstraße Touristen auf der Suche nach dem Auf-dem-Dorf-Gefühl. Doch das gibt es nur noch auf alten Postkarten. Vom Herrmann-Daur-Brunnen aufwärts zur Hütte mit dem gleichen Namen gepflegtes Einfamilienhäuschenflair. Auf den Bildern des Malers gibt es die Welt noch, die wir in unseren Köpfen mit auf die Sonntagnachmittagsausflüge nehmen.

Durchs leere Kirchenschiff der **Isteiner** Kirche hört man den monotonen Sprechgesang der Rosenkranzbeterinnen. Aus der kleinen Seitenkapelle, wo die Frauen zusammenhocken, branden Verse gleich Wellen durch die Kirchenhalle, laut, stoßartig die Anfänge der Formeln, dann verebbend und wieder von neuem anbrandend. Die Frauen kommen kaum zum Atmen. Wüsste ich nicht, wo ich bin – ich könnte nicht sagen, welche Sprache sie sprechen, so verhallt kommt der Singsang im hinteren Kirchenschiff an. Mich hätte nicht gewundert, wenn die Frauen griechisch oder italienisch gesprochen hätten. Wenn sie gesprochen hätten! Denn nach dem Beten eilen sie wortlos aus der Kirche, zerstreuen sich gebückt, hinkend, eilend, huschend in die sonnenwarmen Gassen. Bald ist keine von ihnen mehr zu sehen.
Ein Hahn kräht. Ein Hund bellt. Die Sonne verschwindet hinter einer Wolke.
Im oberen Istein schleppt sich ein ICE die Biegung des Rebberges entlang, Überm Dorf ein Habicht in ruhig lauerndem Flug. „Wie schön es wäre, hier zu wohnen“, denkt der Zugführer aus Essen jedes Mal, wenn er diese Strecke bedient: „Wenn nur der Zug nicht wäre.“

Istein

Vom Isteiner Klotz
winkt keine Loreley.
Es fahren ja auch nur
Autos vorbei.
Da lohnt es sich nicht,
den goldenen Kamm
durchs wallende Haar zu ziehen.

Einst spielten die Wasser
des wilden Stroms
unten am Fels.
Kähne mit jungen Fischern

zogen vorbei.
Schnaken tanzten
Ihnen ums Haar.

Jedenfalls steht das in alten Berichten,
dass es so war.

Die evangelische Peterskirche zu **Blansingen** mit ihren Bilderzyklen – Passion des Herrn auf der Nordwand und Petruslegende auf der Südwand – und die evangelische Pfarrkirche in Kandern-Tannenkirch mit ihrem Freskenzyklus im Chorturm sind Orte der Stille, Orte, wo Jahrhunderte zu flüstern scheinen.

In **Feuerbach** warten drei Helferinnen in der im Weinbrennerstil erbauten evangelischen Johanniterkirche auf den Pfarrer. Eine Vertretung. Als er zehn Minuten vor Gottesdienstbeginn kommt, sind immer noch nur die Helferinnen da und bereiten alles vor. „Im Nachbardorf", sagte er, „wo ich gerade herkomme, hatte ich sechs Kirchenbesucher."
Aber hier in Feuerbach erscheint gar niemand. „Achtzehn Uhr ist eine ungünstige Zeit", meint er ruhig, „und wer weiß, was wieder im Fernsehen Wichtiges läuft!"
Ich hätte da bleiben können und dem Gottesdienst folgen. Bis heute bin ich mir gram, dass ich es nicht tat.

Auf zwei sich gegenüberliegenden Kirchenfenstern im Schiff sind links vom Eingang Luther und rechts Melanchthon dargestellt. Von Luther wissen viele Evangelische heute nur, dass er seine 95 Thesen an der Wittenberger Stadtkirche angebracht haben soll, und dass er beim Wormser Reichstag ausgerufen habe: „Hier stehe ich und kann nicht anders!" Sowohl der Thesenanschlag als auch diese angebliche Aussage in Worms sollen aber nicht verbürgt sein.
Vor der Kirche befrage ich einen Spaziergänger zu Luther. Er überlegt und zählt dann auf:

„Er war gegen den Papst, den Ablass, das Zölibat, die Bauern und die Juden."
„War er auch *für* etwas?", frage ich ihn.
„Eigentlich schon."
„Warum ‚eigentlich'?"
„Keine Ahnung!", meint er mit den Schultern zuckend.
„Sind Sie evangelisch?"
„Ich denk schon", antwortet er nach kurzem Zögern.
Jetzt frage ich aber nicht weiter und gehe in die Kirche, um mir alles schnell zu notieren.

Zu Hause nehme ich mir die 95 Thesen Luthers vor. Die 94. These lautet: „Man soll die Christen ermutigen, dass sie ihrem Haupt Christus durch Strafen, Tod und Hölle nachzufolgen trachten." Keine fröhlich stimmende These.

Auf den Streuobstwiesen im Markgräflerland leuchten im Dezember noch Golden Delicious im Wintergeäst.

Was sich hier im Frühjahr an Blütenpracht entfaltet, die Ruhe und Zuverlässigkeit, mit der dies geschieht, die wochenlangen Metamorphosen: in jeder Sekunde Millionen Wunder. Keine Blume, kein Baum, kein Gräslein drängt sich vor, alles ist uneitles, leises Geschehen. Unser Erstaunen ist dem Erstaunlichen nicht gewachsen. Und die Wunder wiederholen sich, wenn dann die Früchte reifen. Hier aber greifen wir schamlos ein, geben das Tempo vor, plündern vorzeitig für die Kühlhäuser und sortieren aus, was nicht marktgerecht gewachsen ist. Wie will man da noch Erntedankfeste feiern!

Obstparadies

In den oberrheinischen
Lebensmitteldiscountern
werden die Äpfel aus
China,
Neuseeland
und Argentinien
immer noch
in Steigen
aus heimischem Holz
angeboten.

Welcher Vogel singt am Morgen als erster? Gibt es da eine Reihenfolge oder ist das zufällig?

In der Kirche von **Niedereggenen** liegt aufgeschlagen auf dem Altar die Bibel. Psalm 119, 120, 121 – „Die Herrlichkeit des Wortes Gottes" / „Hilferuf gegen Verleumder" / „Der treue Menschenhüter".
Es ist so still im Kirchenschiff, dass einem das Atmen laut vorkommt. Vor der Kirche wie in jedem Dorf ein Denkmal für die Gefallenen der beiden Weltkriege. 1914-18: Jäger Emil (Lorettohöhe), Oswald Adolf (Flandern), Knoll Karl (Russland), Hunzinger Fritz (in der Champagne), Kiefer Ernst (an der Somme), Walter Fritz (bei Verdun), Trefzer Richard (Rumänien). 1940-45: Kaiser Adolf (20 Jahre), Kaiser Otto (19 Jahre) …
Eine Frau um die Siebzig erzählt mir, dass einer ihrer Brüder am selben Tag geboren wurde, an dem sein Vater, also auch ihr Vater, in Russland fiel. Ein anderer Bruder sei vermisst. Als ich darauf lange schweige, fährt sie fort: „Ich könnt Ihne noch viel verzehle, aber besser nit, s goht mr z lang nooch, wenn i devo gschwätzt haa."

Zur Kirschblütenzeit in Niedereggenen gibt es keinen schöneren Ort auf der Welt, außer vielleicht Obereggenen.

Der Simon

Der Simon, so nannte man ihn im Dorf. Er war Patient einer in der Nähe gelegenen psychiatrischen Einrichtung. Tagsüber durfte er meist nach Hause, in seinen alten, heruntergewirtschafteten Hof, den er allein bewohnte. Der Simon lief immerzu mit einem Spaten herum. Mit dem zerteilte er Pferdeäpfel, „Rossbolle", wie er sie nannte. Wo immer er welche entdeckte, eilte er mit seinem Spaten hin und stach sie durch. Möglichst genau in der Mitte, das war ihm wichtig. Aber nicht alle Pferdeäpfel haben eine klar erkennbare Pferdeapfelmitte. Und so haderte er oft mit sich, wenn er das Gefühl hatte, nicht genau die Mitte getroffen zu haben. Er verfluchte dann aber nicht die Pferde, weil sie ihr Geschäft nicht ordentlich verrichtet hätten, sondern die Pferdehalter. Sie beschuldigte er, dass sie den Tieren nicht genug Zeit für die Notdurft lassen würden. Er bezichtigte sie der Tierquälerei, die Tiere seien immerzu in Bewegung und man gönne ihnen nicht einmal eine Pause für die tierischste aller Verrichtungen. Wie sollten da auch klar geformte Pferdeäpfel entstehen, die man mit einer einzigen, gezielten Bewegung in zwei gleiche Teile teilen konnte?
Der Simon listete genau auf, wie viele Rossbollen pro Tag er gehälftet hatte und überreichte seinem Pfleger in der Psychiatrie einen Zettel mit dem jeweiligen Ergebnis. Der musste ihm versprechen, alle zu archivieren, denn er wolle später, nach der zehntausendsten Pferdeäpfelteilung ein Buch darüber schreiben. Leider wurde nichts daraus, denn es gab immer weniger Pferde, sodass er mit seiner Arbeit nur langsam vorankam und schließlich einen Tag nach dem Aufnotieren der Zahl 7649 plötzlich verstarb.
Alle mochten den Simon und niemand hatte eigentlich verstanden, warum der arme Kerl die Nächte in einer psychiatrischen Klinik verbringen musste, nur weil er Pferdeäpfel teilte. Bis heute weiß das niemand.

Ich gehe durch den heimatkundlichen Raum im **Müllheimer** Markgräfler Museum, blättere Bild-Tafeln, drücke Knöpfe für Bild- und Filmdarstellungen, mache mich kundig über die Geschichte Müllheims und seiner Umgebung.
Simon Sulzer (1508-1585), erfahre ich, war lutherischer Hauptpfarrer am Basler Münster und erster Generalsuperintendent für das badische Oberland.

Hier wurden die Pfarrer auf das Augsburger Bekenntnis und die badische Kirchenordnung verpflichtet. Reformunwillige Pfarrer hat man ausgetauscht gegen Kollegen aus der Eidgenossenschaft, Württemberg, der Kurpfalz und Sachsen. Den Dialekt dieser „Ausländer“ verstanden die hiesigen Kirchgänger häufig nicht. Innerhalb der Kirche gab es Kontrollen, so genannte Visitationen, also offizielle „Besuche“, die die Einhaltung der Kirchenordnung zu überprüfen hatten. Ich stoße auf Textbeispiele aus einem Fragebogen, der bei der Visitation auszufüllen war. So wurde erfragt, ob jemand „außerhalb der herrschafft das nachtmal im Papsttum empfahe, und wer dieselben seien?“ (9), „ob es bei ihnen wiederteuffer, zauberer, teufelsbeschwerer gäbe?“ (16), „ob ein person bei ihnen ist, so in öffentlichem Laster lebe?“ (17). Die Lutheraner reformierten selbst die Vorschriften für das Tragen von Trachten. Diese sollten „schlicht, nützlich und ohne überflüssigen Schmuck sein“. Sulzer liegt in Basel im Kreuzgang des Münsters begraben.
Zu den bekanntesten Namen in Müllheim gehört Professor Dr. Adolf Blankenhorn, der beim berühmten Robert Bunsen promoviert hatte. Er gründete das erste wissenschaftliche Weinbau-Institut in Deutschland. Was mir von Blankenhorn besonders im Gedächtnis bleiben wird, ist der Hinweis, dass er eine Rhinozeros-Medaille stiftete, die er Gesprächspartnern übergab, die „seiner Meinung nach nur hohle Phrasen von sich gaben“. Leider scheint nirgends festgehalten, wen alles er mit dieser Auszeichnung beglückte.

Im Markgräfler-Museum wird auch der Schlüssel der alten Synagoge aufbewahrt. Das im Museum dokumentierte Schicksal der jüdischen Familie Zivi in Müllheim während der Nazi-Diktatur geht unter die Haut:
Carry Zivi, Mitglied der jüdischen Familie Zivi, musste, nachdem es der Familie nach einer Odyssee durch Europa gelungen war, in Casablanca auf ein Schiff nach Amerika zu kommen, dieses Schiff unmittelbar vor der Ausreise wieder verlassen. Bei einer Kontrolle durch Beamte der Vichy-Regierung „und wohl auch der Gestapo“ wurde entdeckt, dass ihr Visum für die Stadt abgelaufen war. „Sie wurde am 7. September 1942 von Drancy bei Paris nach Auschwitz deportiert und dort ermordet.“

Louis Antoine Henri de Bourbon-Condé, hier unter dem Namen Enghien bekannt, lebte als hasserfüllter Gegner Napoleons im badischen Ettenheim. Napoleon beschuldigte ihn der Beteiligung an einer Verschwörung, ließ ihn im März 1804 von drei Gendarmeriebrigaden und dreihundert Dragonern nach Frankreich entführen und ihn nach einem Schnellgericht schon am 21. März im Schlossgraben von Vincennes erschießen. In Müllheim hatte sich der Herzog in Judith verliebt, die Tochter des Küfermeisters Johann Jakob Löffler. Hätte Enghien den März doch nur in der Müllheimer Küferei mit seiner Geliebten in einem großen, leeren Weinfass verbracht! Napoleons Häscher wären aus Ettenheim unverrichteter Dinge wieder abgezogen, der Imperator hätte vor Wut einen Herzschlag bekommen und ihm wäre das lange Exil erspart geblieben.

Was sah der schwäbische Dichter Justinus Kerner in **Badenweiler**? „Ein Stück Italien auf deutschem Grund." Da haben wir es wieder: Italien!

Wenn Baden-Baden mit Turgenjew und Dostojewski punktet, schlägt Badenweiler mit Tschechow zurück.

Bei jedem Besuch in Badenweiler sehe ich Damen mit Hündchen.

Petite Fleur

Eine mittelgroße, schlanke Frau um die vierzig lief mit schnellem Schritt in Richtung markgräfliches Lustschlösschen. Im immer gleichen Tempo bog sie unter exotischen Baumriesen in den aufsteigenden Weg ein, der hoch zum Weinbrenner'schen Palais führt. Dann ging sie weiter nach Westen in Richtung des Tschechow-Denkmals und des symbolischen Kirschgartens. Sie ging zu schnell, als dass man von einem bloßen Spaziergang hätte sprechen können, aber auch wiederum nicht eindeutig in sportlicher Absicht, dazu waren die Bewegungen zu hastig, wieder und wieder durch kurzes Stehenbleiben und nervöses Umherschauen unterbrochen. Sie hatte angenehme Gesichtszüge mit pfirsichfarbenen Wangen, große, dunkle, lebendige Augen mit weit gezogenen Augenbrauen und

war stark aber nicht übertrieben geschminkt. Es schien, als würde sie auf der Suche nach jemandem vorwärts getrieben. Oder wurde sie verfolgt und war auf der Flucht, versuchte einer Person zu entkommen? Dabei machte sie einen unentschlossenen, unruhigen Eindruck. Als könnte sie jederzeit stehen bleiben und umkehren. Irgendwie schien sie sich in der Parkanlage verloren zu fühlen. Aber sie starrte immer nur zurück und zur Seite, verzögerte den Schritt, aber nur, um dann umso hastiger weiterzueilen. Schaute sie sich nach Hilfe um?
Da plötzlich rief sie wie erlöst „petite fleure!" und ein winziges, weißes Büschel mit zottigem Fell, schoss einen steilen Hang herab ihr entgegen und sprang dann freudig kläffend an ihr hoch. Erregt rief sie aus, indem sie die Arme nach oben warf: „Ja, da bist du ja, da bist du ja, meine ‚petite fleure', wo warst du denn, wo hast du dich nur herumgetrieben, du Böse!?". Sie nahm das Tierchen an die Leine und setzte jetzt gelöst, immerzu auf die „kleine Blume" einredend, ihren Weg fort.

„Mami, hauen die Enten ab, wenn man einen Stein ins Wasser wirft?", fragte ein kleiner Junge am Schwanenweiher, wo Mandarinenten hinter einer Schilfstaude paddelten. „Ja, klar", gab die Mutter zur Antwort. „Wirfst du einen Stein?", fragte der Kleine. „Wirf doch selber!", gab die Mama zurück. Auch das ist eine Art Pädagogik.

Der schwer tuberkulosekranke Anton Tschechow kam im Juni 1904 mit seiner Frau Olga Leonardowna Knipper-Tschechowa in Badenweiler an, wo sich der Schriftsteller und Arzt bei Dr. Schwoerer in Behandlung begab. Die Tschechows wohnten zuerst im „Römerbad", das sie aber bald wieder verlassen mussten, da man im Hotel befürchtete, Gäste könnten sich bei Tschechow anstecken. Sie übersiedelten in die Pension Friederike, wo es ihnen zu spießig war, um schließlich ins „Hotel Sommer", die heutige Rehabilitationsklinik „Parktherme", zu ziehen, wo Tschechow am 15. Juli, drei Uhr morgens, starb. Dass man ihm 1908 ein Denkmal in Form einer Bronzebüste errichtete, erregte überregional Aufmerksamkeit. Es war „das erste Denkmal für einen russischen Dichter im Ausland überhaupt". 1918 wurde die Büste für die Rüstungsindustrie eingeschmolzen.

Erst 1992 hat man auf dem wiederentdeckten alten Sockel eine neue, von Wladimir Tschebotarjow geschaffene Bronzebüste angebracht. Das Museum „Tschechow-Salon" ist „die erste Gedenkstätte für Tschechow im Westen". Die Tschechow-Symposien nehmen zu. Der Kult um den Autor blüht. Da man sich in einer Kurstadt nicht gerne damit brüstet, dass eine berühmte Persönlichkeit dort verstorben ist, wird man versuchen herauszufinden, ob der Autor nicht wenigstens ein klein wenig auch in Badenweiler geboren ist. Ist Tschechow überhaupt noch Russe? Da wartet noch Arbeit auf die Slawisten.

Die Badenweiler Erscheinung

Ins Rathaus von Badenweiler rannte, völlig aufgelöst und außer Atem, ein etwa vierzig Jahre alter Kurgast, klopfte an verschiedenen Türen und stürmte ins erste Zimmer, aus dem er ein leises „Ja, bitte, herein!" vernommen hatte. Erschrocken fuhr ein junger Verwaltungsangestellter von seinem Stuhl hinter einem Schreibtisch hoch, machte drei große Schritte zurück, schaute wie erstarrt auf den wild umherfuchtelnden, nach Luft schnappenden Mann, der in sein Zimmer geschossen war, fragte laut, was er wolle, was passiert sei und forderte ihn auf, sich doch zu beruhigen und dann erst mal sein Anliegen vorzutragen.

„Ich werde, ich werde, ich werde verfolgt!", stieß der Unbekannte aus, „ich war, war im Tschechow-Museum und schaute mir dort die ausgestellten Fotos und Texte an, ging dann, ich bin nämlich begeisterter Anhänger des Dichters, durch den Park zum Tschechow-Denkmal am Vogesenblick und, nein, nein, das werden Sie mir jetzt nicht glauben, Sie werden mich für verrückt halten, ich zweifle ja selbst schon an meinem Verstand, stehe vor der Büste, zum ersten Mal übrigens, und denke an eine Stelle aus seinem Theaterstück ‚Der Kirschgarten', als mir, halten Sie sich fest …", und jetzt wurde der aufgewühlte Kurgast immer lauter, Blut schoss ihm ins Gesicht und er schnappte hastig nach Luft, „als hinter der Büste in gleißendem Licht", fuhr er fort, „in gleißendem Licht ein Mann erschien, in hellem Lichtschein, nein, bitte, schauen Sie mich nicht so an, als ob ich dem Irrenhaus entsprungen wäre, nein, nein, ich habe alle meine Sinne beisammen, ich sage Ihnen, es war Tschechow, Tschechow stand in

Lebensgröße hinter der Büste und rezitierte genau die Worte, die im ‚Kirschgarten' Anja zu ihrer Mutter spricht: ‚Wir pflanzen einen neuen Garten, der üppiger ist als dieser …' auf Deutsch, stellen Sie sich vor, auf Deutsch, und ich, zu Tode erschrocken, rannte davon in Richtung Rathaus, aber Tschechow lachend hinter mir her, als spielten wir Fangen. ‚Ich habe keine Tuberkulose mehr!', rief er feixend, ‚ich kann stundenlang rennen!' und ich raste, was das Zeug hielt, hierher vor das Rathausgebäude. Als ich aber, vor Erschöpfung nur noch halb auf den Beinen, um mich schaute, stand er schon wieder da, neben der Möwe-Skulptur und sah mich mit einem triumphierenden Lächeln von oben bis unten an, sodass ich nochmals erschrocken zusammenfuhr, um dann mit letzter Kraft zu Ihnen ins Büro zu flüchten. Darf ich mich setzen?"

„Ja, bitte, nehmen Sie doch Platz!", forderte der Rathausangestellte seinen ungebetenen Gast auf, setzte sich selbst ihm gegenüber und schüttelte nur immer wieder den Kopf. Dann schwieg er lange, sehr lange und murmelte ein paar Mal vor sich hin, „das darf doch nicht wahr sein, das darf doch nicht wahr sein." Inzwischen hatte sich auch der Dichter-Flüchtling wieder ein wenig beruhigt und schlug seinem Gegenüber vor, ob sie nicht gemeinsam nach draußen gehen wollten, um zu sehen, ob der berühmte Russe vielleicht noch da stünde. „Nein, lassen Sie!", antwortete der Rathausmann und hob abwehrend eine Hand, aber darf ich fragen woher Sie kommen?"

„Ich komme aus Hamburg, bin Verkehrsplaner und weile hier zur Kur." Der Rathausangestellte zögerte lange, bevor er das Gespräch fortführte. „Darf ich mich vertrauensvoll an Sie wenden?", fragte er. „Ja aber gewiss doch", antwortete der Hamburger, „in meiner Not habe ich Sie ja nun schließlich lange genug belästigt, da werde ich mir wohl auch kurz etwas anhören können, nicht wahr?"

„Wissen Sie, es ist so", begann nun der Mann vom Rathaus, langsam und bedächtig, „ich hatte nämlich im letzten Monat selbst eine Tschechow-Erscheinung und war halb zu Tode erschrocken. Es war ebenfalls am Vogesenblick. Ich hatte mir im Park noch ein wenig die Füße vertreten und schaute nun von der genannten Stelle hinunter ins Tal, als ich plötzlich hinter mir jemanden laut russisch reden hörte, ohne natürlich ein Wort zu verstehen. Ich sah auf und erblickte hinter der Büste, genau wie sie, Tschechow leibhaftig. Auch ich bin in Panik zum Rathaus gerannt, wo er schon bei der Möwe-Skulptur stand und mich anstarrte. Ich sprang ins Rathaus und schloss mich für eine Stunde in meinem Büro ein. Natürlich habe ich das niemandem erzählt, man würde

mich ja für geisteskrank halten und mir am Ende noch kündigen. Können wir das beide für uns behalten, aber in Verbindung bleiben?", schloss er seine Rede. „Sehr gerne", gab ihm der Hamburger Kurgast zur Antwort, „auch mir liegt daran, mich durch diese Geschichte nicht lächerlich zu machen. Lassen Sie uns also gehen und auf unseren Schreck hin noch einen guten Spätburgunder zur Beruhigung trinken."
Als die beiden aus dem Rathaus traten, sahen Sie, wie Tschechow gemächlich über den Platz lief, der nach ihm benannt ist, und sie schauten ihm stumm nach, bis er aus ihrem Blickfeld verschwunden war.
„Nein, zwei Spätburgunder!", rief der Mann von der Waterkant, und die beiden Heimgesuchten marschierten fest entschlossen davon.

Der als Sohn eines jüdischen Weinhändlers in Mußbach an der Weinstraße geborene Albert Fraenkel (1864-1938) hat in München und Straßburg Medizin studiert. Er war in Badenweiler leitender Arzt in der „Villa Hedwig", einer diätetischen Kuranstalt und später in der „Villa Paul", einem Sanatorium für Lungenkranke. Nach seinem Übertritt in die evangelische Kirche heiratete er Erna Thorade aus Oldenburg. Mit C.H. Boehringer entwickelte er in Mannheim die Strophanthintherapie gegen akutes Herzversagen und chronische Herzinsuffizienz und wurde dadurch weltberühmt. Der „streng national gesinnte" Fraenkel war Arzt von Karl Jaspers und Elly Heuss-Knapp. Und von Herrmann Hesse. Der schrieb über ihn: „Was mich an ihm am meisten in Erstaunen setzte, war seine seelische Offenheit, ein grenzenloses, scheinbar ganz passives Offenstehen für alles, was der Tag und die Stunde ihm vor die Augen und Ohren stellten, die Berichte und Fragen der Mitarbeiter und der Pflegerinnen, die Klagen und Leidensgeschichten der Patienten, der klugen und der dummen, der geschwätzigen und der gehemmten, der cholerischen und der geduldigen." (Zitiert in: *Eine raffiniert humane Kur,* Kulturverlag ART + WEISE). Fraenkel, königlich preußischer Professor, im ersten Weltkrieg leitender Arzt eines Beobachtungslazaretts und beratender Internist des XIV. Armeekorps, Träger des Eisernen Kreuzes, Ehrenbürger von Badenweiler, ordentlicher Honorarprofessor an der Universität Heidelberg – bekommt

1933 von den Nazis die Lehrbefugnis entzogen und verliert seine Funktionen als Arzt.

Das Badenweiler Haus des im elsässischen Obernai (Oberehnheim) geborenen Autors René Schickele ist heute hinter hohen Hecken versteckt. Es liegt in der Kandernerstraße 14. Aber man versteht beim Blick über die Rheinebene hinüber zu den Vogesen sofort, warum er schwärmt, es sei „das schönste Exil der Welt, am Rande eines tiefen Waldes auf der einen, eines ständig sich wandelnden Himmels auf der anderen Seite – und so heiter". Himmlische Landschaft, so heißt denn auch eines seiner Werke, in denen er sich mit den Verflechtungen der elsässischen Geschichte, mit den beiden Nachbarn Frankreich und Deutschland und den sich daraus ergebenden Verwerfungen auseinandersetzt. „Ich bin ein deutscher Dichter, gallisch-alemannischen Geblüts, das in den Formen der deutschen Sprache austreibt", sagte er über sich. Sein antimilitaristisches Engagement verbunden mit dem leidenschaftlichen Plädoyer für eine deutsch-französische Verständigung machte für ihn an jedem Ort das Arbeiten schwer: Sowohl in Deutschland als auch im Elsass und ebenso im Exil im südfranzösischen Sanary-sur Mer, wohin er 1932 aus Badenweiler vor der Bedrohung durch die Nazis geflohen war. Das Leben-wollen in beiden Kulturen rechts und links des Rheins wurde ihm zum Schicksal. Ein Schicksal, das ihn krank, gebeugt und enttäuscht sterben ließ.

René Schickele

Die Wege,
die du gingst
durch die Schrägen
am Rebhang,
mit dem Malerfreund.

Er lehrte den Dichter sehen
mit Künstleraugen.

„Hier will ich bleiben!“,
hast du beschlossen
und zwischen Blauen und Grand Ballon
wurde die Welt
zum Wort
des Liebenden.

Bis sie dir,
dem Liebenden,
die Liebe
verboten.

Den Sieben Aufrechten
wurde die „himmlische Landschaft“
zur Hölle.

In den Amtsstuben
dröhnte jetzt
ängstlichen Bittstellern
Hohngelächter entgegen,
den Liebenden Hass.
Also musstest du
deine Haut retten
und die der Deinen.

Doch wurde
der elsässische Sänger
im französischen Süden
kein Troubadour.

Es blieb
der Schmerz des Gebeugten,
es blieben die Schmerzen des Kranken.

Es blieben Zigaretten,
Tabletten.

„Lannatsch,
du bist meine Liebe."
Fünf Wörter auf dem Sterbebett
für Anna, deine Frau.
Fünf Wörter auf Deutsch.

„Mais certainement,
oh je suis bien",
deine letzten Worte:
französisch.

Spät fanden deine Gebeine
den Lippburger Frieden.
In „himmlischer Landschaft".
Noch immer.

Auch wenn die Blumenwiesen hier
keine Blütenmeere mehr sind,
nicht mehr in breiten Wogen
auf die Landsträßchen stürzen –
wie damals,
als Savarin,
der Doktor,
dich mit dem Auto
durch die Gegend fuhr
und „alle Kurven zu kurz nahm" –
wer wünschte nicht,
heute,
er sähe dich sitzen

im Badenweiler Garten,
mit gallischem Lächeln
blickend dorthin,
wo jetzt Narzissen
für dich blühen.

*

Im engen Tal am Sulzbach. Der jüdische Friedhof.

Grabsteine moosüberwachsen.
Auf welliger Wiese
den steilen Hang hoch in den Wald.
Der Boden dick
mit feuchtem Blattlaub bedeckt.
Im Friedhof Maulwurfshügel,
vermodernde Stämme.
Die zerborstene, ins Leere greifende Wurzel
eines umgestürzten Baumes:
große Klage.
Auslöschung

Es waren Brandstifter,
die auslöschten –
Geschäftshäuser
Synagogen,
Menschen.

Abraham, deportiert 1940
Bloch, mit 18 Familienangehörigen
Kahn
Kleefeld.

Wer waren die Männer,
die den Mördern
ihre Opfer
ordnungsgemäß,
pflichtbewusst
übergaben?

*

Im Waldhotel im Sulzbachtal wirbt man mit Thalgo-Wellnesspausen auf Thalassobasis für die heilenden Kräfte des Meeres. Wer will da noch nach Griechenland!?

In der kahlen Krone eines hoch aufragenden Baumes beim Heitersheimer Malteserschloss hockt ein Schwalbenschwarm, der sich, offensichtlich durch eine Katze aufgescheucht, in geschlossener Formation wie ein großer Papierdrache in die Lüfte schwingt, sich wiederholt in zwei Gruppen teilt, dann wieder zu einem Schwarm formiert, um schließlich auf einem benachbarten Nussbaum zu landen. Da sitzen nun alle reglos wie schwarze Früchte und wissen nichts von Römervilla, Kreuzzüglern, Johannitern, Templern und Maltesern, die mit diesem Ort verbunden sind.

Am Sulzbach

Ein Hochwasserrückhaltebecken
Strom-Messstellen / Stützwände / Schieber / Geschiebefänge.
Abwassersammlerleitungen / Dichtungsspundwände.
Ufergehölze / Strauchecken / Steinschüttungen
Rückhalteflächen / Dammscharten.

Alles, weil dieses Bächlein
anschwellen könnte
zu einem Jahrhunderthochwasser.

Staufen
(Eine Führung)

„In diesem Haus hat Faust gelebt und …“
„Dr. Faust!, Herr Schwiedler!“
„Danke Herr Kielenbach!“
„Hier also hat Dr. Faust …“
„Soll Dr. Faust …“
„Stimmt, Frau Grummel, danke!“
„…soll also Dr. Faust, den wir ja alle von Goethe her kennen …“
„Und von Christopher Marlowe, Hector Berlioz etc …!“
„Genau, Herr Wiesenfelder, und von vielen anderen noch …“
„Ja, zum Beispiel von Thomas Mann!“
„Ach, das wusste ich jetzt nicht, Herr Dr. Maßlieb.“
„Lassen Sie doch den ‚Dr.‘ weg, Herr Schwiedler!“
„Gerne. Also Faust …“
„Dr. Faust!“
„Gut, Herr Kielenbach, aber so wichtig ist das ja nun auch wieder nicht …“
„Wichtig vielleicht nicht, Herr Schwiedler, nicht wichtig aber richtig!“
„Könnten wir uns trotzdem einigen, dass ich der Einfachheit halber …“
„Ja, ja, ja, nur kein unnötiges Theater, nicht wahr; Frau Nodding?“
„Sie machen doch hier das Theater, Herr Kielenbach!“
„Wieso, Frau Nodding, Sie verstehen wohl keinen Spaß?!“
„Unter Spaß stelle ich mir etwas anderes vor!“
„Ich aa, also ich hätt jetz de meischte Spass, wenn de Herr Schwiedler uugschtört sei Führung zu End bringe könnt, was moine Sie dozu, Frau Liebsch?“
„Richtig, Herr Söden, so denke auch ich.“
„Danke, Herr Söden, danke, Frau Liebsch, dann darf ich jetzt wohl fortfahren.“
„Bitte, Herr Schwiedler!“

Viele machen Stadtführungen nur mit, um den Führer vor der geführten Gruppe vorzuführen.

In Staufen gab und gibt es nach geothermischen Messbohrungen und anschließenden Rissen im Gemäuer vieler Häuser bohrende Fragen.

Zur Joseph-Kapelle führt ein Baumweisheitspfad durch den herbstglühenden Wald. Es ist Anfang November. Auf kleinen Tafeln, an Pfosten am Wegrand angebracht, sind Worte von Philosophen und Dichtern zu lesen. Hat außer ihnen niemand etwas Weises zum Wald gesagt? Kein Biologe, Chemiker, Geo-Physiker, Sägewerksbesitzer oder Holzfäller.

Die Verkehrsinsel

Langgezogene Maisstoppelfelder
schwarz gesprenkelt
krähenüberzogen
an der Bundesstraße.
Und dann kommt
die Kreisverkehrsinsel
kürbisbeladen
blumenbefrachtet
skulpturenbestückt.

Ort für Dekorationsvielfalt
und -einfalt.
Was den Menschen so alles einfällt.

Wann gibt es den ersten
Kreisverkehrsinselschönheitswettbewerb?

Die Werbung „Dorf mit der schönsten ‚Kreisverkehrsinsel 2009'"
würde doch jeder Römervilla,
jedem Schloss
und jedem Alemannengrab
den Rang ablaufen.

Eine Krähenschar hat überfallartig einen Baum vor dem Bahnhof in **Bad Krozingen** besetzt, in wenigen Stunden 30 Nester ins Geäst gebaut und dabei ein großartiges Spektakel veranstaltet, gekrächzt, gestritten, Nester zusammengesteckt und beim unentwegten An- und Abflug auf die unter ihnen geparkten Autos gekackt. Ein Fest des Lebens. Der Baum wurde gefällt. Die Krähen sind weg. Nie mehr wird hier ein Krähenfest stattfinden.

„BAP“ tritt auf in Bad Krozingen! Im Kurpark. Open-Air. Das Publikum strömt schon früh an diesem schwülen Sommerabend. Viele große Sonnenbrillen à la Madonna zur Kopfmitte hochgeschoben. Es scheint keine Sonne mehr, aber die Sonnenbrille gehört zum Outfit – in New York, Tokio, Shanghai und auch in Bad Krozingen. Schwarzbraun gebrannte Dekolletés und Rückenausschnitte. Zwei Siebzigjährige auf Teenies drapiert. Leichtes Wippen in den Knien, halbe Drehung, Durchatmen, Zigarette, Schluck aus dem Sektglas. Das übliche Menü: Rote Bratwurst mit Pommes und Drei-Sterne-Ketchup. Die Bühne wird eingenebelt, die Spannung steigt, Mikro-Probe: „Hallohallo. Seid ihr alle da? Ganz toll, ganz toll! Dankeschöööön! Willkommen hier bei uns im Kurpark!“ Als Vor-Song ertönt aus den Lautsprechern: „In Köln am Rhin bin ich jebore … ich möchte so gern nach Kölle jonn!“ von den *Bläck Fööß*. Dann kommen auf die Minute Wolfgang Niedecken und Band auf die Bühne. Begeistert empfangen. Die Band beginnt mit dem Lied *Wer schickt hitzedag noch doode Blume*. Bei *Wellenreiter* können die meisten mitsingen, ein Stichwort von Niedecken genügt. Er – so gut wie eh und je, der Auftritt ohne Faxen, sympathisch, aufrichtig, kein falsches Spiel mit dem Publikum. Das gilt auch für die Band. *Stell dir vür* und *Verdamp lang her* dürfen nicht fehlen. Die Fans sind mit zwei Zugaben längst nicht zufrieden. Kerzen, Wunderkerzen, Mitsingen. Ganz am Schluss kündigt Wolfgang Niedecken an: „Jetzt noch was für die Mädels. Ihr seid doch romantisch, Mädels – oder? O.K.“
Die Fischlein im Neumagen, der durch den Kurpark fließt, werden froh gewesen sein, als die letzten Lichter erloschen waren und wer weiß, ob sie nicht längst BAP-Fans geworden sind und über die Möhlin in den Rhein und dann nach Köln schwimmen zum nächsten Konzert.

Was hört ein Fisch im Neumagen, wenn BAP spielt?

Ein Obdachloser sitzt bei minus 12° C auf einem untergeschobenen Kissen auf dem Platz des Bad Krozinger Weihnachtsmarktes. An die Wand eines Kaufhauses gelehnt verkauft er den „Strassenträumer“, eine überregionale Ausgabe einer Zeitschrift „von und für Obdachlose & Arbeitslose und Jedermann“. Er beobachtet Handwerker, die dabei sind, mit bloßen Händen Material von einer Baustelle auf einen Kombi-Anhänger zu laden. Sie reiben sich immer wieder die Hände, wehren sich gegen die Kälte. „Die armen Schweine!“, meint der Zeitschriftverkäufer zu mir und ruft in Richtung der beiden Handwerker „ganz schön kalt heute, nich?“ Die beiden schauen nicht einmal auf, fahren fort, den Anhänger zu beladen und rufen lachend zurück: „Dann beweg di’, no friersch nit!“

In der Regionalbahn zwischen Basel und Freiburg sitzt schräg vor mir, auf der anderen Seite eine vielleicht sechzehnjährige Schülerin mit Schultasche und Leitz-Ordner auf den Knien. Ihr gegenüber schaut eine alte Dame um die achtzig mit Rucksack und Stock lächelnd vor sich hin. Was hat die Schülerin in ihrem Leben noch vor sich und die alte Dame schon hinter sich? Als der Zug in den Bad Krozinger Bahnhof einfährt, kommen die beiden ins Gespräch. Ich muss aussteigen.

Oberhalb von **Ehrenstetten** liegt in den Weinbergen eine Kapelle zum Gedächtnis an die Gefallenen des Ersten und Zweiten Weltkrieges. Der jüngste Gefallene war 19, der älteste 69 Jahre alt. 27 sind vermisst. Die Mütter und Ehefrauen der Toten und Vermissten haben nirgends einen Ort, wo man ihrer gedenkt. Sie selbst konnten ein Leben lang nicht vergessen. In der Nähe gibt es eine Stelle mit dem schönen Namen Kuckucksbad.

Brägili,
Schüfili,
Bibilikäs,
Buuerebrot,
un Wii.
„Zahle, bitte!"
„Dankschön,
kumme guet heim!"

In der Pfarr- und Wallfahrtskirche **Kirchhofen** im Breisgau lese ich in einer ausliegenden Broschüre mit dem Titel: *Was wissen wir vom Fegefeuer?*, dass viele Menschen ins Fegefeuer kämen, da sie sich „wenig um die Seligkeit kümmerten". Auch lässliche Sünden und sogar der Hang zur Sünde würden dort abgebüßt, er werde „aus der Seele ausgebrannt". Die Leiden im Fegefeuer seien nach Ansicht hervorragender Theologen schlimmer als die Leiden auf dieser Erde, die Schmerzen des Reinigungsortes ähnlich denen, die auf Erden das Feuer verursacht. Woher wissen diese Theologen das? Als ich noch erfahre, dass das Fegefeuer hunderte von Jahren dauern könne, hoffe ich, dass hunderte von Fürbittern und Fürbitterinnen sich meiner armen, verängstigten Seele erbarmen und für mich beten.

„In schwerstem Leid" hat die Schwabenhofbäuerin Fides Franz zu Ehren der schmerzhaften Mutter Gottes 1875 auf einer Anhöhe bei **Sölden** die Saalenbergkapelle bauen lassen. Innerhalb weniger Jahre hatte sie alle sieben Kinder durch ansteckende Krankheiten wie Diphtherie oder Scharlach verloren. 1871 vier, davon zwei in einer Woche. „Der Tod nahm ihr das letzte Kind 1874. Kurz danach auch ihren Mann, Augustin Franz, Ratschreiber der Gemeinde Sölden, 45 Jahre alt." Zwischen 1867und 1874 „starben überdies die letzten vier auf dem Schwabenhof verbliebenen Geschwister des Namens Schwab, ihre Onkel und Tanten." Innerhalb von sieben Jahren gab es zwölf Leichenzüge vom Schwabenhof zum

Gottesacker im Schatten der Pfarrkirche. Die Bäuerin Fides Schwab „zerbrach jedoch unter der Wucht der Heimsuchungen nicht“. Sie nahm „als fromme Marienverehrerin ihre Zuflucht zur schmerzhaften Mutter Gottes“. Sie selbst starb am 2. Februar 1889, am Fest Maria Lichtmess „am Waschtrog stehend“ mit 58 Jahren. Der Name Schwab erlosch im Dorf. Wie hat ihr Mann Augustin das Schicksal getragen bis zu seinem Tod? Darüber konnte ich nichts erfahren. Die Glocke, die zur Einweihung der Kapelle gestiftet worden war, wurde im ersten Weltkrieg für Kanonen eingeschmolzen. Das Sterben ging weiter. Die heutige Glocke trägt die Inschrift: „Trösterin der Betrübten, bitte für uns.“ In der Kapelle lese ich noch: „Mutter Gottes vom Saalenberg halte deine Mutterhände über uns und unsere Heimat.“

Am Afrika-Denkmal in Pfaffenweiler

Ameisen im Märzsonnenlicht.
Schnelle Erkundungsgänge
über rötlichem Schottersplitt,
gelblichen Erdkrümelhügelchen,
und vermodernder Baumrinde.
Krähe und Eichelhäher
teilen sich
das Zerschneiden der Stille.

Ein Traktor zieht eine Dieselwolke durchs Dorf. An den Dorfbrunnen steht: „Kein Trinkwasser!“ und „Fahrräder anlehnen verboten.“

In Pfaffenweiler veranstaltet eine Schriftstellerin im Garten ihres Häuschens ein Lesefest für die Teilnehmer an einem Schreibkurs. Autobiographisches Schreiben. Kriegs- und Nachkriegserlebnisse sind die Themen: „Pionierzeit“, „Die Kirche, das Beten und der Sex“, „Mein Schulweg“,

„Erste Liebe", „Fernsehen", „Die Großmutter", „Heiraten". Anekdotisches, Kindheitstraumata und Erschütterungen in der Pubertät. Schnörkellose, um Aufrichtigkeit bemühte Geschichten, die ich mir alle gerne anhöre. In einer davon beißt jemand auf der Insel Rügen in der damaligen DDR bei einer Wette in eine tote Qualle, um dafür ein Stück West-Schokolade zu bekommen.

Der Garten, wo Freunde und Gäste zuhörend versammelt sind, ist ein kleines oberrheinisches Paradies-Gärtlein. In einer halboffenen Scheune aufgeschichtetes Brennholz, kunstvoll nebeneinander gestellte Holzbalkenreste und Baumäste. Daneben Hasenkänschterle (Hasenverschläge). Auf einem Holzbord Vasen, Gläser und Kerzen. Eine Holzleiter, an eine alte Steinmauer gelehnt und eine Holztreppe, die mitten in einer Mauer endet. Ohne Tür, ohne Ziel. Eine aufgehängte Waage mit zinnenen Waagschalen, eine schmiedeeiserne Lampe an einem Eisenhaken. Ein Kuhkopf-Skelett an einer Wand, Wagenrad, Kummet, Reisigbündelbesen und ein Holzregal mit Obstbiegen. Steine sind locker zu einer kleinen Mauer aufeinander geschichtet. Übereinander gestapelte Holzplatten, ein Ster mit Holzlatten, Strohballen, ein Holzbock zum Holzspalten, Scheite, Bretter, zwei Grabsteine. Im Garten Quitten- und Apfelbäume, Rhabarber, Tomaten, Kiwi, Rosenhecke, Glyzinie, wilder Wein.

Fast hätte ich den Pfaffenweiler Gutedel vergessen, dessen Genuss den sonnenfrohen Nachmittag schwebend ausklingen lässt.

Vom Bellen zwischen Pfaffenweiler und Ehrenkirchen.

Vor wie viel tausend Jahren sahen Menschen schon hinab
von hier aufs berggesäumte Land am Rhein?
Rauchzeichen sendend von Hügel zu Hügel,
von Berg zu Berg über den alles verbindenden Strom.
Wie viele querten in früher Zeit den Ungezähmten,
Gletschergeborenen, tausendarmig mäandernden Fluss?

Es setzten Kelten, Römer, Germanen zur Jagd
durch seichte Furten, mangrovenartige Wälder
Hirschen, Rehen und Wildsauen nach.
Erschlugen Fischer, raubten Frauen und Töchter
und schleppten sie nachts, von Mücken zerstochen, ins Lager.
Kämpften mit anderen Stämmen, die Land begehrten
und siedeln wollten am fischreichen Wasser.
Im warmen Morgenlichte dann, da hingen Leichen,
verdreht mit aufgerissenen Mündern im Geäst.
Doch störte das nicht den Gesang der Vögel.

Ach Römer, warum seid ihr nicht geblieben
in jenem Sumpf, durch den ihr Schneisen schlugt
in jene Wälder, wo ihr Straßen bautet, Häuser?
Und was für Häuser!
Marmorweiß gefliest.
Und Bäder voller Duft im heißen Dampf.

Batzenberg: An einem Lindenbaum ein dünner, in der Sonne blinkender, zu einem Haken gebogener Draht, an dem in ein grünes Kunststoffnetzchen verpackt eine Vogelfutterkugel hängt. Die Meisen kommen, zu zweit, zu dritt, mehr, immer mehr. Ein Blinder auf der Bank unter der Linde hört nur das Flattern der Meisen und das Zerren am Netz. Hin und wieder fällt ihm ein Sonnenblumenkern ins Haar. „Sie streiten und vertreiben sich gegenseitig, die Meisen. Federgezank!“, sagt der Mann und lächelt. „Ich kenne sie alle. Jede Meise einzeln. Ich hab’ ihnen Namen gegeben: ‚Schnäbele‘, ‚Federle‘, ‚Pickerle‘. Ich könnte sie alle mit den Ohren zeichnen“, sagt der Blinde.

Ein Specht trommelt seine Verse in einen alten Stamm am Schönberg.

Schönberg

An Sonnentagen
wie diesen
im April
zwischen Kirschblüten
unten
und Schnee auf den Gipfeln
beim langsamen Gehen
über Schlüsselblumenwiesen
vergiss Sizilien,
Andalusien!

Namen am Schönberg: Obere Engelmatt / Dürrstein / Bettlertanne / Schneeburg / Herrenbuck / am Felsele.

Die von Johann Caspar Bagnato erbaute Remigius-Kirche in **Merdingen** am Tuniberg mit ihrer wohltuenden Harmonie der Formen, ihren dezenten, zarten Farbtönen, dem eleganten, feinen, schwebenden Innenraum macht die Welt draußen schon beim bloßen Eintreten vergessen. Pilaster, Deckenstuck mit Schnörkel-, Blatt-, Gitter- und Muschelwerk, das Engelskind am Rande der Chorkuppel in trompe-l'oeil-Manier. Überall Schönheit und Maß. Das Maß ist die Schönheit und die Schönheit ist das Maß.

In der Mitte des 4. vorchristlichen Jahrhunderts stand auf dem **Breisacher** Burgberg ein Prätorium, eine Art Luxus-Hotel für durchreisende Staatsgäste. Mit Fußbodenheizung, Wandmalerei und in Amphoren angelieferten Weinpreziosen aus dem Mittelmeerraum. Solchen Luxus können sich heute nur noch die Scheichs in den arabischen Emiraten leisten.

Im Dorf **Ihringen** Wandergruppen, Inline-Skater, Mountainbiker und Jogger. Wieder mal so ein Aktionstag für die Volksgesundheit.

Der Ihringer Friedhof ist zwischen Mai und September nun wirklich Italien. Die Sonne nistet im Hang, Vögel trillern, schnalzen, piepsen um die Wette. Der schlanke Kirchturm der evangelischen Kirche und das Kirchenschiff mit Kreuz und Storchennest ragen herüber in die Terrassen des Gottesackers am Hang. Zwei mächtige Kastanien bilden eine grüne Blätterwand, wo eine Sommerbrise die Blätter zum Zittern bringt. Im Osten hinter den Bäumen die bläuliche Belchenwand.
Auf der Gedenkplatte des Soldatenfriedhofes auf dem gleichen Gelände steht geschrieben: „Wo ihr auch ruhen möget / Brüder in der östlichen Steppe / im Sumpf und Wald / uns unerreichbar – vergessen seid ihr nicht / auch für Euch halten Wacht diese Kreuze.“

Ihringen und seine Söhne in der östlichen Steppe!

„Warum hinksch dü, bisch naagheit?“ („warum hinkst du, bist du hingefallen?“), fragt eine Alte mit einer leeren Gießkanne in der Hand ein blondes Mädchen, das mit Blumen am Wasserhahn vorbeikommt. „Nein“, antwortete das Mädchen mit melancholischem Lächeln „das mit dem Hinken ist bei mir schon immer so.“

Auf dem Bienenfresserpfad durch die ockergelben Lösswände der Hohlwege. Schwemmrinnen im Boden. Mit Taubnesseln und Brennnesseln begrünte Flächen zwischen trockenem, ineinander verschlungenem Gesträuch. „Ich liebe dich!“, ist in eine ausgeschwemmte Lösswand geritzt. Schief aus der Wand wachsende Bäume. Vom oberen Rand her überhängende Sträucher. Vogelreviere im Gehölz. Schmetterlinge ziehen gemächlich von Blüte zu Blüte.

Ein Werbe- und Reiseführerwort ist „Wiege“. **Burckheim** ist die Wiege des Grauburgunders. Eine Gruppe Maiwanderer zieht singend und lachend durch die Gassen. Kein Zweifel, dass sie schon viel von dem Grauburgunder getrunken haben. Im oberen Dorf steht auf einem einfachen

In der Spätsommerbrise

Café Diem in Rastatt

Wandgemälde zu lesen: „E Kriägli guete Burgemer Wii, isch allewil schu's Beschte gsii!"
Auf dem Parkplatz beim Friedhof stehen Wohnwagen aus Ludwigsburg, Stuttgart und Essen. Man trifft sich mit dem Nachbarn zu einem Eis oder einer Zigarette und tauscht Adressen von guten Spargel-Restaurants in der Umgebung aus. Schon allein der Blick von hier über den Rheinwald zu den Vogesen sei ein Grund dafür, dass sie schon seit Jahren hierher kämen, sagt mir ein Rheinländer. Gestern habe er Orchideen fotografiert, heute wolle er ins Schilf, Vogelstimmen aufnehmen. Ich könne mich glücklich schätzen, ruft er mir nach, hier so in der Nähe zu wohnen. „Tu ich!", rief ich zurück.

In der **Jechtinger** Kirche spreche ich den Messner an. Er erzählt mir von seiner Arbeit in der Kirche. Für den Gottesdienst müsse immer alles zuverlässig vorbereitet sein, da dürfe es keine Ausnahme geben, die Gläubigen würden sich da ganz auf ihn verlassen. Er wische den Boden des Gotteshauses grundsätzlich nass und lüfte regelmäßig durch. So entstehe kein modriger Geruch. „Rieche sie was?", fragt er mich. „Nein!", sage ich. „Sähne si! Sähne si!", sagt er stolz und zufrieden. Schon war ich sein Freund und er kam schnell auf sich zu sprechen. Von schweren Zeiten und Lebensabschnitten. Er lebe aus einem tiefen Glauben und wisse, dass ihn der Herrgott nicht nur einmal vor dem Tode bewahrt habe. „Ich jedefalls glaub des, anderi denke do viellicht widder andersch!", sagt er.

Der Flurname „Dorfinsel", unterrichtet mich eine Tafel am Limberg, erinnere daran, dass früher der Limberg und der Lützelberg allseitig vom Rhein umflossen gewesen seien. Noch 1824 waren die Dörfer Sasbach, Wyhl, Königsschaffhausen und Teile des Städtchens Endingen überschwemmt.

In **Riegel**, mitten in einem Wohngebiet, befindet sich ein Mithräum, ein Mithrastempel, ein Kultraum zur Verehrung des Gottes Mithras, der im Perserreich schon im 14. Jahrhundert v. Chr. belegt ist. Die Parallelen von religiösen Inhalten des Kultes zu christlichen Inhalten sind frappierend – Mithras von einem Vatergott zur Überwindung des Bösen und Dunklen auf der Welt ausgeschickt, ein Taufritual (mit Stierblut) zur Aufnahme in die Kultgemeinschaft, ein letztes Abendmahl mit seinen zwölf Anhängern (mit Brot, Fleisch, Wasser oder Wein), Mithras mit einem Strahlenschein um den Kopf (in der Ikonographie). Diese Parallelen werden aber von Religionshistorikern und Religionswissenschaftlern unterschiedlich interpretiert und kontrovers diskutiert. Nachdem das Christentum zur Staatsreligion erhoben worden war, wurde den römischen Soldaten die Verehrung des Sonnengottes verboten. Fortan gingen sie eben in die Kirche. So schnell geht das.

Goethes Schwager Johann Georg Schlosser, der als Landschreiber und Oberamtmann in **Emmendingen** Stellung gefunden hatte, pflegte Beziehungen zur „Helvetischen Gesellschaft" in Basel, wo man sich über Literatur und Zeitgeschehen austauschte. Besonders nahe stand er dem Basler Seidenhändler Jakob Sarasin. Ebenso verkehrte Schlosser in der Straßburger „Tischgesellschaft" des Aktuarius Johann Daniel Salzmann, wo auch Goethe, Lenz, Jung-Stilling und Herder zu Gesprächen zusammentrafen. Der geistige Austausch über den Rhein war selbstverständlich.

Afrah aus Ägypten, Studentin in Freiburg, kann nicht verstehen, warum sich die Menschen hier so oft über den Regen aufregen. Sie freut sich über jedes Atlantik-Tief. Über Hochwasserrekordmarken am Rhein und an seinen Zuflüssen. Über Kinder, die durch Wasserpfützen hüpfen. Und sie betet in ihren Gebeten, fünfmal am Tag, Allah möge doch ein wenig von dem Regen in ihre Heimat schicken.

15 mal 21 metallene Rebstangen zähle ich auf einem kleinen Wingert. Auf ausnahmslos jeder Stange sitzt eine Krähe. Sind die anderen weitergeflogen oder umfasste der Schwarm exakt so viele Krähen wie das Rebstück Stangen?

Kunst

An einem steilen Rebhang
hunderte von Rebholzbündeln
an die Rebstöcke gelehnt.
Akkurat ausgericht –
eine Parade
hügelwärts.

Nur zwei Bündel
liegen quer zum Hang.

Kunst.

Rebstöcke

Sie stehen in strengem Schweigen.
In makellos gezogenen Linien.
Reih' für Reihe.
Ehrenformationen,
stramm.
Ein guter Jahrgang.
„Antreten!"
„Müller Thurgau!" „Ja"
„Gutedel!" „Ja!"
„Rivaner!" „Ja!"

Dolden geradeaus
über die Kuppe des Hügels.

Bald nach der Lese
und noch Jahre danach

wird der vergorene Saft
tausende
aus der Reihe tanzen lassen.

Der Winzer

Die leeren Wände
im Zimmer des Winzers
waren weiß gestrichen.

Auch die Rahmen
der zwei großen Fenster.

Nur ein Schreibtisch
im Zimmer.
Nichts
als ein alter Rebstock darauf.

Kam der Winzer ins Zimmer,
öffnete die Fenster.
Für wenige Minuten.

Dann schloss er sie wieder
und ging zurück
zu seinen Reben.

Der Kult um den Wein, wie überhaupt um alles Kulinarische, nimmt zu. Allein mit den Eigenschaften, die Weinkenner und Werbeprofis den verschiedenen Weinen zuschreiben, ließe sich leicht ein dickes Lexikon verfassen. So sind Weine „fruchtig, kernig, pikant / schnörkellos, charaktervoll / geradlinig, vital / packend, nervig, fleischig / hell, elegant, lebendig / dicht,

frech, heiter / zartcremig, feinwürzig / karg, markant, sehnig, kräftig / erdig, mineralisch / holzwürzig, ausdrucksstark / ungeschminkt, ehrlich / heißblütig, rassig / floral, charmant, schmetterlingsleicht / viril, knackig, weiblich-sanft / satt, stoffig, samtig, kantig / leichtfüßig, zartsüßlich / spritzig, weich und rund. Der Wein hat Noten und Aromen, Terroir / Opulenz, Power, Parfüm / feines Säurespiel, konzentrierte Finesse, Adel / animierende Säure-Textur / transparente Frucht, elegante Festigkeit / pappige Restsüße, gebündelte Energie / wohlproportionierten Körper, schmeichelnde Fülle / Biss, verführerische Potenz und filigrane Traubigkeit".
Ich habe mit Winzern gesprochen und sie befragt zu solchen Charakterisierungen von Weinen. Mit vielen davon konnten sie nichts anfangen, aber bei einigen versuchten sie doch geduldig den tieferen Sinn zu erfassen. Und, meinten sie, es freue sie natürlich, dass sich Leute den Kopf zerbrechen würden über ihre Produkte, schließlich wollten sie diese ja verkaufen. „Sie mien halt ebbis schriibe!" („sie müssen eben etwas schreiben!"), sagte ein Ortenauer. Was nun aber genau mit „filigrane Traubigkeit" gemeint ist, weiß ich bis heute nicht.

Eine Weltfirma, die unter die Erde geht

Herrenknecht in **Schwanau** bei Lahr liefert Maschinen für den Bau einer Welt unter der Welt. Die Firma entwickelt und baut Tunnelbohrmaschinen. Gripper-TBM S-167 heißt eine. Eine, die sich am Schweizer Lötschberg mit einer Antriebsleistung von 3.500 Kilowatt jede Woche durchschnittlich 85 Meter durchs Gestein fräste. Herrenknecht-Technik bohrt mit Traffic Tunnelling, der Technik für Metro-, Eisenbahn-, Straßen- und Fußgängertunnels. Und mit Utility Tunnelling, der Technik für Zugangsschächte, Verbindungsstollen und Zuleitungsstollen für Wasserkraftwerke. Zum Auffahren von Tunnels für die Versorgung mit Wasser, Öl, Gas und Strom.
Bei meinem Besuch in den Werken kommen wir an verschiedenen Typen von Bohrmaschinen vorbei. In Shanghai waren zwei Herrenknecht-Maschinen mit einem Durchmesser von 15,43 m im Einsatz. Manche TBM,

wie die Tunnelbohrmaschinen abgekürzt heißen, können auch eine Länge von über 300 Metern aufweisen. Das will erst einmal unter die Erde gebracht sein! Eine gewaltige Herausforderung für Planung, Technik und Logistik.

In Südbaden fuhren Baufirmen mit Bohrmaschinen von Herrenknecht die Röhren für den „längsten maschinell hergestellten Eisenbahntunnel in Deutschland" auf – den Katzenberg-Tunnel. Zwei Mal knapp zehn Kilometer. Das verkürzt die Zeitstrecke von Norden zum Süden zwar um nur 30 Minuten und das scheint, gemessen an einem so teuren Technikprojekt, wenig zu sein. Aber es gilt für viele Züge, täglich, das ganze Jahr. Und das ist sehr viel.

Unter Straßen, Stadtteilen, Flüssen, Seen und unter dem Meer arbeiten die Schwanauer Maschinen. In mehreren Dutzend Ländern der Erde. In der chinesischen Stadt Guangzhou zum Beispiel werden 80 km Metrotunnel gebohrt, in Sotschi am Schwarzen Meer Tunnels für die Winterolympiade 2014.

In einer Werkshalle der Firma sehe ich Techniker, Ingenieure und Monteure über große Pläne gebeugt stehen und diskutieren. Für jede geologische Gegebenheit, jedes Arbeitsumfeld, wo auch immer in der Welt, müssen sie angepasste technische Lösungen finden. Konstruieren, bauen, vor Ort bringen. Sich mit Kollegen und Kunden vor Ort abstimmen.

Hinter dem Bohrkopf einer röhrenförmigen Herrenknecht-Maschine sitzt ein Schild, der Schutzschild. Denn anstatt zu sprengen, um den Tunnel voranzutreiben, wird das Gestein oder das Erdreich durch Druck zerkleinert. Das ist das Revolutionäre an dieser maschinellen Tunnel- Bohr-Technik. Dabei muss man den durch das Bohren geschaffenen Hohlraum sichern – es werden ja Steine und Erde abgefräst. Und während der Bohrung darf nichts einbrechen und die Bohrung stoppen. Zugleich heißt es das Abraum-Material kontinuierlich herauszuschaffen und die gesamte Technik für das Arbeiten am Bohr-Ort zur Verfügung zu stellen. In der Planungsphase eines jeden Projektes sind geologische Analysen unabdingbar. Manche der Maschinen sind so konstruiert, dass sie auf wech-

selhafte Geologien flexibel reagieren. So hat Herrenknecht auch Maschinentypen, die mehrere Abbautechniken kombinieren.
Mit dem Vordringen der Maschine werden zugleich tonnenschwere Betonsegmente, Tübinge, in den Tunnel gefahren, welche die vorgetriebene Tunnelröhre auskleiden sollen. Im Tunnel selbst werden sie mit Saugluft angehoben, aufgerichtet und verschraubt. Dann setzt sich der Bohrkopf mit den Rollenmeißeln und den Schälmessern wieder in Bewegung, frisst sich weiter durch Erdreich oder Gestein. Er stützt sich dabei gegen die fertige Röhre hinter sich und presst sich mit hydraulischen Vortriebspressen nach vorne ab. Längs der Maschine sind Rollen mit Kabeln für Luft, Wasser und Strom angebracht. Gesteuert wird die Maschine aus dem Steuerstand vom Maschinenfahrer. Ein System aus Lasern und Zieltafeln erlaubt, die Lage der Bohrmaschine millimetergenau festzustellen.
Nicht nur die in der Röhre arbeitenden Menschen, auch Ventile, Motoren und Schaltschränke müssen gegen Schlagwetter geschützt sein. Die Bohrmaschine ist nicht nur ein Gerät, sie ist eine kleine (oder große) unterirdische Fabrik, die für den Betrieb unter Tage möglichst alles an Ort und Stelle bereithält. Bei allen Arbeitsgängen ist höchste Vorsicht geboten. Ob unter der Elbe, unter dem norddeutschen Wattenmeer oder unter dem Gotthard.
Innovation, Verlässlichkeit, Optimierung, Perfektion, Schnelligkeit und Sicherheit sind deshalb Leitbegriffe der Firma. Planung, Technik, Produktion, Rechenzentrum, Management, Vertrieb, Marketing, Kommunikation und Service müssen präzise aufeinander abgestimmt sein, damit sich so eine Herrenknecht-Bohrmaschine unter der Erde zu drehen beginnt und ihr Ziel exakt, möglichst in der vorgegebenen Zeit, erreicht. „Bei allem, wo es in die Tiefe geht, ist Herrenknecht auf der Höhe der Zeit“ oder „unter der Erde ist Herrenknecht überirdisch gut“, könnten Werbeslogans der Firma heißen. Ich bin jedenfalls tief beeindruckt von diesem kleinen Technikuniversum bei Lahr. Es ist eines von nicht wenigen, die unsere kleine Region an die große Welt binden.

Lahrer Schutterlindenberg

Im Hohlweg Sommertages Lössgeriesel,
Libelle, Junikäfer, Schmetterling,
Karnickel, Igel, Dachs und Fuchs und Wiesel,
und Heugeruch, der in den Wiesen hing.

In wilden Gärten Pflaumen, Mirabellen.
Johannis-, Him- und Brom- und Stachelbeer
und hinter Hasen-, Hühner-, Ziegenställen
Rhabarber, Kürbis, Weißdorn, Mohn und mehr.

Von deiner Lindenkuppe welche Weite!
Vom Schwarzwald, Kaiserstuhl und Ortenau
zum Rhein, das schöne Elsass an der Seite,
und drüber dieser Himmel so voll Blau.

Nachts überm Nebel in der Ferne
die blauen Linien der Vogesenhöhen.
Und unter mond'nem Himmel ohne Sterne,
sieht man den Lenz übers Gebirge gehen.

Vor dem schönen Gebäude der Wirtschaft „Lamm" in der Lammstraße in Lahr droht eine Mutter ihrem Söhnchen: „Wenn ich des noch eimol heer, hesch granatemäßig eini klääbe!" („Wenn ich das noch einmal höre, hau ich dir voll eine rein!") Was doch manche Mütter so an Ausdrucksweisen vom Kindergarten mit nach Hause bringen!

Als das französische Militär die Stadt Lahr verließ, waren nicht nur Geschäftsleute und Restaurantbesitzer traurig. Viele Bürger hatten Freundschaften geschlossen, waren an den bi-nationalen Alltag gewöhnt und fürchteten nun in die Provinzialität zurückzufallen. Aber dann kam das kanadische Militär. Dann kamen die Russlanddeutschen. Die Lahrer lernten sich umgewöhnen.

Offenburg

Offenburg,
eine Stadt,
kein Städtchen.
Eine Kleinstadt.
Eine Kreisstadt:
OG.
Eine große Kleinstadt.
Bald eine kleine Großstadt?
In dreißig Jahren oder so.
Ein neues Burda-Moden-Magazin
entwirft dann vielleicht Reisebekleidung
für Marstouristen.
Ab da ist Offenburg
mit dem Weltall verbunden.

Kehl: Während des zweiten Weltkrieges war Kehl ein Vorort des von Deutschen besetzten Straßburg. Nach dem Zweiten Weltkrieg befand sich im französischen Strasbourg die Verwaltung des von Franzosen besetzten Kehl. Bis in die 50er Jahre war die Stadt noch durch Stacheldraht geteilt. Als Kinder dachten wir, Frankreich liege tausend km hinter dieser Drahtsperre. So fremd kam uns das alles vor. Und unheimlich. Erst 1953 war Kehl gemäß dem Washingtoner Abkommen wieder frei.
Auf einem Bolzplatz in der Nähe von Kehl kickten fünf Kinder. „Ich bin jetzt de Oli Kahn!“, prahlte ein Junge im Tor, „bei mir kriege ihr kei Balle rin!“ („bei mir bekommt ihr keinen Ball ins Tor!“) Ein anderer trippelte ganz nah an mir vorbei und spielte ballverliebt den Ball abwechselnd mal mit dem rechten, mal mit dem linken Fuß die Seitenlinie entlang. „Und wer bist du?“, rief ich ihm hinterher. „Zinédine Zidane!“, antwortete er schnell und voller Stolz. So lernte ich Zinédine Zidane kennen.

Ortenauer Herbst

Weinberghütten
an die Spätburgunderhänge
gestreut.
Am Waldsaum oben ein Weg.
Prall die Dolden am Stock.
Alle Lagen im Saft.
Zum Liefertermin pünktlich
die vollen Bütten
bei der Genossenschaft.
Bestimmung des Öchslegrades.
Später dann das Gluckern
in den Stahltanks
Elektronisch überwacht.
Auch beim Wein
muss die Chemie stimmen.

Die letzte Runde

Über einer sanften Mulde
im Rebhügel der Mond.
Mondschwer.
Er muss jeden Augenblick
mit kosmischem Fauchen und Zischen
herunterkrachen.
Das wird dem Bussard oben
im Nussbaum
ganz schön
die letzte Mäuserunde
vermasseln.

Die Frühherbstsonne über **Kappelrodeck** schält sich aus den Nebeln und gelborangen, purpurfarben glühen die Hänge mit den renommierten Lagen. Das Dorf noch weiß verhangen im Morgennebel. Noch keine Mauern, Gassen oder Dächer zu sehen. Nur ein Kirchturm blitzt auf im frühen Licht. In der Morgenkühle verebbt ein Glockenschlag. Auf einem Rebholzbündel vor verschlossener Hütte, tief in sich eingerollt, ein Kätzchen.
Auf einem Baum in der Nähe drei Krähen, die auf einem dünnen Zweig zu landen versuchen. Sie wippen auf und ab, flattern, aber finden keinen Halt. Der Zweig biegt sich hin zum Stamm, schaukelt zurück nach oben, dann wieder zum Stamm hin, sodass die drei schwarzen Gesellen abfliegen, streiten, sich verjagen, wieder landen, um sich sogleich laut schreiend in wildem Auf und Ab gegenseitig wegzudrängen, bis schließlich zwei von ihnen mit hässlichem Gezeter aufgeben und böse schimpfend davonfliegen. Nur einer bleibt auf dem sich langsam auspendelnden Zweig zurück und stößt nach einer Weile ein kurzes, zufriedenes „Kräh" aus. Friede.

„Keine Ursache!"

„Di Herrschafte wolle's halt sauwer hawe!", rief mir ein Parkpfleger in der Lichtentaler Allee in ***Baden-Baden*** *zu, als er bemerkte, dass ich ihn bei der Arbeit beobachtete, lachte, schüttelte den Kopf und zog die Schultern hoch, als verstehe er selbst nicht, warum er mit seinem Gartenbesen die Blätter von der weiten Rasenfläche zusammenrechen sollte. „Des sieht doch scheener aus mit denne bunte Blätter als ohne", meinte er. Ich stand auf dem Weg vor der Wiese mit dem exotischen Baumbestand und schaute ihm weiter zu, wie er mit ruhigen, regelmäßigen Bewegungen die Blätter zu einem Blätterhaufen auftürmte.*
Nach wenigen Minuten legte er den Rechen nieder, kam gemächlich auf mich zu, lächelte und drehte sich im Gehen eine Zigarette. Wie ein Weingenießer einen schwärmerisch empfohlenen, ihm noch nicht bekannten Wein zuerst im Römer schwenkt, dann, die Nase halb im Glas, das Bouquet aufnimmt, danach den Saft langsam schlürfend über die Zunge gleiten und schluckweise die Kehle hinunter in den Magen fließen lässt, nahm unser Gärtner seine selbst gedrehte Zigarette zwischen Daumen und Zeigefinger

der rechten Hand und zog sie tief einatmend einmal unter der Nase durch, ehe er sie zwischen die Lippen steckte. Dann zündete er sie an und nahm einen ersten tiefen Zug, wobei er lange inhalierte und jetzt den Rauch, zu winzigen Ringen geformt, ausstieß und dabei jedem einzelnen Kringel genießerisch, mit Genugtuung hinterher schaute. Vor dem Ausblasen des tief eingeatmeten Rauches kippte er jedes Mal den Kopf in den Nacken. Rauchen schien ihm Ein- und Ausatmen auf einer höheren, künstlerischen Stufe zu sein.

„Tja, di Herrschafte wolle's halt so, obwohl dass mei Meinung isch, zu gschleckt derf so en Rase auf kein Fall aussehe. Awer auf unsereiner gewe di jo nix."

„Wer sind ‚die'?", fragte ich.

„Ha, d Kurgäscht un betuchte Ausländer, für wen sonscht mache mir des do?", sagte er und fuhr fort: „B'sonners di Russe, di wolle's ganz akkurat, behauptet jedefalls mein Chef, der kennt di zur Genüge. Mir hawe jo bald mehr Russe als Deitsche un annere in dem Bade-Bade. Do verschtehsch kei Wort, wenn di mit ihre Weiber, Entschuldigung, i sag's halt jetzt so… also, wenn di mit ihre Weiber do vorbeistolziere, mit de Händ rumfuchtle un in eim fort auf di rausbutzte Schönheite eirede. En hübscher Schlag isch des scho, di Russinne, des muss mr denne neidlos lasse." Jetzt nahm er wieder einen Zug und bildete wieder kleine Rauchkringel, denen er hinterherschaute. „Di Fraue", fuhr er fort, „alle zwanzich Johr jinger als wi di Herre. Un des sin bschtimmt net alles Ehepaare, des seh ich uff de erscht Blick. Un Hüt (Hüte) siehsch do, des glaabsch net, als käme se grad direkt von de Rennbahn in Iffezheim un hätte uffs Siegerpferd gsetzt ghabt. Alla, mache se's gut!", rief er mir zu und ging zurück zu seinem Blätterhaufen. „Alle Blätter mach e net weg!", rief er mir noch zu. „Mr muss d Nadur a e bissle Nadur sei lasse, net wohr?!" Er warf die Zigarettenkippe hinter sich und nahm den Gartenbesen auf.

Ich verabschiedete mich und ging weiter, ohne aber auf den Weg zu achten. Prompt stieß ich mit einer jungen Frau zusammen, deren roter Hut einen auffällig breiten Rand hatte. „Entschuldigung!", stieß ich überrascht hervor und nochmals „Entschuldigung!" Sie antwortete etwas auf Russisch, das ich nicht verstand, aber es klang so freundlich, dass ich sicher bin, sie sagte: „Keine Ursache!"

Ein letztes Mal schaute ich zum Gärtner zurück. Der grinste und deutete mit kreisender Handbewegung über seinem Kopf einen breiten Hutrand an.

In einem Café in der Nähe der russisch-orthodoxen Kirche schläft eine alte Frau auf einem Sesselchen, so in sich zusammengesunken, dass ich fürchte, sie wird aus diesem Tiefschlaf nie mehr ins bewusste Leben zurückkehren. „Müsste man sie nicht wachrütteln?“, frage ich die Bedienung. Die aber lacht und meint, ich solle mir keine Sorgen machen, die Dame komme beinahe jeden Tag, um hier nach dem Genuss eines großen Milchkaffees ihren Mittagsschlaf zu halten. Danach bestelle sie ein Stück Torte und trinke einen Espresso dazu. Dann bezahle sie, gebe immer üppig Trinkgeld und sage noch jedes Mal ihr kleines Sätzchen „und jetzt bitte noch meinen kleinen Cognac, meine Liebe!“
Als ich eine Stunde später, die Dame schläft noch immer, aus dem Café trete und zur nächsten Straßenkreuzung gehe, treffe ich dort an der Ampel auf einen leicht gebeugten Greis, der wie abwesend auf die andere Straßenseite starrt und offensichtlich auf Grün wartet. Als die Ampel aber umschaltet, bleibt er reglos stehen. Er zeigt auch keine Reaktion, als ein Autofahrer zweimal kurz hupt. Erst, als ich frage, ob ich ihm helfen könne, schaut er kurz auf und täppelt dann los, obgleich die Ampel inzwischen wieder auf Rot umgestellt hat, ich ihm „Halt!“ zurufe und die ersten Autos hupend im Bogen um ihn herumkurven. Ich sehe, wie er sich marionettenhaft auf dem Bürgersteig auf der anderen Seite der Kreuzung hinunterbewegt, stehen bleibt und umständlich in Jacke und Hose nach etwas kramt. Er zieht ein großes Stofftaschentuch aus seiner Jackentasche und schnäuzt sich. Dann faltet er es langsam, ordentlich zusammen und steckt es Zentimeter für Zentimeter in die rechte Seitentasche seiner Lederjacke zurück. Er senkt den Kopf und rührt sich nicht von der Stelle. „Kann ich Ihnen wirklich nicht behilflich sein?“, frage ich. „Nein, danke! Das geht vorbei. Ich kenne das. Danke!“, antwortete er schwer atmend mit schwacher, flüsternder Stimme. Ich gehe Richtung Lichtentaler Allee weiter, drehe mich nicht mehr nach ihm um, aber ich spüre, auch nach gut einem Kilometer: Er steht unverändert auf dem Bürgersteig.

Das Mütterzentrum in der Stephanienstraße heißt „Känguru“. Ich stelle mir vor, wie eine Gruppe von Müttern mit vor den Bauch gebundenen Kleinkindern durch die Stadt hüpft.

Ich schaue mich im Markgraf-Ludwig-Gymnasium um, einer zu Beginn des zwanzigsten Jahrhunderts errichteten Bildungsfeste mit gewölbeartigen, weiten Fluren und einem breiten Treppenaufgang. Zwei Schüler kommen mir auf der Treppe von unten entgegen. „Nach dem Abi mach ich erst einmal für ein paar Wochen die Fliege zu meinem Bruder in den USA, bevor sie mich zum Zivildienst verknacken. Und dann voll Stoff in die Informatik, eine kleine, schicke Firma gründen und Knete machen. Knete, Knete, Knete!“, höre ich im Vorbeigehen.

Ein Baden-Badener Einkaufsführer heißt „Ihr Shopping Paradies“. Auf Russisch „Exklusivnii shopping“. Alle Texte sind auf Deutsch, Russisch und Englisch. „Meine teuersten Artikel gehen an die Russen“, sagte mir die Inhaberin einer Mode-Boutique. Sie könne dennoch kaum die Miete in der exklusiven Lage im Zentrum bezahlen.

Neben dem Baden-Badener Medienzentrum-Palast listet im Werbekästchen des „Medici“ eine ‚Eat-Karte‘ italienische Speisen auf. Hier haben Fernsehmoderatoren, Topmusiker, André Agassi und Steffi Graf schon ihre Pasta-Menus ausgewählt, wie Fotos im Schaukasten belegen. Oder haben sie die ‚Eat-Karte‘ gegessen?

Vernissage

Die Gäste kommen mit edlen Handtaschen, überwiegend schwarz gekleidet, Küsschen, Küsschen, man kennt sich. Eine Museumsbedienstete schleppt schlanke Weinflaschen zum Büffet. Viele im Publikum bemühen sich locker und bedeutend zugleich zu wirken. Man schaut sich um, will sehen und gesehen werden, grüßt von weitem durch mehr angedeutetes als wirkliches Hochheben einer Hand oder man winkt sich übertrieben gestiku-

lierend zu. Eine Frau ist ausschließlich mit der Zurschaustellung ihrer Ohrringe und Armreife beschäftigt. Bei den Männern beobachte ich verschiedene Formen des Halstuchtragens: über nur eine Schulter geschwungen, um beide Schultern gelegt, wie eine Halskrause um den Hals gebunden, breitflächig quer über die Brust gezogen oder lässig gleich einem Weihrauchspender mit einer Hand geschwenkt. Ich zähle 14 Arten von Stöckeln an hochhackigen Schuhen. Eine Frau klärt ihren wohl kurzsichtigen Gatten darüber auf, wer gerade auf der Zielgerade zur Garderobe ist.
„Die M. ist mit ihren über 70 Jahren wieder mal lächerlich angezogen", kommentiert sie. Viele haben es wichtig am Handy. Wozu sind sie hier, wenn sie sich geistig doch ganz woanders aufhalten? Jetzt scheint eine wichtige Persönlichkeit der Kur- und Casino-Stadt einzutreffen, denn viele drängen sich in seine Nähe, rufen, winken und rennen andere dabei beinahe über den Haufen. „Ich muss unbedingt mit ihm sprechen!" – „Lass das, du siehst doch, wie belagert er ist, wir laden ihn nächste Woche zum Essen ein!" – „Ach, der hat doch nie Zeit!" – „Sein Pech!"
Jetzt nehmen die an der Ausstellung beteiligten Künstler Aufstellung. „Meine Damen und Herren, darf ich Ihnen …?", beginnt der Ausstellungsmacher. Die Gespräche im Vernissagenpublikum verebben allmählich. Ein letztes Zuwinken und Zunicken. „Es ist mir eine besondere Freude, dass es uns gelungen ist …" – „Ich übergebe nun das Wort Herrn Dr. …". Dann folgen die übliche Rede und der millionste Versuch, moderne Kunst zu erklären. „Dekonstruktion", „radikale Infragestellung". Und: „Hätten nicht die Künstler diese Ängste in ihren Bildern gebannt, wären wir mit ihnen allein. Ich meine mit den Ängsten, natürlich. Auch dies sollten Sie bedenken, wenn Sie jetzt durch die Ausstellungsräume gehen." Ein Besucher, der seinen Mantel an- und seinen Hut aufbehalten hat, obgleich es in dem Gedränge vor Hitze kaum auszuhalten ist, brummelt vor sich hin: „Ja, ja, immmer des Gleiche, je wenicher uff de Bilder zu sehe isch, desto meh geheimnisse se nei! Ich will Bilder sehe un mir net ewich un drei Daach des Gebabbel aahöre! Awwer in Karlsruh' isches aa net annerschder!" Dann kehrt er um und kämpft sich zum Ausgang.
Kaum jemand bleibt länger als zwanzig Minuten in den Ausstellungsräumen. Vielleicht zu viele Ängste? Auf der überfüllten Fläche vor dem Minibuffet dagegen drängen sich die Leute noch Stunden später. Und außerhalb des Museums, am Haupteingang, stehen die Raucher und starren paffend in den Nachthimmel über der Bäderstadt.

„Bringst du mir ein Glas Wein mit?", ruft jemand. „Weiß oder Rot?" – „Egal, Hauptsache schnell!" Dann äfft er den Redner nach, der die Einführung in die Ausstellung gab: „ ‚Dekonstruktion', ‚radikale Infragestellung'. Liwe Leut, des isch doch so was von Vorvorgestern, genau wi di Bilder. Wo gehe mer jetz hii? I muss do weg, i hab Ängschte, hihi!"

Ich übernachte in einem Hotel. Beim Frühstück am nächsten Morgen fragt mich ein Tischnachbar im Frühstückstückszimmer: „Ach, waren Sie nicht auch in der Ausstellung gestern Abend?" – „Doch!", antworte ich, „Und Sie?" – „Ich nicht. Warum?" – „Weil Sie mich fragten, ob ich nicht auch…" – „Oh, habe ich das?", fragt er verwundert und ich denke, die Szene wäre doch ein guter Beginn für einen Kriminalroman.

In einer Modeboutique der oberen Preiskategorie gesteht mir eine Verkäuferin, die ich neugierig gefragt habe, wie viele Kundinnen am Tag durchschnittlich den Laden beträten, es komme vor, dass sie einen ganzen Morgen lang vergebens auf jemanden warte. Drei, vier Stunden alleine im Geschäft, auch am Nachmittag, sei nichts Außergerwöhnliches, wobei ja, wenn eine Kundin eintrete, diese nur in den seltensten Fällen auch etwas kaufe, die meisten schauten sich nur gelangweilt um, so dass sie, sie wolle das ehrlich zugeben, oft die nackte Wut packe und sie am liebsten einfach aus dem Geschäft rennen würde, ohne abzuschließen, weit weg, und nie mehr zurückkommen, die Leute könnten den Laden gerne plündern und sich die blöden Blusen und Röcke samt Schals und Hüten von ihr aus tonnenweise in die Schlafzimmerschränke hängen, sie könne das Zeug nicht mehr sehen.

Otto Flake, der von 1928 bis zu seinem Tode 1963 in Baden-Baden lebte, erzählt in seiner Autobiographie *Es wird Abend*, wie man Ende der Dreißiger Jahre Juden in der Kurstadt den Zutritt zu Kurhaus, Kurgarten und dem Theater untersagte. Wie es in späteren Jahren Fliegeralarm gab und die Flieger über Kehl, Bühl und Offenburg Bomben abwarfen, „völlig

Muse von Bettina Eichin

Albert-Ludwigs-Universität Freiburg

ungestört". Wie er sich mit Tagesvorrat und Schaufel am Bahnhof einzufinden hatte und auch Frauen und Vierzehnjährige zum Schanzen in die Rheinebene beordert wurden. Wie der Gauleiter, als die Franzosen über den Rhein setzten, um sich nördlich von Karlsruhe mit den Amerikanern zu vereinigen, die Bevölkerung zu Sabotageakten aufrief, und wie nach Kriegsende die Kurkonzerte mit der Marseillaise begannen.

„Kuck mal!", sagte ein Vater seinem vielleicht vierjährigen Söhnchen vor dem Grabmal des Markgrafen Ludwig Wilhelms, des „Türkenlouis", in der Baden-Badener Stiftskirche, „kuck mal, der hat die Türken geschlagen." Das Kind schaute auf den in Feldherrenpositur dargestellten Markgrafen und fragte nur: „Pappi, warum?"

Das im barocken Stil erbaute **Rastatter** Schloss, das die Bedeutung seines Besitzers, des Markgrafen Ludwig Wilhelm architektonisch sichtbar machen sollte, beherbergt heute drei Museen: Die markgräflichen Gemächer mit ihrem zur Schau gestellten Reichtum der Herrschaft, das Museum für Freiheitskämpfer, die versuchten, herrschaftliche Bevormundungen zu beenden und das Wehrgeschichtliche Museum, das einen Teil jener Waffen präsentiert, mit denen Aufständische, Freiheitskämpfer und feindliche Armeen bekämpft wurden. Alles in schönster räumlicher Eintracht.

1849 sitzt der 20jährige Republikaner Carl Schurz zusammen mit vielen anderen Revolutionären in der Rastatter Festung fest, die durch die von Prinz Wilhelm, dem späteren Kaiser, befehligten preußischen Truppen umstellt war. Carl Schurz droht die Erschießung. Doch gelingt es ihm, durch einen Abwasserkanal zu fliehen. Die Revolutionäre, die nicht entfliehen können, werden im Ahnensaal des Schlosses verurteilt. Schurz aber erreichte mit Hilfe eines Arbeiters das nahe Rheinufer und Frankreich. Keine drei Jahre später verlässt er mit Tausenden von Freiheitskämpfern Europa und lässt sich im amerikanischen Wisconsin nieder. In Illinois trifft er sich mit Friedrich Hecker auf dessen Farm. Er wird einer der Berater Abraham Lincolns, ist der erste gebürtige Deutsche, der im amerikanischen Senat sitzt, kämpft gegen die Sklaverei in Südamerika, begeistert sich 1871 für den deutschen Sieg über Frankreich, wird unter Präsident Hayes 1876 Innenminister und schreibt zwölf Jahre später einen Nachruf auf Wilhelm I., der ihn als Truppenführer in Rastatt, wäre er seiner habhaft geworden, wahrscheinlich hätte erschießen lassen. Wilhelm II. kondoliert 1906 zum Tode von Carl Schurz. Bleibt nachzutragen: Die Frau von Carl Schurz gründete den ersten amerikanischen Kindergarten.

Emre

Emre und ich saßen in einer bistroähnlichen Kneipe. Emre sammelt Biographien. In der Kleinstadt zwischen Nordschwarzwald und Rhein, wo er wohne, sagte er, kenne er viele Leute: durch die Schule, Fahrschule, die Ausbildung als Programmierer. Er habe jede Menge Arbeitskolleginnen und -kollegen und natürlich auch Nachbarn. Er selbst sei ein hier geborener Türke. Seine Eltern hätten in der Umgebung von Mannheim Arbeit gefunden. Er sei Mitglied im Fußballclub, bei der Feuerwehr und in einem Tanz-Club. Da habe er auch seine jetzige Freundin und deren Kreis kennen gelernt. Mit nicht wenigen Menschen habe er im Bus oder in der Regionalbahn zwischen Baden-Baden, Rastatt, Karlsruhe, Bruchsal, Mannheim und Heidelberg Verbindung aufgenommen, wenn er zu einer Veranstaltung in einen dieser Orte gefahren sei. Er kenne in verschiedenen Bahnhöfen einige Obdachlose, die sich dort Tag für Tag aufhielten und sich bei ihm, sobald er auftauche, regelmäßig den neuesten Ärger von der Seele reden würden. Dabei habe er festgestellt, dass sie immer wieder dieselben Fehler begingen und nie, nicht ein einziges Mal, einen Rat von ihm beherzigt hätten. Auch bei Dorffesten habe er manches erfahren, viele Bewohner seien ihm vom Hörensagen bekannt, andere wiederum aus dem Ortsteil der Zeitung und dem Gemeindeblatt, welche er beide akribisch sammle, chronologisch ordne und ergänze, er interessiere sich eben für Biographien, sagte er. Er wolle zurück in die Türkei, sobald sein Bruder mit dem Informatikstudium fertig sei. Und deshalb hole er sich so viel wie möglich Wissen zusammen über Menschen hier, weil er, zurück in der Heimat seiner Eltern, ein Buch über sein Leben in Deutschland schreiben wolle, das verkaufe sich bestimmt gut, sein Bruder und er bräuchten

nämlich das Geld, um in der Türkei eine kleine Firma zu gründen. Er schaue auch nach unter Geburten, Geburtstagen, Todesanzeigen und Hochzeiten, habe sich bei hunderten von Gesprächen Notizen gemacht, finde immer mehr Informationen auch im Internet, wo Vereine, Geschäftsleute, Firmen, Institutionen, Freischaffende, Musik- und Theatergruppen sich selbst vorstellten und dabei mehr von sich preisgäben, als sie vermutlich beabsichtigten, denn einer wie er könne mehr aus den Daten herauslesen als andere und er verfüge mittlerweile auch über die Fähigkeit, auf unauffällige Art Fragen zu stellen, die von dem eigentlichen Ziel seiner Frage ablenkten, aber um so sicherer zum Ziel führten. So habe sich ein Freizeitgärtner, ein gewisser Dr. Gerhard T., der außerhalb des Dorfes ein Grundstück mit einer größeren Hütte besitze, beim Schildern seiner Pflanzen so in Begeisterung geredet, dass er beim Aufzählen von deren Ursprungsland, ihrer Vorzüge und Nachteile und beim Erzählen darüber, wer alles sich für seine Züchtungen interessiere und bei ihm hin und wieder Ableger oder Samen bestelle, zunehmend Vertrauen gefasst und ihm schließlich nach einigen Bier gestanden, dass er sich sich in seiner Hütte regelmäßig mit einer Geliebten treffe. Natürlich, sagte Emre grinsend, sei sein nächstes Ziel, den Namen dieser Geliebten herauszubekommen. Allein dieser Gerhard mit seiner heimlichen Tussi sei nur eine von Dutzenden von „Geschichten", von der jede einzelne genug Stoff für ein Buch hergebe, meinte M.
Er habe penibel Buch geführt, über alles, was er über die aufgezählten Personenkreise in Erfahrung habe bringen können. So habe er sich natürlich auch in Szenetreffs umgesehen, auch bei seinen ausländischen Freunden, Asylbewerbern, Portugiesen, Italienern, Arabern, Deutsch-Brasilianern, Deutsch-Türken, auch bei Russlandaussiedlern und Kanak-Sprechern. Die alle lebten ein ganz eigenes Leben mitten in der etablierten, hier lang ansässigen deutschen Gesellschaft, mit eigenen Regeln, Ess- und Sprachgewohnheiten, Mode und Kommunikationsformen. Teilintegriert oder in Ghettos. Sogar ein Studentenwohnheim könne zum Ghetto werden. Er wisse das schließlich aus eigener Erfahrung. „Für die meisten Deutschen sind wir Randgruppen, die nicht weiter auffallen, solange wir deutsche Befindlichkeiten nicht stören. Kamma make nix, gell? Einen Kumpel von mir nennen wir ‚Dativ', weil er Kanakisch quatscht. Und das hat nur Dativ. Ein Portugiese heißt ‚Osche'. Wenn der mit seinen Eltern oder anderen Landsleuten spricht, fertigt er die oft ab mit seinem Standardsätzchen ‚hoje não tenho tempo', das bedeutet, ‚ich habe keine Zeit heute'. Zu einem Tunesier sagen wir ‚Shukran',

auf Deutsch ‚danke' und zu einem Deutsch-Aussiedler ‚Doswidanja', das heißt ‚auf Wiedersehen'". Der kommt aus Kasachstan. Dem seine Familie hat vielleicht schon was hinter sich, meine Backe! Im früheren Russland waren das die deutschen Faschisten, sind von Stalin hin und her verschickt worden, deportiert bis Sibirien. Hier sind sie die Russen, waren erst im Übergangswohnheim, wurden in Sprachkurse gesteckt, dann mussten seine Alten Fremdrente beantragen, die Mutter bekommt aber nichts, weil sie Russin ist und keine deutschen Vorfahren hat, sein Bruder und er mussten umschulen, die Großeltern sitzen den ganzen Tag vor der Glotze und sind völlig vereinsamt, sagt Doswidanja. Er findet alles ätzend hier, und wenn er sich dann mal wieder über einen Arbeitgeber auslässt, – er wechselt dauernd die Jobs – sagt ‚Shukran' jedes Mal: ‚Doswidanja, Doswidanja, Kasachstan nix Alemania', was so viel heißt wie, da kann man eh nichts ändern und das Sprüchlein ist so ein bisschen unser Lebensmotto geworden in der Gruppe, obgleich ich das, ehrlich gesagt nicht so gut finde, weil ich denke, man sollte nicht immer nur einstecken oder abhauen. Aber mit der Meinung habe ich bei denen natürlich keine Stimme, denn ich habe ja schon gesagt, dass auch ich in die Türkei zurückgehe. Dariusch aus dem Iran, er hat als einziger noch keinen Spitznamen von uns, Dariusch findet, wir würden viel zu viel jammern, er sterbe zwar manchmal fast vor Heimweh, aber er wolle in Deutschland an der Fachhochschule seine Chance nutzen und abwarten, was komme. Die Welt gehe ihren Gang, philosophiert er, unabhängig davon, ob wir unglücklich seien oder nicht. Neulich hat er sich mit zwei Türken vom Moschee-Verein gestritten, sie sollten ihn endlich in Ruhe lasen mit Religion, das sei seine Privatsache. Jetzt kommen sie nicht mehr zu unseren Treffen. Die leben ja sowieso noch mal abseits von uns. Einer von denen hat, glaube ich, seit ein paar Wochen eine deutsche Freundin mit Kopftuch und der Vater von der soll durchgedreht sein. Aber Genaueres weiß ich nicht."

„Ja, so ist das!", sagte er, und er wisse noch gar nicht, worauf seine Sammlung eigentlich hinauslaufe, ob das ein Roman werde, eine Biographie oder was, er habe eben irgendwann damit angefangen und jetzt laufe das wie von selbst weiter. Einen Roman könne er sich eigentlich vorstellen, aber da müsse irgendwie Liebe und Sex mit hinein, finde er und da habe er leider zu wenig Erfahrungen, um darüber zu schreiben, jedenfalls zu wenig dramatische Erfahrungen wie Liebeskummer-, Eifersuchts- oder Abhängigkeitsgeschichten. Aber das könne sich ja noch ändern, lachte er.

Er wolle bei seinen Nachforschungen auch nicht weit zurück in die Vergangenheit gehen, er fürchte da ein Fass ohne Boden zu öffnen und dann selbst hineinzufallen. Natürlich gebe es im Dorf jede Menge „unheimlicher" Geschichten, Tabus und anderes, das man „lieber ruhen lasse", wenn man hier auch in Zukunft unbehelligt leben wolle. Ihm genügten die letzten Jahre, da gebe es genug zu interpretieren. Er könne sich äußere Fakten wie Adressen, Geburts- und Sterbejahr, Berufe, Vereinsmitgliedschaften leicht beschaffen. Die ganze Datensammlerei sei eine Sache, die ihn jetzt auffresse, aber er finde es einfach faszinierend, was für völlig unterschiedliche Menschen in einer mittelgroßen Gemeinde gleichzeitig zusammen lebten und was Stunde um Stunde geschehe.

„Meine Liste zählt siebzig Geschiedene, davon 20 Zweit- und vier Drittgeschiedene, 34 Behinderte (davon 21 durch Unfälle, zehn durch Krankheiten oder von Geburt an, zwei durch Gewalteinwirkung und eine Person durch Impfung). Alle noch einmal aufgeteilt in männlich und weiblich, Alter und sozialen Status. So habe ich bei den 110 aufgenommenen Rauchern festgestellt, dass über ein Drittel weiblich ist. Vor fünf Jahren noch machten rauchende Frauen in meiner Statistik nur sieben Prozent aus, davon keine unter 16 Jahre. Heute habe ich schon sieben 13-jährige dabei. Rauschgiftsüchtige zähle ich fünf, davon zwei sehr schwere Fälle, ein Mädchen mit Rückfall und einen Lehrling der zurzeit auf Entzug ist. Ich habe 30 Arbeitslose registriert, davon fünf Langzeit-Arbeitslose. Minderheiten oder Außenseiter finden mein besonderes Interesse. So habe ich mich des Öfteren mit zwei Grünen getroffen, für die Bewahrug von Natur zu einem Wahn geworden scheint, und mit einem Linken, der immer noch von Stalin und Mao schwärmt. Mit einem Zeugen Jehovas spreche ich regelmäßig, wenn er mit seinem „Wachturm" auf dem Marktplatz steht. Dann habe ich da noch eine Verkäuferin in meiner Personenliste, die einen Dauer-Hass auf Behörden schiebt. Ich höre mir geduldig alles an, wenn sie wieder einmal wegen einer Lappalie gegen irgendein Amt vom Leder zieht. Ich glaube, das verdichtete sich bei der zu einem Verfolgungswahn. Auch vier NPD-Mitglieder habe ich auf die Liste genommen, drei unentschlossene Sympathisanten und einen, den ich als rechtsradikal bezeichnen würde. Er hält sich meist in einem Nachbardorf auf, weil er dort wohl mehr Gleichgesinnte hat. Also den halte ich für verdächtig, recherchiere aber nicht weiter. Ich will nicht, dass überhaupt bekannt wird, dass ich Daten sammle. Zehn in meiner Datei sind psychisch Kranke, die meisten wohl schwer depressiv. 14 Bewohner sind mir als Alkoholiker bekannt. Zwei von denen

sitzen immer wieder wegen Randale im Gefängnis. Einer aus meiner Straße soll wegen Mord einsitzen. 33 Einwohner auf meiner Datei sind sozial schwierige Fälle, besonders Jugendliche. Charakterliche Einteilungen habe ich keine vorgenommen, das ist mir zu vage und da kenne ich die Leute auch zu wenig. Von sieben Einwohnern habe ich erfahren, dass der Vater im Krieg gefallen ist, zwei Väter werden vermisst, drei sind in der Gefangenschaft gestorben. Ich habe 152 Personen notiert, die ein Instrument spielen, davon die meisten im Musikverein oder im Akkordeon-Club. Wir haben zwei Ehrenbürger, drei Träger von Bundesverdienstkreuzen. Kleinere Auszeichnungen habe ich nicht vermerkt, also nicht zum Beispiel Ehrenurkunden für vierzigjährige Vereinsmitgliedschaft oder Feuerwehrmedaillen. Dann gibt es einen Landtagsabgeordneten von hier, drei Professoren, die international Karriere gemacht haben, einen berühmten Sänger, zwei Erfinder, von denen einer ein mittelgroßes Unternehmen leitet, zwei Personen, die in anderen Gemeinden zu Bürgermeistern gewählt wurden, eine Sportlerin, die deutsche Meisterin ist, einen Extremsportler, einen Erfinder mit sieben Patenten, drei so genannte Originale, so einen als Lebenskünstler bekannter Kunstmaler, der nie ein Bild verkauft, eine unverheiratete Frau als begehrte Dorfschöne, die sie ‚Provinz-Madonna' und einen Witze- und Geschichtenerzähler, den sie ‚Happy-Story' nennen." Natürlich, fuhr er fort, gebe es auch jede Menge Überschneidungen, er wisse von einem jungen Mann aus der Nachbarschaft, dass er in der Feuerwehr und im Musikverein zugleich engagiert sei, im Gemeinderat sitze und seit einem halben Jahr depressive Anwandlungen zeige. Man vermute, dass hier ein Erbe aus der Familie durchschlage. Eine Frau wiederum, jahrelang höchst erfolgreiche höhere Bankangestellte, sei jetzt Alkoholikerin, starke Raucherin und seit vier Monaten geschieden. Die meisten Dorfbewohner seien eher unauffällige und fleißige, ordentliche Bürger, wie man so sage, aber je intensiver man sich mit ihnen beschäftige, desto mehr verändere sich dieses Bild und es komme plötzlich völlig Unerwartetes zum Vorschein. So habe er einen eher langweiligen, ruhigen Mann kennen gelernt, einen selbständigen Versicherungsvertreter, der im Himalaja zwei Achttausender bestiegen und den Kilimandscharo schon viermal erklommen habe. Oder im Angelverein gebe es einen, der als Kapitän schon mehrfach die Welt umschifft und die meisten großen Hafenstädte der Welt gesehen habe, nun aber sein größtes Vergnügen darin finde, draußen am Rhein angeln zu gehen, mit seinen Clubfreunden in einem kleinen Boot ruhig durch die Altrheinauen zu rudern, Vögel zu beobachten und sich über alle Maßen zu

freuen, wenn er einen Fischotter entdecke oder ein aufgescheuchter Schwarm Fischreiher in die Höhe schieße, wenn sich das Boot zu tief ins Schilf schiebt. „Menschen am Wasser, am Rhein, an den Gießen, angeln entweder und schweigen, oder sie sitzen am Feuer, grillen ihre Fische und erzählen endlos lange Geschichten. Und hier", frohlockte Emre, „werde ich auch herausfinden, wer die Geliebte von Dr. Gerhard T. ist. Aber niemand wird es erfahren und Gerhard heißt natürlich auch nicht Gerhard."
Emre grinste wieder, trank sein Glas leer, zahlte für uns beide, schaute auf die Uhrzeit auf seinem Handy, erschrak, fluchte, er habe seine Freundin vergessen, die warte schon seit einer halben Stunde, das gebe sicher wieder Zoff, rannte davon und rief noch, „Vielleicht schreibe ich doch noch einen Roman!" Und weg war er.

Der in **Karlsruhe** geborene Freiherr von Drais, der Erfinder des Fahrrades, hatte der Öffentlichkeit schon 1913 einen vierrädrigen Muskelkraftwagen vorgestellt. Seine Laufkutsche, die er beim Wiener Kongress vorstellte, wurde als „Fiakersurrogat" bezeichnet und als Gaudi beklatscht. Diese Fahrwerke und auch sein 1817 erfundenes Laufrad beurteilten Johann Gottfried Tulla, aber auch der große Karlsruher Architekt Weinbrenner als überflüssig und zwecklos. Erst nach einem katastrophalen, kalten, nassen Sommer, als dessen Ursache ein Vulkanausbruch auf der Insel Sumbawa östlich von Java vermutet wird, wandte sich das Interesse einflussreicher Menschen wegen der folgenden Misserntejahre der „Laufmaschine" von Karl Drais zu. Es gab nämlich zu wenig Hafer für die Pferde. Viele mussten notgeschlachtet werden. Also gab es zu wenig Zugtiere. Und da wurde das 13-15 Stundenkilometer fahrende Fahrzeug, mit dem man „pferdelos über die Landstraße dahineilen" konnte, plötzlich interessant. Seine hölzerne Laufmaschine hatte schon Lenkstange, eine Stützvorrichtung, eine „Schleifsperre" mit Bremsschnur, einen Gepäckträger und einen gefederten, verstellbaren Sattel. Sein einspuriges Veloziped, ein Sitz auf zwei Rädern, der mit den Füßen auf dem Boden vorwärtsgestoßen wurde, oder wie er selbst formulierte, „ein Reitsitz auf nur zweyschühigen hintereinander laufenden Rädern", reduzierte den Rollwiderstand und damit den Energieaufwand für die Vorwärtsbewegung

erheblich. Die erste Fahrt ging von Mannheim nach Schwetzingen, die zweite von Gernsbach nach Baden-Baden – viermal schneller als mit einer von Pferden gezogenen Postkutsche, nämlich mit fünfzehn Stundenkilometern. Seine Idee hatte keinerlei Vorbild in der Natur, muss also als vollkommen eigene Erfindung gelten. Diese hatte großen Erfolg von den USA bis Kalkutta, wo man sein Gerät nachbaute. Allerdings wurde die Benutzung des Laufrades nach den Karlsbader Beschlüssen Metternichs, die jeden Freiluftsport untersagten und damit auch das Radfahren, verboten. Drais, der 1848 öffentlich den Adelstitel abgelegt hatte und sich der Sache der Demokraten zuwandte, wurde nach der Niederschlagung der Revolution von reaktionären Monarchisten verfolgt. Seine Erfindung redete man klein, bezeichnete sie als „mechanische Hirngespinste". Er verlor seinen Kammerherrenstatus, hatte also keinen Zutritt mehr zu Hofe, musste sich gegen die Privatrache eines gegnerischen Anwalts zur Wehr setzen, war in eine inszenierte Kneipenschlägerei verwickelt, entging nur knapp einem Mordanschlag, verlor seine Pensionsansprüche und sollte sogar entmündigt werden. Schon in früheren Jahren war er wegen Anfeindungen nach Brasilien gezogen. Sogar der Leichenschändung war er bezichtigt worden.
Über die Erfindung von Karl Drais schrieb der amerikanische Technikhistoriker James Flink 1988, keine frühere Innovation – nicht einmal der Verbrennungsmotor – sei für die Entwicklung des Automobils so wichtig gewesen wie das Fahrrad. Der „Urvater des Individualverkehrs ohne Pferd", wie Drais heute genannt wird, wurde über viele Jahre als „geistesverwirrt" verlacht und starb verkannt, verbittert und völlig verarmt in seiner Karlsruher Mansarde. Man bedenke: Taufpate des Erfinders war der damalige Markgraf von Baden.
Auch dies ist eine oberrheinische Geschichte.

„Wieso steht in Karlsruhe eine Pyramide?", fragte ein ägyptischer Informatikstudent einen Karlsruher. Der sagte: „Ha, weil do de Markgraf drunner liegt!" Der Student bedankte sich und denkt wohl für den Rest seines Lebens darüber nach, was ein Markgraf ist.

Auf dem Gelände der Technischen Hochschule spreche ich Studenten an, die aus verschiedenen Gebäuden kommen: Geo- und Umweltwissenschaften, Institut für Hydromechanik, Institut für Straßen- und Eisenbahnwesen, Versuchsanstalt für Stahl, Holz und Eisen. Wir stehen zusammen auf dem Reinhard-Baumeister-Platz, genannt nach dem Begründer des wissenschaftlichen Städtebaus. Viele Studierende wissen schon in frühen Semestern, bei welcher Firma sie gerne arbeiten würden oder an welcher Uni, in welchem Institut. Nicht wenige haben vor, in andere Länder zu gehen. Eine zielorientierte, weltoffene Generation. Einer meint, er fürchte als Ingenieur nicht glücklich zu werden. Er wolle aber noch abschließen und dann Musik studieren. Eine Architekturstudentin aus Polen sagt, sie habe keine festen Vorstellungen über ihre Zukunft. „Wissen Sie, das Leben plant anders als man selbst", sagt sie. Ich frage nach, wie sie das meint. Sie wundert sich und erklärt: „Nun, ich meine, ich habe schon Wünsche, aber ich kann die wenigsten verwirklichen. Ich lebe, aber ich werde auch gelebt, verstehen Sie? Vielleicht kommt Mann, kommt Kind, kommt Lottogewinn. Aber vielleicht auch Krankheit oder ich habe plötzlich keine Lust mehr, zu kämpfen für Karriere. Wer weiß das! Ich jedenfalls nicht. Aber natürlich will ich versuchen ein gutes Examen zu machen, schenken soll man dem Schicksal nichts, nicht wahr? Aber kommen sie doch mit uns essen, wir gehen ins ‚Dörfle', dann sind wir an der Reihe, sie auszufragen. Was halten Sie davon?" Gerne nahm ich den Vorschlag an und unterhielt mich einen Nachmittag lang mit sieben zukünftigen Technikern, Ingenieuren und der polnischen Architekturstudentin über Lebenspläne und das Leben. „Jedenfalls", schloss die Polin unsere Gespräche ab, „das Leben ist stärker als alle unsere Pläne. Sehen Sie, ich wollte heute Nachmittag zum Schwimmen, dann zum Friseur und dann ein Päckchen richten und auf die Post bringen. Und nichts davon habe ich gemacht. Sie haben alle meine Pläne durchkreuzt. Das ist das Leben, deshalb sage ich, wir werden gelebt, leben Sie wohl!"

Der Hoepfner Burghof, eine Brauerei mit großem Ausschank und Biergarten,

präsentiert sich in neogotischem Burgenstil mit Türmchen, Zinnenkränzchen, Lanzettfenstern und schmalem Helmdach. Im Pförtnerhäuschen liegt ein Päckchen an die Brauerei Ganter in Freiburg. Eine Malzprobe. Der Pförtner sächselt, ich spreche Hochdeutsch mit niederalemannischem Akzent und prompt fragt er mich, einen Freiburger, ob ich ein Schwabe sei! Jetzt brauche ich ein Bier. An der Einfriedung des Biergartens entdecke ich drei Schilder mit zwei Ermahnungen.
„Das Mitnehmen von Gläsern und Geschirr wird als Diebstahl geahndet und zur Anzeige gebracht". Dann: „Das Klettern auf der Biergartenmauer ist nicht erlaubt. Eltern haften für ihre Kinder." So wissen Eltern, was sie zu tun und Biertrinker, was sie zu lassen haben.
Hinter einem dritten Hinweis versteckt sich Werbung: „Das Schimpfen über den Bierpreis ist zwecklos." Das kann dreierlei bedeuten: Wir bestimmen den Preis und lassen keine Diskussion zu. Oder: Der Preis ist schon so niedrig, dass sich eine Diskussion erübrigt. Drittens: Bei einem Bier dieser Qualität sollte man nicht über den Preis reden.

In einem der Hochhausklötze neben der Brauerei befindet sich das Forschungszentrum für Informatik. Gegenüber die Karlsruher Technikfabrik mit den Abteilungen Technology Consulting, Servo Tech, Cyber Forum, Humanoide Roboter, Automotive Systems, Regelungstechnik und Gebäudeautomation, Interaktive Diagnose und Service-Systeme. Die allermeisten Begriffe, die im Eingangsbereich auf großflächigen Tafeln mit Service-Angeboten aufgelistet stehen, sind für mich spanische Dörfer. Die jüngeren Generationen leben in anderen Wissenswelten.
„Wir denken voraus", „Vernetzung fördert Wachstum", „In Zukunft noch effektivere Industrieroboterteams im Einsatz", „Erleben Sie ihr Produkt durch Virtualisierung" und „Karlsruhe auf dem Weg zum Standort für Spitzencluster" sind Schlagwörter im Karlsruher *Wirtschaftsspiegel*. Karlsruhe, eine Stadt, die Zukunft macht.

Aber auch in der Technik-Stadt finde ich jede Menge Werbeprospekte mit Angeboten zur Lichtheilung, Touch-Life Massage und Begegnung mit Engeln.

In der Straßenbahn wird regelmäßig durchgegeben: „Überlassen Sie bitte den Sitzplatz mobilitätseingeschränkten Personen!" Ich überlege, was der Unterschied ist zwischen mobilitätseingeschränkt und gehbehindert.

Das Einkaufszentrum Ettlinger Tor – eine Flaniermeile in Karlsruhe. In einem Gang befinden sich Safes, Toiletten und Wickelstuben. In den Galerien dann Vodafone-shop, Back-shop, Body-shop. K & L, H & M, Chicken & Chips, Mister & Lady, Kaffee & Saftbar und Hair'N'More. Bei *Il Vino* gibt es frischen, ganzen Hummer zum Prosecco Amore. Wo ist Amore, denke ich, wenn die Hummer lebend ins kochende Wasser gleiten. Für mich das isse nixe Amore. Also weiter, vorbei an Media Markt, Game Shows und Infothek. Ich betrete den Mobilfunkanbieter-O2-Handy-Shop und lasse mir etwas über das *O2 Internet-to-go 5 € Pack* erzählen. Das ist schnell erledigt, aber dann fragt der junge Angestellte schnell, ob ich mich auch für ihre anderen Produkte interessiere und legt sogleich los, obwohl ich noch gar nicht geantwortet habe. Schließlich kommt er auf ein UMTS-Handy als Modem zu sprechen, das man an den Laptop anschließen könne und dann zum Beispiel im Café, im Park oder am See nach Belieben surfen. Als der junge Fachverkäufer nach ein paar wenigen Fragen, die ich ihm gestellt habe, bemerkt, dass ich nicht unbedingt ein Kommunikationselektronik-Experte bin, sagt er geschäftig: „Ich kann Ihnen auch gerne unsere ‚Bibel' mitgeben", und drückt mir einen dicken Prospekt in die Hand. Wenn Metzger und Autoverkäufer in Fachzeitschriften und auf Messen von ihrer „Philosophie" sprechen, denke ich, warum sollen dann Handy-Verkäufer für ihre Kunden nicht eine „Bibel" haben?
Im Basement wird die Präsentation von Luxusmotorrädern in der folgenden Woche angekündigt. Da komme ich wieder. Denn wenn ich schon keinen frischen Hummer gegessen und kein *O2 Internet-to-go 5 € Pack* erstanden habe, dann will ich doch wenigstens eine gescheite Harley Davidson.

In der Post-Galerie, einem anderen Shop-Center, geht es weiter mit Olymp & Hades, Home Living & Inspiration, Orient Interieurs & Accessoires. Und dann im typisch fränkisch-pfälzischen Idiom: Sunshine

Sonnenstudio, Fitness Company, Friendship of Fashion, Subway Sandwichbar, Asia Snack, Fai Sushi, Espresso Bar Lounge und Red Box Hair store.
Im Saturn Elektronik Tempel fragt ein Kundenberater einen Mann um die vierzig, ob er ihm einige Funktionen auf dem Handy, zu dem dieser sich gerade entschieden hat, erklären solle.
„Nein Danke", antwortet der Kunde, „das erklärt mir zu Hause mein Sohn, der ist schon zehn."

An der Rückfront von Karstadt in der Zähringerstraße machen vier Angestellte eine Zigarettenpause. Die jungen Frauen laufen vor dem Gebäude auf und ab. Mir fällt auf, dass alle, wenn auch zeitlich leicht versetzt, ihre Zigarette in fast regelmäßigen Abständen zum Mund führen. Das Rauchverbot innerhalb geschlossener Räume hat dazu geführt, dass Raucherinnen und Raucher, da die Pausenzeit beschränkt ist, sich angewöhnt haben, ihre Zigarette nun in kürzeren Zeiteinheiten zu rauchen. Rauchen ist mehr wie Hände waschen oder auf die Toilette gehen.

Johann Peter Hebel war 1826 im September unterwegs, um Prüfungen in Mannheim und Heidelberg abzunehmen. „Am Abend des 15., des letzten Examenstages in Mannheim, „ehrten ihn die Schüler auf einer Bootsfahrt auf dem Rhein mit Gesang und Bläsermusik." (*J. P. Hebel*: hrsg. Von der Basler Hebelstiftung) An eine Rückfahrt nach Karlsruhe war wegen heftiger Magenschmerzen nicht mehr zu denken. In der Nacht vom 21. auf den 22. September starb er. Er wurde auf dem **Schwetzinger** Friedhof beigesetzt, im Norden des Großherzogtums, weit weg von seinem so geliebten Markgräflerland. Aber auf dem Rhein mit seinen Schülern hatte er – hoffentlich – noch ein paar aufheiternde Stunden.

Elvis Presley besuchte von seiner Militärdienststelle bei Friedberg aus das Heidelberger Schloss. Um sich vor einem heranspurtenden Pulk kreischender Teenies zu retten, flüchtete er ins „Heidelberger Fass". Inzwischen reisen die damaligen Girls nach Mem-

phis an sein Grab im Meditation Garden von Graceland. Sie sind kaum älter als Elvis bei seinem Tod. Er war mit 42 verstorben. Die Spekulationen um sein Ableben reißen bis heute nicht ab. Wie bei Kennedy. Wie bei der Monroe. Elvis soll in Heidelberg bei einem Empfang zu seinen Ehren „Warum ist es am Rhein so schön?" gesungen haben, was ihm die Bürger der Stadt am Neckar bis heute übel nehmen.

Mannheimer Brücke

Auf der Mannheimer Brücke,
der, von der Joy Fleming singt,
stand neulich Jesus und klagte
dem großen Fluss
über die Christenheit.

„Was erzählst du mir da?",
rief der Rheinstrom zur Brücke hoch,
„Weißt du nicht,
dass ich lange vor dir schon
hier auf Erden war?
Wie viele heilige Orte und Tempel
gab's an meinen Ufern,
auf meinen Inseln.
Heute sind's Kirchen.
Was wird morgen sein?"
Schweigend ging Jesus von der Brücke
durch die kalte, nachtstille Stadt.
Schleppte sich müde zum Schloss
und fragte nach Mozart.

„Du schaust so traurig!", sagte der
und forderte Jesus
zum Tanzen auf.

Derweil bereitete Constanze
ein Fußbad
mit wohltuenden Essenzen.
Salbte zuerst Jesus,
dann Mozart die Füße.
Schweigend ließ Jesus dies geschehen
und segnete Constanze.

Mozart aber trällerte zappelnd
Melodie für Melodie,
bis Constanze ihn anherrschte,
er möge doch,
wenigstens für die Zeit,
wo sie ihm die Füße salbe,
innehalten
mit dem musikalischen Herumkasperln.

Jesus aber segnete auch Mozart –
fürs Herumkasperln.

INHALT 5

ISBN: 978-3-933765-55-0
Layout & Satz: Panoramastudio Ltd
Umschlag: Christa Rieber
Fotos: Stefan Pflaum
Druck: Todt Druck, Villingen

Drey-Verlag
Am Buck 2
77793 Gutach

www.Drey-Verlag.com